Джон Коулман

НЕФТЯНЫЕ ВОЙНЫ

ИСТОРИЯ НЕФТЯНЫХ ВОЙН США

Американский империализм - это фатальный продукт экономической эволюции. Бесполезно пытаться убедить наших северных соседей не быть империалистами, они не могут не быть ими, независимо от того, насколько благими намерениями они руководствуются...

Эль Юниверсал, Мехико, октябрь 1927 года

OMNIA VERITAS

Джон Колман

Джон Коулман - британский писатель и бывший сотрудник Секретной разведывательной службы. Коулман подготовил различные аналитические материалы о Римском клубе, Фонде Джорджио Чини, Forbes Global 2000, Межрелигиозном коллоквиуме мира, Тавистокском институте, Черном дворянстве и других организациях, близких к теме Нового мирового порядка.

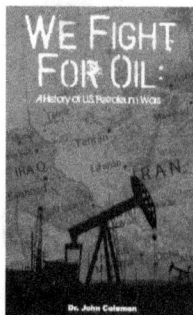

НЕФТЯНЫЕ ВОЙНЫ
ИСТОРИЯ НЕФТЯНЫХ ВОЙН США

WE FIGHT FOR OIL
A history of US Petroleum Wars

Переведено с английского и опубликовано компанией
Omnia Veritas Limited

© Omnia Veritas Ltd - 2022

ⓄMNIA VERITAS.

www.omnia-veritas.com

История нефтяных войн США - это незавершенная работа, которая началась, когда президент Вильсон высадил американские войска в Тампико. Будущим историкам, возможно, придется заполнить пробелы. История участия США в делах Персии (ныне Иран) и Месопотамии (ныне Ирак) сосредоточена на поиске и контроле нефти как незаменимого природного ресурса. Учитывая это, читатель вполне может прийти к выводу, что информацию из американских (и британских) источников следует воспринимать с большой долей соли.

Нефтяная дипломатия руководствуется коммерческими и, возможно, военными соображениями. Таким образом, каждый президент США, начиная с Вудро Вильсона, формулировал внешнюю политику США с учетом нефтяных интересов. Президент Маккинли заявил, что "изоляция больше невозможна", а президент Вильсон вторил ему, заявив: "Мы участвуем, хотим мы того или нет, в жизни мира. Интересы всех народов - это и наши интересы. Мы - партнеры с другими".

Поэтому эта книга касается или должна касаться каждого американца, поскольку современная международная власть является экономической, так же как и все войны имеют экономическую подоплеку. Помните об этом в следующий раз, когда ваших сыновей и дочерей призовут сражаться за страну. Если бы Ирак не содержал огромные запасы нефти, разве Соединенные Штаты сегодня погрязли бы в этой стране? Страх перед нехваткой нефти внутри страны, похоже, является движущей силой. Борьба Америки за иностранные ресурсы стала главным фактором в международных делах. Именно эти вопросы рассматриваются в данной книге, которую должен прочитать каждый американец, интересующийся будущим своей страны.

ГЛАВА 1

Поиск нефти в нефтяной промышленности

Нам, безусловно, необходимо четкое, краткое и понятное руководство по давнему "конфликту" с государствами, добывающими сырую нефть. 16 апреля 1855 года Бенджамин Стиллман из Йельского университета и Джордж Бисселл предложили инвесторам "каменное масло" после получения сообщений о густой, черной, вязкой грязи в некоторых районах Титусвилля, штат Пенсильвания. Ранее Россия уже упоминала о подобных выводах в Баку. Бисселл немедленно приказал Эдвину ("полковнику") Дрейку бурить на нефть в Титусвилле.

Никто не пользовался "грязью", кроме Джона Д. Рокфеллера, который был единственным владельцем кливлендской торговой компании, продававшей этот продукт. Позже к нему присоединился партнер Генри Флаглер в компании по производству продуктов, которая продавала его как масло для ламп, а также упаковывала его по-другому - как лекарство от рака. Компания быстро выросла до стоимости в 450 000 долларов, астрономической суммы по тем временам. На самом деле, именно Джон Д. Рокфеллер и его компания Standard Oil во всех ее бесчисленных вариациях стали угрозой не только в Соединенных Штатах, но и во всем мире. Standard Oil просто поглотила или уничтожила большую часть своих конкурентов в Кливленде, штат Огайо, а затем и в остальных северо-восточных районах США.

Рокфеллер получил прозвище "торговец светом" отчасти потому, что его товар под названием "Brite" зажигал лампы в каждом американском доме, а также как лукавая ссылка на его членство в самом тайном обществе мира, Иллюминатах, в которое входила так называемая "элита" мира.

27 августа 1859 года Дрейк обнаружил нефть на месте своего бурения. При поддержке финансирования со стороны Kuhn Loeb и французского банковского гиганта Paribas, контролируемого Ротшильдом, Standard Oil (1870-1911) владела или контролировала 95% всех нефтеперерабатывающих заводов в Америке к 1870 году, когда была основана Standard Oil, а к 1879 году Standard Oil владела и контролировала 90% американских нефтеперерабатывающих мощностей.

В 1863 году Джон Д. Рокфеллер познакомился с химиком по имени Сэмюэл Эндрюс, который изобрел короткий путь к очистке парафина. Эндрюс стал партнером, а позже к нему присоединился Флаглер в партнерстве под названием Rockefeller, Andrews & Flagler.

В 1906 году правительство США попыталось разрушить рокфеллеровский нефтяной трест Standard Oil Trust, поскольку он обладал монополией на стратегический товар - нефть. Общественность рассматривала компанию как гнусное предприятие, были юридические нападки со стороны штата и разоблачение Иды Тарбелл в 1904 году (*История Standard Oil*). Сенат обратился за помощью к Министерству юстиции США, и в 1909 году в федеральный суд был подан иск, в котором утверждалось, что Standard использовала следующие методы, которые были равносильны монополистической практике:

> Скидки, преференции и другие дискриминационные практики в пользу железнодорожного объединения, ограничение и монополизация через контроль над трубопроводами, нечестные практики против конкурирующих трубопроводов, контракты с конкурентами с целью ограничения торговли, методы

конкуренции, такие как снижение местных цен в пунктах, где это необходимо для подавления конкуренции, работа ложных независимых компаний и выплата скидок на нефть с той же целью.

5 мая 1911 года Верховный суд постановил ликвидировать монополию Standard Oil Trust. Судьи сказали:

> Семь человек и корпоративная машина вступили в сговор против своих сограждан. Ради безопасности Республики мы постановляем, что этот опасный заговор должен быть прекращен до 15 ноября.

Разоблачение спрута в их среде благодаря рассказу Иды Тарбелл о Джоне Д., опубликованному в 1904 году в 24 номерах *журнала McClures Magazine*, встревожило слишком много людей, и казалось, что наконец-то должны произойти решительные действия против Рокфеллеровского треста. Но, увы, это была лишь иллюзия. Не обращая внимания на такую мелочь, как постановление Верховного суда против него, Рокфеллер просто разделил гигант на отдельные компании, сохранив 25-процентное большинство в каждой из них. Этот раскол фактически обогатил Рокфеллера, особенно после того, как Уильям Бертон из компании Standard разработал процесс термического крекинга, который увеличил выход бензина из сырой нефти.

Корпоративное государство достигло той точки, когда корпоративный фашизм станет контролирующим органом всех основных внешнеполитических решений, даже самых важных - войны и мира. Мексика первой почувствовала на себе удар американского империализма вскоре после того, как в 1910 году были обнаружены крупные месторождения нефти на побережье Персидского залива в районе городов Веракрус и Тампико.

Все началось с того, что президент Вильсон, действуя в интересах Standard Oil, отправил войска в Веракрус под самым ничтожным предлогом. США не собирались захватывать Мексику, но хотели добиться того, чтобы мексиканская нефть оставалась под контролем американских компаний.

Разжигая одну революцию за другой, Соединенные Штаты держат Мексику в состоянии беспорядка, в то время как интересы Standard и Великобритании безнаказанно грабят ее нефть. Джон Ди в очередной раз отмахнулся от тех, кто опасался его "опасного заговора".

Британские интересы взял на себя лорд Каудри (Уитман Пирсон), чья удачная остановка в Ларедо в 1901 году позволила ему получить мексиканскую нефть через компанию Mexican Eagle Petroleum Ltd, которую он основал в 1910 году. После первой мексиканской "революции" Витман Пирсон продал все свои нефтяные активы в Мексике Royal Dutch Shell, транснациональной компании англо-голландского происхождения. Shell было суждено стать "суперкрупной" нефтяной компанией.

Война в Европе дала Мексике передышку и позволила президенту Каррансе, избранному должным образом, разработать проект национальной конституции, утвержденной в 1917 году. Вопреки утверждениям шакалов в американских СМИ, генерал Венустиано Карранса был не диким революционером, а образованным и воспитанным человеком из богатой семьи. Он был законодателем штата и вице-губернатором и, по общему мнению, был настоящим патриотом Мексики. Черным пятном для Standard и нефтяных баронов является параграф 27, который дает нации "прямую собственность на все минералы, нефть и все углеводороды, твердые, жидкие или газообразные". Теперь единственным способом для иностранцев вести бизнес в Мексике было подписание соглашения о полном соблюдении и подчинении мексиканским законам. За неповиновение США (Рокфеллеру) Карранса был убит в 1920 году.

Затем последовала клеветническая кампания дезинформации, достигшая наивысшего уровня разврата, с целью вырвать контроль над мексиканской нефтью у ее законных владельцев. Но когда это не удалось, все крупные западные нефтяные компании объявили бойкот мексиканской нефти на следующие 40 лет.

Комитет 300[1] появился, когда французские Ротшильды (Альфонс и Эдмонд) и шведская компания Нобеля обратили свое внимание на Россию в 1870 году, создав нефтяную компанию под названием "Дальневосточная торговая компания". Но братья Нобель обошли всех конкурентов в борьбе за нефть в Баку, где они обосновались. Людвига Нобеля прозвали "нефтяным королем Баку".

Британский дом Виндзоров и голландский дом Huis Oranje (Дом Оранских) объединили усилия, чтобы войти в этот бизнес, и в 1903 году они заключили соглашение с Shell Oil о создании Asiatic Petroleum Company. Попытки ослабить напряженность на бакинских нефтяных месторождениях между Standard Oil, Rothschild-Nobel и некоторыми мелкими российскими компаниями не увенчались успехом.

Royal Dutch Shell Petroleum Company была создана для добычи нефти на Суматре, в Индонезии и других регионах Дальнего Востока. Их членство в "300" открывало все двери.

Комитет 300" передал повседневный бизнес в руки Маркуса Сэмюэла из компании Hill Samuel, а в 1897-1898 годах старатель и бурильщик Марк Абрахамс, нанятый Маркусом Сэмюэлом, нашел нефть на Борнео. Лондонский торговый банк и связанная с ним торговая компания Самуэля Монтегю объединили усилия с Эдмондом и Альфонсом Ротшильдами и основали Азиатскую нефтяную компанию. Ротшильды не остались и продали свои акции компании Royal Dutch Shell. В 1892 году компания Shell отправила сырую нефть из Южных морей на европейские нефтеперерабатывающие заводы через Суэцкий канал.

---

[1] Ср. *"Иерархия заговорщиков, история Комитета 300"*, Джон Коулман, Omnia Veritas Ltd, www.omnia-veritas.com.

Несомненно, Royal Dutch Shell из "Комитета 300" является одной из старейших и крупнейших из всех нефтяных компаний, работающих сегодня в мире. Ее оборот в 2005 году составил 306,73 миллиарда долларов. Покойная королева Нидерландов Юлиана, лорд Виктор Ротшильд, принц Наси из Африки сэр Эрнест Оппенгеймер, Самуэлы из Лондона и Дом Виндзоров являются крупнейшими акционерами Royal Dutch Shell. После смерти Юлианы ее акции были переданы Оранскому дому (Нидерланды).

Исторический рассказ о нефтяной промышленности проводит нас через изгибы и повороты "дипломатии" (ложь, ложные обещания, шантаж, двойные сделки, политическое давление, запугивание и несправедливое воровство) иракской земли и нефти, желанной для всех стран, но особенно для империалистической Великобритании, промышленно развитой и лишенной нефти Великобритании, которая почти столетие вмешивалась во внутренние дела Ирака и Ирана, соблазняя, уговаривая и добиваясь уступок, одной за другой, на основе никогда не выполняемых обещаний и под угрозой железного кулака, скрытого в бархатной перчатке.

После открытия богатых месторождений сырой нефти в Ираке и Иране в течение последних 95 лет продолжалось затяжное состояние конфликта с Соединенными Штатами и этими двумя странами.

ГЛАВА 2

Видение военных кораблей на нефтяном топливе Сэр Эдвард Грей разжигает Первую мировую войну

Незадолго до Первой мировой войны цепную реакцию, вызвавшую интерес к нефти, вызвал доклад британского морского офицера, капитана Фишера, который утверждал, что будущее военно-морского флота - за боевыми кораблями, работающими на нефти. Впоследствии он стал лордом Фишером, первым лордом Адмиралтейства, достаточно проницательным, чтобы увидеть возможности, которые открывает густая черная жидкость, обнаруженная в 1882 году в Титусвилле, штат Пенсильвания, и Баку, Россия. Джон Д. Рокфеллер увидел его потенциал в качестве нового топлива для масляных ламп и назвал его "Brite".[2] Затем он создал компанию Standard Oil Company, чтобы использовать это новое открытие.

В 1904 году капитан Фишер хотел, чтобы британский флот перешел с военных кораблей Уэльса, работающих на угле, на корабли, работающие на нефти. Его идея не была новой, скорее всего, она была навеяна тем фактом, что с 1870 года российские корабли в Каспийском море сжигали "нефтяной шлам", называемый "мазутом". На это развитие событий обратил внимание и барон Юлиус де Рейтер (патриарх

---

[2] "Блестящий", Ndt.

новостной службы Reuter's)[3] . В 1872 году де Ройтер получил пятидесятилетнюю концессию на разведку и бурение нефтяных скважин в Иране. Он назвал свою компанию Англо-персидской компанией, а в 1914 году, по совету адмирала Фишера, она была переименована в Британскую нефтяную компанию (BP).

Контроль над морями был жизненно необходим Великобритании для обеспечения безопасности ее протяженных торговых путей, и адмирал Фишер обратился к лордам Адмиралтейства с просьбой оснастить британские военные корабли нефтяными двигателями, что, по его мнению, дало бы им значительное преимущество перед немецкими военно-морскими силами. В 1870 году Германия угрожала вытеснить британское торговое господство. Британские лидеры, такие как сэр Эдвард Грей, рассматривали это как "преступление", которое в конечном итоге приведет к войне. Капитан Фишер отметил, что это займет гораздо меньше времени, чем 4-9 часов, которые требуются судам, работающим на угле, чтобы выйти на полную мощность; суда, работающие на нефти, могут достичь такой же готовности за 30 минут и выйти на полную мощность всего за 5 минут. Большая проблема заключается в том, что в Великобритании нет известных запасов сырой нефти. Ей придется импортировать свою нефть из США и России, что не является проблемой в мирное время, но в военное время это может быть более опасно.

Позже (в 1912 году) Черчилль, сменивший Фишера на посту премьер-министра, сказал:

> "...если бы она (нефть) была нам нужна, нам пришлось бы перевозить ее по морю в мирное и военное время из дальних стран".

Тем не менее, Фишер продолжал осуществлять свою мечту, указывая на то, что в то время как для "угля" линкора 500 человек потребовалось бы пять дней, при использовании

---

[3] Известное информационное агентство Reuters.

нефти 12 человек справились бы с этой задачей всего за 12 часов. Более того, дальность плавания военного корабля, работающего на нефти, будет в пять раз больше, чем у корабля, работающего на угле. Но лорды Адмиралтейства считали Фишера просто мечтателем - пока в 1904 году Фишер не был признан и повышен до первого лорда Адмиралтейства после того, как британская секретная служба (MI6) направила правительству записки, подчеркивающие важность новой сырой нефти. Фишер был уполномочен сформировать и возглавить Королевскую комиссию в 1912 году, а также сформировать комитет для изучения и выработки рекомендаций о том, как Великобритания может наилучшим образом обеспечить свои будущие потребности в нефти.

Лорд Пальмерстон озвучил свои взгляды: давние намерения Великобритании в отношении стран с запасами сырой нефти будут основаны на новом кредо: у нас больше нет постоянных принципов, а есть постоянные интересы, которые мы преследуем, исключая все остальные. Такое отношение полностью поддерживает Уинстон Черчилль, который добавляет:

> "Мы должны стать владельцами или, по крайней мере, контролерами у источника хотя бы части необходимой нам нефти."

Джеки" Фишер, возглавлявший Королевскую комиссию, прошел путь от скромного происхождения до первого лорда Адмиралтейства. Он родился в 1841 году на Цейлоне и был окрещен Джоном Арбутнотом Фишером. В 1854 году он поступил на службу в Королевский военно-морской флот и сосредоточился на технических разработках. Он считается одним из величайших адмиралов Королевского флота, достаточно проницательным, чтобы руководить строительством суперлинкора "Дредноут". Фишер воспринимается как человек огромного роста, с превосходным отношением, которое не нравится его коллегам. Комитет Фишера рекомендует МИ-6 взять на себя ведущую роль в России и на Балканах, поэтому Сидни

Райли (Зигмунд Георгиевич Розенблюм), один из лучших агентов, отправляется в Баку, чтобы обеспечить крупные нефтяные контракты для Великобритании. Райли также было поручено провести переговоры с малоизвестным австралийцем британского происхождения по имени Уильям Д'Арси Кокс, который, как оказалось, имел контракт на значительную долю минеральных ресурсов Персии. Уильям Нокс Д'Арси (11 декабря 1849 - 1 мая 1917) родился в Ньютон-Эбботе, небольшом английском городке. Его отец был адвокатом, и в 1866 году семья иммигрировала в Австралию, поселившись в Рокхэмптоне, штат Квинсленд. Семья Д'Арси была напрямую связана с лордом Д'Арси из Кнайта, главным судьей и главнокомандующим Ирландии в XIV веке.

Уильям начал свою карьеру с работы в юридической фирме своего отца, но затем занялся спекуляцией землей. Он сотрудничал с компанией, которой посчастливилось найти золото. Партнерство финансировало открытие золота, открыв шахту под названием Mount Morgan Gold Mining Company. Уильям Кокс сколотил значительное состояние до возвращения в Англию в 1889 году. В 1900 году он решил присоединиться к Вольфу, Китабги и Котте и отправиться в Персию на поиски нефти. В 1901 году он начал переговоры с шахом Ирана Реза-ханом Пехлеви.

Д'Арси получил от шаха "фирман" (контракт), дающий ему

> "полные полномочия для зондирования, бурения и скважин по своему усмотрению на персидской земле, в результате чего все без исключения востребованные субнефтяные продукты останутся его собственностью".

Буровая команда под руководством Джорджа Б. Рейнольдс был отправлен в Персию, а Д'Арси начал свои исследования. Была создана компания, в которую Д'Арси вложил 500 000 долларов из собственных средств.

Взамен Д'Арси ежегодно выплачивал шаху Реза-хану Пехлеви сумму в 20 000 долларов плюс 16% роялти. Но дела шли не очень хорошо, и в 1904 году Д'Арси был вынужден обратиться в Бирманскую нефтяную компанию, которая выделила 100 000 долларов для продолжения бурения. В 1907 году, не добившись успеха, бурение было перенесено в Масджид-И-Сулейман, где бурение началось в 1908 году. В апреле, когда предприятие уже было готово потерпеть крах, на глубине 11 800 футов была обнаружена нефть - первое открытие, которое сделало Персию (Иран) крупнейшей нефтедобывающей страной в мире. В 1909 году нефтепровод соединил месторождение с нефтеперерабатывающим заводом, построенным в Абадане. Уильям Нокс Д'Арси совершил переворот, который потряс компанию Standard Oil до основания.

С большим упорством Рейли нашел и встретился с Д'Арси, как раз когда тот собирался подписать контракт с французским правительством, организованный парижскими Ротшильдами. Какими бы средствами (а их было немало) Рейли ни пользовался, он каким-то образом уговорил д'Арси подписать контракт с британским правительством (от имени Дома Виндзоров) как раз в тот момент, когда д'Арси собирался подписать контракт с французами.

В 1909 году была создана компания "Англо-персидская нефтяная компания", основными акционерами которой были Дом Виндзоров, Дом Оранских и барон де Рейтер, а директором - Д'Арси. Британский контракт был мастерским ударом Рейли, и это обеспечило ему особое положение, когда началась большевистская революция. Ему было поручено получить от большевистского правительства контракты на поставку стратегических минералов и металлов. До этого знаменательного события (1902 год) геолог королевы Виктории подтвердил существование огромных залежей нефти в Месопотамии (переименованной в Ирак по британскому мандату), которая с 1534 года входила в состав Османской Турецкой империи.

Королева Виктория разыграла карту "канонерской дипломатии", разместив британские военные корабли на дне водного пути Шаат-аль-Араб во время правления коррумпированного Мубарака аль-Сабаха, который пришел к власти, убив двух своих сводных братьев в 1896 году, и сообщила Турции, что эта территория (позже названная Кувейтом) теперь находится под протекторатом Великобритании.

Следующим шагом в закреплении территории за британским правительством стало подписание шейхом аль-Сабахом соглашения с "Имперским английским правительством" о нефтяной концессии. Договор был закреплен "бессрочной арендой". Затем последовало второе соглашение, подписанное с шейхом аль-Сабахом, о том, что "никто, кроме лиц, назначенных британским правительством", не получит концессию. Похоже, что поставки нефти для британского флота теперь гарантированы. При этом был забыт тот неоспоримый факт, что земля под названием "Кувейт" принадлежала Ираку, как и последние четыреста лет, и что северная "граница" Кувейта проходила через богатейшие нефтяные месторождения в мире того времени, нефтяное месторождение Румейла, принадлежавшее Ираку.

Таким образом, очень большое количество нефти было вывезено из древнего государства Месопотамия, которое стало Ираком, когда британцы придумали это название для своего нового мандата после Первой мировой войны. Поэтому германский флот не имел возможности добывать нефть для заправки своих военных кораблей, переоборудование которых началось в 1909 году до появления британских кораблей "Dreadnaught", работающих на нефти. Планы адмирала Фишера по преобразованию британского флота перестали быть мечтами мечтателя, и первые корабли нового класса "Dreadnaught" были заказаны Уинстоном Черчиллем, который сменил Фишера на посту первого лорда.

В 1911 году Черчилль призвал свое правительство признать, что сильное присутствие в Персидском заливе необходимо для того, чтобы британский флот продолжал "доминировать на морях". В 1912 году британский парламент создал Королевскую комиссию по нефти и нефтяному двигателю под председательством лорда Фишера. Было признано, что нефть будет играть решающую роль в предстоящей войне. Это было началом вероломного поведения, известного также как "нефтяная дипломатия", которое продолжается до сих пор. В то же время Британия задалась целью получить нефть для своего флота и для достижения этой цели вышла на нефтяные месторождения Мексики и Ближнего Востока. Имперская нефтяная политика Великобритании была описана в секретной записке, написанной сэром Артуром Хиртцелем:

> "То, что мы хотим создать, то, что мы должны были создать в то время, - это администрация с арабскими институтами, которую мы можем спокойно оставить на месте, сами дергая за ниточки; то, что не будет стоить очень дорого и что лейбористское правительство сможет проглотить в соответствии со своими принципами, но при котором наши экономические и политические интересы будут обеспечены.
>
> Если французы останутся в Сирии, мы не должны давать им повод для создания протектората. Если они уйдут или если мы проявим реакционность в Месопотамии, всегда есть риск, что король Фейсал побудит американцев захватить обе страны...". "

Эта скрытая имперская политика не осталась без внимания Соединенных Штатов, которые с готовностью взялись за дело. Не может быть много людей, действительно осведомленных об имброглио в Афганистане и Ираке, которые не знают, что единственной причиной присутствия вооруженных сил США в этих двух странах является Святой Грааль нефти и других углеводородов. На совершенно секретных условиях британское правительство купило контрольный пакет акций Англо-персидской нефтяной компании, хотя в то время она была близка к банкротству из-за отсутствия успеха в поисках нефти в

Иране. Сегодня эта компания называется British Petroleum (BP) и является одной из флагманских компаний Комитета 300.

Встревоженный растущим промышленным превосходством и расширением международной торговли Германии, король Георг, сменивший королеву Викторию, 14 апреля 1914 года совершил необычный визит в Париж в сопровождении своего министра иностранных дел сэра Эдварда Грея. Сын подполковника Джорджа Грея, сэр Эдвард получил образование в Баллиол-колледже, Оксфорд, и был назначен министром иностранных дел Уильямом Гладстоном в 1892 году. Целью миссии было убедить Францию присоединиться к Англии в секретном военном союзе против Германии и Австрии.

Король не сказал французскому правительству, что его страна обанкротилась, иначе в результате этого визита не был бы заключен союз. Фактически, состояние банкротства было зафиксировано в меморандуме британского казначейства канцлеру Ллойд Джорджу от 12 мая 1914 года, в котором этот факт изложен в ясных выражениях.

(Такая же уловка была использована в 1939 г.) Грей сделал защиту Франции от немецкой торговой экспансии главным направлением британской внешней политики. Тот факт, что переговоры об обещаниях Франции велись в тайне, вызвал сильное беспокойство среди оппозиционных членов парламента, включая Чарльза Тревелина, который в гневе подал в отставку, Джорджа Кэдбери, Э.Д. Морела и Рамзи Макдональда. Их сомнения оказались вполне обоснованными, когда накануне Первой мировой войны Грей заявил парламенту, что у него "нет другого выбора, кроме как выполнить обязательства Великобритании перед Францией", приняв участие в войне Франции против Германии. Это была "дипломатия обмана"[4] в ее самой

---

[4] См. *"Дипломатия путем лжи - рассказ о предательстве правительств Англии и Соединенных Штатов"*, Джон Коулман,

отвратительной форме и непосредственная причина Первой мировой войны с ее чудовищными массовыми убийствами, огромными человеческими жертвами и бессмысленным уничтожением имущества. Возможно, когда-нибудь история покажет, что без Эдварда Грея Первая мировая война не состоялась бы. Непростительный грех германской коммерческой экспансии и ее стремление создать собственную торговую систему и механизм обмена должны были быть обузданы, по крайней мере, по мнению лорда Грея.

Франко-британский пакт, основанный на внешней политике одного лишь сэра Эдварда Грея, заключенный втайне, положил начало Первой мировой войне, самой кровопролитной из когда-либо известных. 28 июля 1914 года, спустя всего три месяца после подписания франко-британского военного соглашения, в Сараево был убит австрийский эрцгерцог Франц Фердинанд. Политика Грея предусматривала практически полное уничтожение Германии и получение Великобританией природных ресурсов, необходимых для достижения цели нового мирового порядка. Необходимость обеспечить поставки нефти с самого начала была важной частью плана, единственной деталью, которая выделяется во всех документах сэра Эдварда.

В августе 1914 года Европа запылала в пламени Первой мировой войны, самой жестокой и ужасной войны нашего времени, с десятками миллионов жертв, которые не поддаются человеческому пониманию. Убийство эрцгерцога Фердинанда во время посещения Сараево в Сербии было вторым вопиющим использованием множества "придуманных ситуаций", которые должны были быть созданы для провоцирования войн, и не "нецивилизованная" Германия, а "цивилизованная" Великобритания, а позже Соединенные Штаты, были исполнителями и планировщиками этой ужасной стратегии. На протяжении всей Первой мировой войны нефть должна была играть ключевую роль в стремлении британского империализма, которое началось с опиумных войн в Китае и продолжилось англо-бурской войной (1899-1903). К 1917 году вряд ли существовала промышленно развитая страна, которая не осознавала бы важность нефти, и вспоминается настоятельный призыв президента Клемансо к Вильсону отправить "нефть" во Францию:

Безопасность союзников висит на волоске. Если союзники не хотят проиграть войну, то в момент великого немецкого наступления они не должны допустить, чтобы во Франции закончилось топливо, которое так же необходимо, как кровь в битвах завтрашнего дня.

6 сентября 1914 года лондонские газеты были полны сообщений о том, что армада парижских такси французского генерала Жозефа Галлиени была задействована для перевозки войск на передовую. Без "бензина" для реквизированной им армады такси и автобусов Франция была бы разгромлена в течение нескольких месяцев после начала военных действий. В этот момент истории мы начинаем понимать, почему король Георг и Эдвард Грей подписали пакт с Францией.

Это должно было дать Великобритании косвенный повод "прийти на помощь Франции" для нападения на Германию. Джон Д. быстро откликнулся на призыв Клемансо о "нефти" и отправил достаточное количество американских поставок французским войскам в то время, когда Германия была отрезана от своего старого румынского источника, который был полностью уничтожен в 1916 году полковником "Империи" Джеком Нортоном, чтобы предотвратить попадание Баку в руки Германии. Как сказал лорд Керзон, министр иностранных дел Великобритании, в своей речи на обеде в честь победы 21 ноября 1918 года, через десять дней после подписания перемирия:

Союзники были приведены к победе потоком нефти. Без нефти как они могли обеспечить мобильность флота, транспортировку своих войск или производство взрывчатых веществ?

Как вскоре узнают страны, у которых нефть находится под поверхностью их земли, нефть больше не будет активом, а станет проклятием благодаря алчным имперским державам. Неизвестно для всего мира, Лига Наций была тонко замаскированным средством для массового захвата земель, одной из первых ее жертв стала Палестина. Россия не должна была быть партнером, и этот факт был обнаружен в ноябре 1917 года, когда большевики нашли тайник с секретными документами, показывающими, что Великобритания и США разработали план по разделению Османской империи на части и разделение ее между собой и несколькими избранными "союзными" державами. Тайное соглашение было заключено в феврале 1916 года, в разгар войны, главной жертвой которой стала русская армия.

Вероломное поведение имперской Британии и Соединенных Штатов продолжалось до 2006 года, когда Соединенные Штаты во главе с так называемым консервативным президентом от Республиканской партии Г.У. Бушем заявили, что он и только он может отдать приказ о нанесении "первого удара" по стране, которая не причинила никакого вреда Соединенным Штатам, полностью и сознательно нарушая американские законы, Конституцию и "право народов" Ваттеля, а также все Женевские конвенции и Нюрнбергские протоколы. Эта книга - рассказ о тонко замаскированной имперской агрессии двух самых могущественных государств, Соединенных Штатов и Великобритании, при поддержке и содействии сообщников, которые погрузились в глубины разврата и обмана, чтобы добраться до богатого приза - нефти. "Правда страннее вымысла", и нефтяной империализм США, укоренившийся в официальной политике в 1917 году, оправдал этот трюизм. Гарольд Икес был нефтяным координатором по национальной обороне в декабре 1942 года, когда Госдепартамент опубликовал следующее:

> "Мы твердо убеждены, что разработка нефтяных ресурсов Саудовской Аравии должна рассматриваться в свете общих национальных интересов. "

Это был первый случай, когда национальная безопасность США была связана с иностранным государством, находящимся далеко от ее берегов. Он ознаменовал собой крупный шаг вперед в действиях империализма США от пассивного к активному состоянию. Ирак подтверждает справедливость этой предпосылки. США начали играть в иракской нефти ту же роль, которую в прошлом веке играла Великобритания. За последние девяносто пять лет мы видели, как Британия и ее империалистические союзники без колебаний опускались до самого элементарного разврата, чтобы получить желанный и долгожданный первый нефтяной приз.

История Великобритании - это рассказ о том, как богатая и могущественная нация вступила в заговор с целью отнять у более мелких, бедных и слабых наций, и это очень болезненное чтение. Все больше и больше это похоже на повторение войны Великобритании против буров в 1899 году. В те времена конфликт был связан с отказом бурской нации передать свое золото. Сегодня "конфликт" заключается в отказе Ирака передать свое "черное золото".

Нефтедобыча в Ираке развивалась на фоне сфабрикованных ситуаций, тайных сделок, обмана, политического вмешательства и последней "дипломатии" - ствола пистолета. Написанная с моей точки зрения как квалифицированного экономиста и историка, агента на местах и подкрепленная 25-летними исследованиями, эта книга ставит в тупик грубых пропагандистов, поддерживающих нефтяных баронов. Уверяю вас, что "конфликт" с Ираком будет выглядеть совсем иначе, как только вы прочтете эту познавательную книгу, основанную на секретных исторических архивах, недоступных широкой публике, частных и личных бумагах богачей и печально известном рассказе об агрессивных войнах империалистов США с целью обеспечения поставок сырой нефти.

Мы быстро узнаем, что в течение последних 100 лет Соединенные Штаты придерживались политики агрессии против всех стран, имеющих нефть в качестве природного ресурса, прилагая активные усилия по их подрыву посредством нестабильности и актов прямого вмешательства в их внутренние дела, как это произошло в случае с Мексикой, в полном противоречии с международным правом и Конституцией США. Нефтяная промышленность диктует внешнюю политику США, обходясь американскому народу в миллиарды и миллиарды долларов, с тех пор как по приказу президента Вильсона американские морские пехотинцы вмешались в Тампико.

Недавно эта политика получила поразительное подтверждение того, что мир вышел далеко за рамки "заговора" и превратился в "открытый заговор". В середине 2006 года автор Джон Перкинс опубликовал удивительную книгу под названием *"Признания экономического киллера"*,[5] , в которой подтверждается многое из того, о чем я уже подробно писал с 1971 года, о том, как США действуют, чтобы свергнуть правительства, которые им не нравятся и которые не подчиняются их требованиям. Я привожу цитату из книги Перкинса:

> За последние 30-40 лет мы, экономические киллеры, фактически создали первую настоящую мировую империю (Соединенные Штаты), и мы сделали это в первую очередь с помощью экономики, а к военным средствам прибегали в самом крайнем случае.

Поэтому все было сделано довольно скрытно. Большинство американцев даже не подозревают, что мы создали эту империю, и, на самом деле, во всем мире это было сделано

---

[5] Ср. *"Исповедь финансового убийцы"*, Джон Перкинс, ARIANE, 2016.

очень тихо, в отличие от старых империй, где военные вступали в бой с местью; это было очевидно. Поэтому я думаю, что значение этого, тот факт, что более 80% населения Южной Америки недавно проголосовали за антиамериканского президента, и то, что происходит во Всемирной торговой организации, а также. На самом деле, забастовка в Нью-Йорке говорит о том, что люди начинают понимать, что средний класс и низшие классы по всему миру ужасно, ужасно эксплуатируются теми, кого я называю корпоративной аристократией, которые действительно управляют этой империей, Соединенными Штатами.

Далее Перкинс объясняет, что значит быть экономическим киллером:

> То, что мы сделали... мы используем много методов, но, вероятно, самый распространенный из них заключается в том, что мы идем в страну, обладающую ресурсами, к которым стремятся наши компании, например, нефтью, и предоставляем этой стране огромный кредит через такую организацию, как Всемирный банк или одну из его сестер, но почти все деньги идут американским компаниям, а не самой стране. Такие компании, как Bechtel и Haliburton, General Motors, General Electric, подобные организации, строят огромные инфраструктурные проекты в этой стране; электростанции, автомагистрали, порты, промышленные парки и прочее, что служит очень богатым и никогда не доходит до бедных. На самом деле, страдают бедные, потому что кредиты нужно погашать, и это огромные кредиты, и погашение этих кредитов означает, что бедные не будут иметь доступа к образованию, здравоохранению и другим социальным услугам, а страна останется с огромным долгом, и все это специально.

> Мы возвращаемся, мы, экономические киллеры, в эту страну и говорим им: "Послушайте, вы должны нам много денег. Вы не можете оплатить свои долги, так

дайте нам фунт плоти. Продавайте нашим нефтяным компаниям свою нефть по дешевке или голосуйте с нами на следующем голосовании в ООН, или отправьте войска для поддержки наших войск в какой-нибудь точке мира, например в Ираке". И таким образом нам удалось построить глобальную империю, при этом мало кто знает, что мы сделали.

Объясняя, как работает система и как она использовалась, Перкинс рассказал, что сначала он был завербован Агентством национальной безопасности (АНБ).

Но Перкинсу было отказано на том основании, что у него был "ряд слабостей в моем характере", поэтому его отправили работать в частную фирму, начав с Чарльза Т. Мейна, крупной консалтинговой фирмы в Бостоне, где он начал работать экономистом с двадцатью сотрудниками. Main, крупная консалтинговая фирма в Бостоне, где он начинал как экономист, в которой работало около 20 человек.

> Моя работа заключалась в том, чтобы убедить эти страны взять такие крупные кредиты, заставить банки предоставить кредиты, организовать сделки так, чтобы деньги пошли американским компаниям. В итоге страна получала огромный долг, и тогда я приходил с одним из своих парней и говорил: "Слушай, ты знаешь, что должен нам эти деньги. Вы не можете оплатить свои долги. Дай нам этот фунт плоти".

> Другое дело, что мы делаем, и то, что происходит сейчас в Южной Америке, это то, что как только один из этих антиамериканских президентов избирается, как Эво Моралес (Боливия), один из нас идет и говорит: "Эй, поздравляю, господин президент. Теперь, когда вы стали президентом, я хочу сказать вам, что могу сделать вас и вашу семью очень богатыми. У нас есть несколько сотен миллионов долларов в этом кармане, если вы будете играть по-нашему. Если вы решите этого не делать, в этом кармане у меня лежит пистолет с пулей с вашим именем на случай, если вы решите выполнить свои

предвыборные обещания и вышвырнуть нас вон".

Я могу заставить этого человека заработать много денег, его и его семью, через контракты, через различные квазилегальные средства. Если он не примет это, с ним произойдет то же самое, что и с Хами Рольдосом в Эквадоре, или Омаром Торрихосом в Панаме, Альенде в Чили, и мы пытались сделать это с Чавесом в Венесуэле и все еще пытаемся. Мы пошлем людей, чтобы свергнуть его, как мы недавно сделали это с президентом Эквадора.

В 1970-х годах Торрихос наделал много шума и заголовков по всему миру, поскольку требовал вернуть Панамский канал панамцам. Меня послали в Панаму, чтобы убедить его, что он должен играть по-нашему. И он пригласил меня в маленькое бунгало за пределами Панама-Сити и сказал: "Слушай, знаешь, я знаю эту игру, и если я буду играть по-твоему, я стану очень богатым, но для меня это не важно. Важно то, что я помогаю своим бедным". Торрихос не был ангелом, но он был очень предан своим бедным. И он сказал: "Вы можете играть по-моему или покинуть эту страну".

Я поговорил со своими начальниками, и мы все решили, что я должен остаться. Но я знал, что весь мир следит за Торрихосом из-за проблемы Панамского канала и что если он не изменит своего решения, то шакалы, скорее всего, придут. Мы не только потеряли бы Панаму, но он показал бы пример, которому могли бы последовать другие. Поэтому я очень волновалась. Мне нравился Торрихос, и одной из причин, по которой я хотел привлечь его к работе, было не только то, что это была моя работа, но и то, что я хотел увидеть, как он выживет, а поскольку он не играл в мяч, его убили.

Самолет разбился в огне, и после этого не осталось сомнений, что при посадке в самолет ему дали магнитофон и что в нем была бомба. Я знаю людей, которые проводили расследование после этого, и оно достаточно хорошо задокументировано во многих местах, и я лично был в курсе того, что произошло. Наша официальная линия заключалась в том, что, конечно же, все было не так. Самолет просто врезался в гору. Но сомнений не было, и мы ожидали, что это произойдет.

Мы также пытались сделать это с Саддамом Хусейном. Когда он не стал сотрудничать, экономические киллеры попытались привести его в чувство. Мы пытались убить его. Но это было интересно, потому что у него была довольно верная охрана, и, кроме того, у него было много двойников, а вы не хотите быть телохранителем двойника, и вы думаете, что это президент, и вы берете много денег, чтобы убить его, и вы убиваете двойника, потому что если вы это сделаете, то ваша жизнь и жизнь вашей семьи мало чего стоит, поэтому мы не могли добраться до Саддама Хусейна, и именно поэтому мы послали военных.

Саддам Хусейн много лет был в кармане у США - но мы хотели заключить окончательное соглашение, подобное тому, которое мы заключили с Саудовской Аравией. Мы хотели, чтобы Саддам действительно присоединился к нашей системе, а он отказался это сделать. Он принял наши истребители, наши танки и наши химические заводы, которые он использовал для производства химического оружия... Он принял все это, но не захотел присоединиться к нашей системе, чтобы мы могли привлечь огромные организации по развитию для восстановления его страны, как это сделали саудовцы по образу и подобию Запада. Именно это мы и пытались убедить его сделать, а также гарантировать, что он всегда будет обменивать нефть на доллары США, а не на евро, и что он будет держать цену на нефть в приемлемых для нас пределах. Он не выполнил эти требования. Если бы это было так, он все еще был бы президентом.

Перкинс много объясняет о том, как работает "империя", но я думаю, что дал вам, читатель, достаточно, чтобы убедить вас в том, как те, кто проводит империалистическую политику США, относятся к иностранным государствам. Другой яркий пример, приведенный Перкинсом, - это план

Маршалла. После окончания Второй мировой войны был реализован план Маршалла, якобы для ускорения восстановления Европы, особенно Германии. Менее известно то, что большая часть финансирования плана Маршалла, миллиарды долларов, были направлены американским компаниям для покупки и обеспечения поставок нефти в США, которые не имели никакого отношения к восстановлению Германии. Документы Государственного департамента показывают, что до 10% средств, выделенных на реализацию плана Маршалла, были направлены компаниям Standard Oil of New Jersey (EXXON) Soon-Vacuum (Mobil), Standard Oil of California, (Chevron) Texaco и Gulf Oil.

Им было приказано направиться в Эквадор, Венесуэлу, Баку, Перу, Ирак, Иран и Филиппины - все страны, подвергшиеся нападению империалистических США. После Второй мировой войны в Индии началось антиколониальное движение, которое распространилось по всему миру: страны решили, что больше не потерпят захвата своих природных ресурсов, за которые им платят гроши. Но это движение не смогло остановить марш корпоративного фашизма, который продолжался почти без остановки.

Сейчас, в 2008 году, мы наблюдаем нападение на Ирак, Иран и регион Каспийского моря - часть имперской войны за полный контроль над ресурсами сырой нефти. Мы слышали лживые призывы Джорджа Буша, вторящие подхалиму Блэру, о том, что Иран является угрозой миру во всем мире, в то время как недавний масштабный опрос Европейского Союза показал, что европейцы считают президента Буша и США реальной угрозой миру во всем мире. Итак, перед нами еще один набор политиков, транслирующих свои лживые сообщения в эфире. За последние семнадцать лет (с 1991 года), когда бывший президент Буш втянул страну в империалистическую, антиконституционную и незаконную войну против Ирака и не смог взять под контроль второго по величине производителя нефти в мире, народ Соединенных Штатов подвергался постоянному шквалу пропаганды против Ирака. Это напоминает нам слова лидера большевиков Бакунина, сказанные им в 1814 году, когда он предостерегал от возмутительной пропаганды, направленной на американский народ баронами-грабителями нефтяной промышленности:

> Ложь через дипломатию. У дипломатии нет другой миссии. Когда государство хочет объявить войну другому государству, оно начинает с выпуска манифеста, обращенного не только к своим подданным, но и ко всему миру.
>
> В этом манифесте она заявляет, что право и справедливость на ее стороне, и пытается доказать, что ею движет только любовь к миру и человечеству, и что, проникнутая великодушными и мирными чувствами, она долго молча страдала, пока растущая беззакония ее врага не заставила ее сложить меч. В то же время она клянется, что, презирая все материальные завоевания и не стремясь к увеличению территории, она положит конец этой войне, как только будет восстановлена справедливость. А ее антагонисты отвечают аналогичным манифестом, в котором, конечно же, право, справедливость, гуманность и все великодушные чувства на ее стороне.
>
> Эти взаимно противоположные манифесты написаны с одинаковым красноречием, они дышат одинаковым праведным негодованием, и один из них так же искренен, как и другой, то есть они оба бесстыдны в своей лжи, и только глупцы обманываются ею. Здравомыслящие люди, все те, кто имеет некоторый политический опыт, даже не удосуживаются читать такие манифесты.

Одна из самых больших и наиболее часто повторяемых ложь в манифесте нефтяной хунты Буша-Чейни заключается в том, что Ирак "травил газом свой собственный народ". Это часто повторяемое утверждение, которое много раз повторял Блэр, относится к отравлению газом жителей курдской деревни. Оказалось, что ракеты с нервно-паралитическим газом, поразившие деревню, были выпущены Ираном, что позже подтвердило Управление военно-морской разведки (ONI), указав, что тип использованного токсичного газа (загущенный сомалийский нервно-паралитический газ) не из иракского арсенала.

Но это не помешало повторять эту ложь снова и снова, чтобы убедить народ Соединенных Штатов в том, что война нефтяной хунты Чейни против Ирака была "справедливой войной, а не империалистическим стремлением получить контроль над иракской нефтью". Нижеследующее взято из *инсайдерского отчета World In Review* за апрель 1991 года, том № I:

> Правда заключается в том, что американское и британское правительства предали курдов. После палестинцев, именно курды стали свидетелями того, как Лондон и Вашингтон нарушили самые торжественные обещания и обязательства. До недавнего времени американский народ не имел представления о том, кто такие курды и где они живут. Как и иракский народ, курды были неизвестным народом для американцев.

В 1991 году последовала имперская война против Ирака, которая привела к геноциду иракского народа и опустошению его земель. После этой войны британское правительство, имеющее долгую историю подавления курдов, пообещало Бушу перевооружить курдских партизан, чтобы использовать их в качестве американских наемников для свержения президента Хусейна. Но заговор был преждевременно приведен в исполнение и провалился, что заставило Буша поспешно дистанцировать свою администрацию от предавших его курдов. Краткая история курдского народа может помочь представить ситуацию в правильной перспективе. Расположенный в северо-западном углу Ирака (обратите внимание, что это ИРАК), Курдистан всегда был единственным полуавтономным государством в регионе.

В 1900 году, в результате широкомасштабного вмешательства Великобритании в дела Турции и Персии, Британия установила контроль над большими территориями региона, что было закреплено договором, подписанным в 1907 году. Персия не была удовлетворена этим соглашением и направила делегацию на Парижскую мирную конференцию, проходившую в Версале, чтобы потребовать отмены договора 1907 года, по которому Закаспий, Мерв, Хива, Дербент, Эривань и Курдистан были переданы британцам, но британцам удалось заблокировать требование об отмене. В 1919 году англичане захватили Багдад. В 1922 году британцы заключили военное соглашение с Ираком. В июне того же года курды подняли восстание и целый год сражались с британскими войсками. Для подавления восстания британцы использовали мощные воздушные бомбардировки и ядовитый газ. В докладе, представленном премьер-министру Великобритании, говорилось, что газовая бомбардировка оказала "благотворное" воздействие.

ГЛАВА 3

Британия получает власть над персидской нефтью Буш подталкивает к войне на Ближнем Востоке

Нефть была обнаружена в Иране в 1908 году на месторождении Масджи-и-Сулеман. Это событие полностью изменит судьбу Ближнего Востока, подобно тому, как обнаружение золота в Южной Африке обречет на гибель бурскую нацию. Другие нефтяные месторождения были обнаружены в провинции Мосул (район в Ираке) и Басре. Британцы послали экспертов по нефти, замаскированных под археологов из Палестинского исследовательского общества, чтобы шпионить за развивающимися нефтяными месторождениями. Шпионы прибыли в Мосул и помогли создать в 1912 году Турецкую нефтяную компанию, которая была признана на заседании Министерства иностранных дел в Лондоне в марте 1914 года, на котором присутствовали британские и немецкие делегаты и представители немецких и голландских банков. Хотя внешне это была компания с турецким участием, в действительности Турция не входила в ее состав.

С началом войны Черчилль заявил, что нефть имеет первостепенное значение для Великобритании. Это заявление было подкреплено запиской сэра Мориса Хэнки, секретаря британского военного кабинета, Артуру Бальфуру, в которой он заявил, что контроль над иранской и иракской нефтью является "главной военной целью Великобритании". Для достижения этой "главной британской военной цели" британская армия вторглась в Ирак в 1915 году, невзирая на суверенитет Ирака, захватив нефтяной город Басру, столицу Багдад и Мосул в 1917 году. Но британские войска увязли, и их пришлось спасать экспедиционным силам индийской армии. 9 августа 1919 года сэр Перси Кокс подписал англо-персидское соглашение, которое давало Великобритании огромное влияние на персидскую нефть. Позже Меджлис (Ассамблея) отказался ратифицировать соглашение. В феврале 1920 года Реза-хан и 3000 казаков пошли на Тегеран. Реза-хан отказался от единого договора и в декабре подписал договор о дружбе с Турцией.

Ни одна из групп меньшинств (включая курдов) не представлена и не консультируется с Персией или Турцией, и никогда с Великобританией. В результате курды почувствовали себя преданными и начали длинную серию восстаний. Из вышесказанного ясно, что курдская "проблема" началась за десятилетия до прихода к власти президента Ирака Хусейна. Премьер-министр Великобритании Блэр, который неоднократно заявлял миру, что "Саддам травит газом свой собственный народ", удобно промолчал о доказанной роли Королевских ВВС в отравлении газом курдского гражданского населения. Тавистокский институт хорошо умеет искажать факты истории и сумел скрыть этот акт от британцев и американцев, которые продолжают воевать за нефть, точно так же, как они скрывали концентрационные лагеря, в которых содержались бурские женщины и дети, которые умирали как мухи из-за решимости британского правительства украсть золото, принадлежавшее бурской нации.

В Ираке цель британского правительства была ясна: использовать курдов для дестабилизации всего региона, чтобы поставить обширные нефтяные регионы под свое полное господство. Британия не была удовлетворена прочностью нефтяных концессий, предоставленных Д'Арси в 1901 году. Он также намеревался ослабить иракское правительство, которое было полностью признано Персией в качестве независимого государства 11 августа 1929 года.

Нефть была целью британских и американских империалистов. Британцам и их американским союзникам следовало бы взять на вооружение лозунг "Мы воюем за нефть", и если бы они были честными, то так бы и поступили. Вместо этого лорд Керзон прямо заявил, что политика правительства Ее Величества в отношении Мосула не связана с нефтью; скорее, она основана на священном обязательстве выполнить свой долг по защите курдского народа! В свете вызывающего удивление участия Великобритании в нефтяных боях в Мосуле, слова лорда Керзона были верхом цинизма.

Британцы бесстыдно и безжалостно использовали курдов в 1921 и 1991 годах для обслуживания своих интересов, точно так же, как они сделали это в 1899 году при получении так называемой "иностранной франшизы" в бурских республиках Южной Африки, когда контроль над бурским золотом был их главной заботой. Сегодня, в 2008 году, разница лишь в том, что британцы превосходят США. США взяли на себя мантию британского империализма.

На Лозаннской конференции (ноябрь 1922 - февраль 1923) турки согласились уважать права меньшинств, включая курдов, но так и не сделали этого. В редакционной статье *New York Journal of Commerce* от июля 1923 года говорилось:

> Лозанна была всем тем, чем не должна быть международная конференция. Это было принесение всех человеческих и гуманитарных вопросов в жертву целесообразности.

Лозаннский договор, который стал результатом конференции, вошел в историю как договор, изменивший ход событий и положивший начало 20-му веку. Серия мирных договоров, заключенных в конце Первой мировой войны, и создание Лиги Наций были якобы призваны принести миру "свободу", но отнюдь не свободу, а новую волну империализма и гибель Османской империи. Лозаннский договор был подписан 24 июля 1823 года и вступил в силу 6 августа 1924 года после ратификации Великобританией, Италией, Францией и Турцией.

Газета *"Нью-Йорк Таймс"* опубликовала редакционную статью о конференции:

> Мосул и свобода дают нам всем шанс в нефтяной лихорадке, которая была предметом всех переговоров. Но США сегодня можно было бы занять более достойным занятием, чем забота об интересах нефтяных королей. Мы можем говорить о мире и цивилизации на публике, но в частном порядке мы говорим о нефти, потому что территории, на которых будут находиться будущие концессионеры, находятся под угрозой, и они пытаются защитить свои права.

Хотя на конференции это не было заметно, за кулисами происходила постоянная борьба за позиции крупных нефтяных компаний за закрепление в неисследованных районах Ирака, где, как известно, существуют большие вилайеты (крупные нефтяные резервуары). Один из таких районов, протяженностью 150 миль, расположен к северу от Киркука в Ираке на земле, занятой курдами. В октябре 1927 года бурильщики Баба Гургура нашли нефть, и огромный неконтролируемый фонтан в течение девяти дней заливал окружающую землю нефтью, а в воздухе плавал густой шлейф газа. Месторождение Киркук с запасами в 2150 миллионов тонн сырой нефти оправдало ожидания как по масштабам огромного открытия, так и по ущербу, который оно нанесло всему Ближнему Востоку из-за непримиримой жадности британских и американских нефтяных компаний и который ощущается до сих пор. Удивительный рывок "папы" Джойнера в Восточном Техасе три года спустя (октябрь 1930 года), хотя и стал крупным открытием, был в значительной степени преуменьшен, поскольку нефтяные компании вкладывали значительные средства в ближневосточную нефть и не хотели, чтобы американские нефтяные месторождения развивались. Черный гигант"

Папы Джойнера был продан нефтяному магнату Х.Л. Ханту (1889-1974) при весьма сомнительных обстоятельствах.

После нерешительных выборов в мае 1930 года курды увидели свой шанс и восстали против нового турецкого правительства во главе со своим лидером Али Фехти Беем. Восстание произошло в окрестностях горы Арарат и было жестоко и кроваво подавлено британскими войсками.

10 июня 1961 года иракское правительство приняло новый вызов курдского лидера аль-Барзани, которого поддержали США и Великобритания, и курды снова оказались под ударом. В апреле 1965 года они вновь взялись за оружие против иракского правительства. Они требовали "четко определенной территории и курдской армии". В марте 1966 года начались новые боевые действия, которые продолжались три месяца. В акции участвовал большой контингент британских войск. Восстание закончилось, когда Ирак пообещал предоставить курдам региональную автономию - обещание, которое так и не было полностью выполнено.

В марте 1969 года восставшие курды снова взялись за оружие, что привело к самым тяжелым боям того периода. Был введен в действие секретный план действий с использованием курдов, и на какое-то время казалось, что желание президента Буша свергнуть президента Хусейна будет реализовано. Могу добавить, что по соглашению о прекращении огня (которое подписали иракцы, но не подписали США) иракским военным было запрещено летать на истребителях на своей территории. В нарушение условий перемирия американские самолеты дважды атаковали и сбили иракские самолеты, чтобы помешать им атаковать курдских партизан. Хотя администрация Буша утверждала, что действует в интересах курдов, настоящей целью была нефть под песками Мосула. Администрация Буша действительно действовала под империалистическим знаменем "Мы сражаемся за нефть", хотя и под другими предлогами, поскольку реальной целью войны в

Персидском заливе было установление контроля над огромными запасами нефти Ирака. Все остальное можно считать чистой философией Иммануила Канта.

Курды приняли на себя основной удар иракских вертолетов. Они держались некоторое время. Пережив один такой инцидент во время ирако-иранской войны, курды сломались и бежали. Наступила слепая паника, и они бежали к границам Ирана и Турции. Худшие опасения премьер-министра Озула сбылись. Разрешив въезд небольшому количеству беженцев, Турция закрыла свои границы для нежелательных курдов. Затем Озул предложил Западной Европе принять большинство из них, но это предложение было отвергнуто. Курды оказались на ничейной земле и попали под перекрестный огонь ирано-иракской войны. Около 50 курдов были убиты химическим оружием, а именно загущенным нервно-паралитическим газом "Соман", которого не было у Ирака, но, несомненно, было у иранцев.

Поскольку все курдские жертвы нападения были убиты особым нервно-паралитическим газом, более чем вероятно, что ответственность за их смерть несет иранская армия. С начала организованной Бушем операции под прикрытием Эйприл Гласпи против Ирака число курдов, погибших от химического оружия, увеличилось с 50 до 50 000.

Так же бесстыдно, как британцы использовали курдов для достижения собственных целей, так же бесстыдно администрация Буша использует их для разжигания ненависти к Ираку, и таким образом надеется превратить весь Ближний Восток в трясину дестабилизированных стран. Во всем этом легко упустить из виду цель Буша, которая заключается в продвижении вперед под империалистическим знаменем "Мы боремся за нефть". Это снова Мексика.

Этот доклад, написанный и опубликованный в 1991 году, оказался верным, но вот мы снова здесь, семья Бушей ввергает мир в новую войну против Ирака с тем же "обещанием" "справедливого палестинского государства", которое Блэр с одобрения Г.В. Буша разбрасывает перед арабским миром. Американцы, слепо поддержавшие геноцид против Ирака в 1991 году, обнаруживают, что их слепая вера была совершенно неуместной. Они обнаруживают, что война в Персидском заливе - это только начало, а не конец драмы, которой не видно конца. Посеяв семена войны против Ирака, президент Буш также посеял семена будущих войн в регионе, которые могут закончиться 30-летней войной.

Цели президента Буша и его пособников были предельно ясны: уничтожить иракскую нацию путем экономического удушения, которое привело бы к чуме, болезням и голоду. Но это не сработало, поэтому геноцид против Ирака принял форму американского вторжения. То, что мы наблюдаем сегодня, - это лишь пауза, прелюдия к грядущим событиям.

Ирак станет вторым Вьетнамом. Миллионам людей суждено погибнуть от рук администрации Буша под лозунгом "Мы боремся за нефть". Иордания, Сирия, Ливан и Ливия последуют за уничтожением иракской нации, сражавшейся за правое дело: "Мы сражаемся за нефть". Сирия падет первой. Друзья США узнают, что самый быстрый способ потерять свой суверенитет - это стать союзником США. Египет еще не усвоил этот урок, и это произойдет довольно скоро.

Хотя "читай по губам" Буш старательно отрицал это, размещение американских войск в Саудовской Аравии на постоянной основе действительно является целью. Такая договоренность уже действует в течение последних пяти лет. США сохранят в Саудовской Аравии постоянные силы численностью 150 000 военнослужащих. Какова будет их роль? Агрессия против любой мусульманской страны, которая хоть немного отклоняется от прямого пути. Короче говоря, США станут новым "Иностранным легионом" на Ближнем Востоке, империалистической целью которого является контроль над всей нефтью на Ближнем Востоке.

Две нефтедобывающие страны, Алжир и Ливия, уже захвачены американскими и британскими империалистами. Второе вторжение вооруженных сил США в Ирак произошло в 2003 году. Иран практически находится в осаде. В одном мы можем быть уверены: "более добрый и мягкий" Джордж Буш не успокоится, пока вся нефть на Ближнем Востоке не окажется под имперским контролем США. Вина за бедственное положение курдов была возложена на президента Саддама Хусейна. Учитывая судьбу братьев Дьем, генерала Сомосы, Фердинанда Маркоса, Торрихоса, Норьеги и шаха Ирана, со стороны администрации Буша было бы совершенно неуместно не вторгнуться в Ирак во второй раз. Сообщения в прессе уже разрушили доверие к бывшему послу США в Ираке, объяснив, что Эйприл Глэспи не справилась бы с задачей, если бы ее когда-нибудь подверг перекрестному допросу компетентный прокурор. Теперь подтверждение того, что операция была подстроена, пришло из другого источника. Деннис Клоске, высокопоставленный сотрудник Министерства торговли, 8 апреля 1991 года дал показания подкомитету Палаты представителей, что вплоть до вторжения в Кувейт администрация Буша из кожи вон лезла, чтобы обеспечить Ирак "высокими технологиями".

Клоске обвинил Госдепартамент в игнорировании его предупреждений и рекомендаций остановить поток американских технологий в Ирак. Ни Министерство торговли, ни Государственный департамент не стали его слушать, сказал Клоске в Комитете по иностранным делам Палаты представителей. За свои проблемы Клоске был уволен "более добрым и мягким" Джорджем Бушем. В случае с Ираком "правда не выйдет наружу" и никогда не всплывет на поверхность. Что это за истина? Мы ведем империалистическую войну за обладание иракской нефтью.

Именно поэтому Буш и его сын поддерживают темпы агрессии против Ирака. Если бы у Ирака не было нефти, наши отношения с ним были бы приятными. Имперские США не стали бы ссориться ни с Ираком, ни с Ираном. Мы не будем нарушать международное право и Конституцию США, как мы делали тысячи раз с 1991 года. В поисках нефти семья Бушей проводит кампанию жестокого нарушения Конституции.

Когда Буш покинул свой пост, избежав импичмента со стороны представителя Генри Гонсалеса, он вдохновил своего сына Джорджа пойти по его стопам и продолжить то, что должно было стать семейным девизом: "Мы сражаемся за нефть". Ловким движением руки Верховный суд США избрал Г.У. Буша, сместив с выборов Эла Гора. Это было вопиющим нарушением Конституции США, поскольку выборы являются выборами штатов и не подлежат федеральной юрисдикции, но это не вызвало конституционного кризиса. Как только он вступил в должность, Буш подхватил антихуссейновский рефрен, пока он не превратился в барабан ненависти; борьба за нефть была начата с остервенением! Буш-младший пользовался более широкой поддержкой, чем его отец, не со стороны американского народа, более 160 миллионов которого вообще не голосовали или голосовали против него, а со стороны ловко замаскированных так называемых "консервативных" деятелей, которые смогли надолго обмануть американское мнение своей фальшивой искренностью. Лидером этого замечательного пропагандистского переворота был некий Ирвинг Кристол. Этот человек стал знаменосцем нового раунда нападок на Ирак, будучи главным представителем Ричарда Мердока, медиа-магната, который постоянно обманывает американский народ.

Мердок, Кристол, Перл и Вулфовиц знали, как работать с каналами, чтобы заручиться поддержкой нефтяной хунты Буша/Чейни. Назвать себя "неоконсерватором" было мастерским ходом. Американцы любят ярлыки. Мердок выделил деньги на финансирование газеты под названием *The Weekly Standard*. Это издание является прикрытием нефтяных интересов Ротшильда-Рокфеллера, в которых желание захватить иракскую нефть является вездесущим.

Нет ничего лучше жажды нефти, чтобы заставить кровь течь. Кристол теперь присоединился к империалистам США, выдавая себя за "консерватора".

Банда четырех миллиардеров" быстро перешла на высокие обороты, чтобы продвигать имперское президентство. Соединенные Штаты находились на грани перехода от республики к империи во главе с императором. Переход, ставший возможным благодаря "большому взрыву" 11 сентября, произошел удивительно быстро. В одночасье Конституция была растоптана и отодвинута на второй план. Банда четырех", наиболее виновная в падении Конституции США, вышла из рядов троцкистов, членом которой был Уильям Бакли.

Под наблюдением ЦРУ Кристол-старший, всю жизнь бывший коммунистом, начал проникать в ряды консерваторов и к середине 1950-х годов под руководством "консерватора" Уильяма Бакли взял под контроль почти все консервативные учреждения. Троцкисты были готовы к своему бескровному перевороту, и их большой успех наступил, когда Ричард Перл и Пол Вулфовиц получили жизненно важные позиции в ближайшем окружении Буша. Теперь была подготовлена сцена для большого толчка, большого наступления в продолжающейся драме за контроль над мировой нефтью. Копаясь глубже в "консервативном" прошлом Уильяма Кристола, мы обнаружили следующее: Бывший госсекретарь Генри Киссинджер был связан с Кристолом и его издательскими компаниями *National Affairs* и *The National Interest*. Позже появилось третье издание под названием "*Общественный интерес*". Откуда взялось финансирование этих "журналов"? Он был предоставлен Фондом Линда и Гарри Брэдли, и похоже, что этот богатый фонд также финансировал Американский институт предпринимательства Кристола, еще одну "консервативную" организацию.

Другими "консерваторами" в игре с Кристолом были

Уильям Беннетт, Джек Кемп и Вин Вебер, все номинально "консервативные" республиканцы, хотя мы можем быть уверены, что такие люди, как великие Дэниел Вебстер и Генри Клей, не стали бы так утверждать. К сожалению, сегодня в политике нет людей калибра Клея и Вебстера. Кристол и его люди видели свою задачу в уничтожении Ирака. Это было их целью, и в своем стремлении донести это до американской общественности они привлекли к своему делу некоторых из самых фанатичных так называемых "телеангелов". Один из них недавно выступил по телевидению, заявив, что "антихрист жив и здоров в Германии, Франции и России". С такими лидерами, как этот человек, неудивительно, что многие американские христиане находятся в полном замешательстве.

С наступлением 11 сентября пришло время для Кристола, Перла, Вулфовица, Чейни и Рамсфелда. Теперь у них был главный повод, "большой взрыв", "Перл-Харбор", который был им нужен, чтобы привести свои планы в действие. Возможно, мы никогда не узнаем всей правды об 11 сентября, но одно можно сказать наверняка: наши контролеры жалеют о том дне, когда они разрешили публичный доступ к Интернету. В то время как в отсутствие каких-либо новостей, кроме контролируемых СМИ, Перл-Харбор оставался тайной в течение почти трех десятилетий, уже ведутся серьезные обсуждения событий 11 сентября, и многие сомнения вызывают утверждения правительства о том, что оно не имело никаких предупреждений о том, что произойдет. В настоящее время существует открытое и растущее сомнение в этом утверждении. Дэвид Бродер, обозреватель газеты *Washington Post*, озаглавил свою статью от 17 марта: "11 сентября изменило все для Буша". Этот заголовок очень глубокий, поскольку он превратил Буша из тихого маленького человека в человека, исполненного внезапной уверенности в себе до степени авторитарности. Одним словом, 11 сентября "преобразило" Джорджа Буша. Вот часть того, что написал Бродер:

> Это был долгий путь к моменту принятия решения по

Ираку, но неизбежность назначения была очевидна. Когда историки получат доступ к запискам и дневникам сотрудников администрации Буша, они обнаружат, что президент Буш поставил перед собой цель отстранить Саддама Хусейна от власти вскоре после террористических атак 11 сентября, если не раньше. Все, что президент сказал публично, все, что вице-президент Чейни повторил в своих воскресных телевизионных интервью, подтверждает, что нападения на Всемирный торговый центр и Пентагон должны были оправдать решимость Буша обезвредить любого лидера, который мог бы предположительно сотрудничать в подобной атаке или еще хуже. А для него обезоружить - значит отстранить потенциального нападающего от власти. Весной прошлого года президент объявил, а его новая команда безопасности быстро усилила новую доктрину, которая заменила политику сдерживания холодной войны на новую политику упреждения.

Речь Буша в Вест-Пойнте и последующая Белая книга заявили, что Соединенные Штаты и их союзники будут действовать решительно против любой страны или силы, собирающей оружие массового уничтожения, которое может угрожать безопасности США - и не будут пассивно ждать нападения. Вскоре стало ясно, что Ирак был выбран в качестве испытания новой доктрины.

Мы спрашиваем себя: почему? Предположим, если бы в Ираке не было нефти, было бы тогда так важно "разоружить" страну? Доводы против Северной Кореи были намного сильнее.

Северная Корея открыто признала, что обладает ядерным оружием - но США и Великобритания до сих пор не трогают ее, потому что, как подсказывает логика, у нее нет нефти! Так что же представляет собой Ирак? Речь идет о "разоружении" Ирака или о захвате его богатых нефтяных месторождений? Смеем предположить, что 90% мира предпочли бы последнее в качестве истинной причины, по которой Великобритания и США хотели сокрушить Ирак.

Впоследствии президент использовал выдающиеся решения ООН, чтобы убедить большинство членов Конгресса одобрить доктрину упреждения в качестве политики США и применить ее к Ираку. И, получив поддержку Конгресса, он смог убедить Совет Безопасности ООН выдвинуть Саддаму Хусейну единодушный ультиматум: разоружиться или быть разоруженным.

Что в этом плохого?

Неправильно то, что вся эта система на 100% неконституционна, и все же Бушу удалось избежать наказания, потому что американский народ не знает своей Конституции, не говоря уже о своих представителях в Палате представителей и Сенате.

Никогда еще Конгресс США не был настолько невежественным в отношении Конституции. Таким образом, Буш смог блефом втянуть себя в войну без официального объявления, что является правонарушением, подлежащим импичменту. Мы знаем, что надвигающаяся перспектива превентивной войны против Ирака нанесла ущерб отношениям Америки с большей частью мира, открыв разрыв с основными торговыми партнерами, такими как Германия, Франция и Китай. Дело в том, что Буш разбил много фарфора еще до того, как прозвучал первый выстрел. Невозможно оценить или судить о вторичном воздействии на соседние страны - Канаду, Мексику и Ближний Восток.

Итак, теперь мы подошли к одному из худших преступлений правосудия, когда-либо постигших эту нацию: мы собирались напасть на Ирак без достаточных оснований.

Конституция США гласит, что США не могут вступать в войну против государства, если это государство не совершило поддающиеся проверке воюющие действия против США. Даже Перл и Вулфовиц не могли утверждать, что Ирак совершил воинственные действия против США. Для "упреждающего удара" не было конституционных оснований. Это был незаконный, неконституционный акт, которому не место в политике государства, чья Конституция является высшим законом страны.

ГЛАВА 4

Британский империализм и силовая дипломатия США

К ак США прошли путь от наследия, оставленного отцами-основателями и последующим поколением, до нынешней антиконституционной веры в то, что они могут напасть на любую страну, воспринимаемую как угроза? Произошло то, что США превратились в империалистическую державу, ищущую нефть. Англо-американцы вмешиваются во внешние дела государств. Мы можем назвать эту борьбу "нефтяной дипломатией", поскольку она переплетается с коммерческими и военными вопросами. Они не всегда раскрываются, поскольку секретность иногда предпочтительнее. Современная экономика - это власть. Нация, контролирующая нефть, будет доминировать в мире. Такова империалистическая политика, проводимая правительством США.

Политическое отделение от наследия мудрости, оставленного отцами-основателями Америки, было нарушено испано-американской войной. "Изоляция", как называли Америку те, кто стремился к интернационализации, "больше невозможна", - трубил Маккинли, и его слова повторил Вудро Вильсон:

> Хотим мы этого или нет, но мы участвуем в жизни мира. Интересы всех народов - это и наши интересы. Мы являемся партнерами других людей. То, что влияет на страны Европы и Азии, также является нашим делом.

Принятие международного социализма стало началом

конца Америки отцов-основателей. Это привело к "свободной торговле" и устранению Вильсоном торговых барьеров, которые сделали США великой нацией. Вильсон полностью проигнорировал предупреждение Джорджа Вашингтона о том, что Соединенные Штаты не должны вовлекаться и запутываться в иностранных интригах. Но, ведя имперские войны за нефть, это окажется невозможным. Ни одна страна не может бросить вызов империалистическим требованиям Вашингтона и остаться в живых, как это сейчас выясняет Ирак. Народы всего мира презирают то, во что превратилась Америка под властью семьи Бушей, отца и сына. Они оттолкнули от себя весь мусульманский мир, жадно цепляясь за нефть.

Контр-адмирал Планкетт заметил в январе 1928 года:

> Наказанием за коммерческую и промышленную эффективность неизбежно становится война; если я правильно понимаю историю, эта страна сейчас ближе к войне, чем когда-либо прежде, потому что ее коммерческое положение теперь ставит нас в условия конкуренции с другими великими торговыми странами. Если вы замените слово "нефть" там, где это уместно, мы начнем понимать картину.

Как сказал французский премьер-министр Клемансо:

> Нефть так же необходима, как и кровь, в битвах завтрашнего дня.

Анри Берринджер, французский дипломат и заместитель Клемансо, написал меморандум, который стоит процитировать:

> Тот, кто владеет нефтью, будет владеть миром, ибо он будет управлять морями с помощью тяжелых нефтей, воздухом - с помощью сверхрафинированных нефтей, а землей - с помощью бензина и осветительных масел. Кроме того, он будет властвовать над своими собратьями в экономическом смысле, благодаря фантастическому богатству, которое он будет извлекать из нефти - этого чудесного вещества, более

востребованного и более ценного, чем само золото.

Президент Маккинли сказал:

Изоляция больше невозможна и нежелательна.

Президент Вильсон сказал:

Мы участвуем, нравится нам это или нет, в жизни мира.

Они говорят как настоящие империалисты, особенно если вспомнить, что в то время у США было менее 12% мировых запасов нефти. Около 70% приходилось на страны, слабость которых позволяла великим державам вторгаться на экономическую и политическую территорию. Во времена Вильсона это касалось Ближнего Востока, Карибского бассейна и Мексиканского залива, а также России. Страны с крупными месторождениями нефти защищали свои активы, принимая законы, предоставляющие права на недра своим народам и правительствам, а также устанавливая ограничительные барьеры, правила и высокие платежи за роялти. Великие имперские державы, Великобритания и США, назвали такую самооборону "неповиновением" и оказали дипломатическое давление, чтобы разрушить эти барьеры. А когда это не удалось, они вернулись к вооруженному вмешательству.

Помните об этом и думайте об этих словах, когда в следующий раз услышите, как Буш и Чейни трубят о необходимости "разоружить Саддама", и тогда мы начнем понимать, что мы в Ираке ради его нефти. 11 сентября было искусственной ситуацией, как и Перл-Харбор, а "оружие массового поражения" было просто красной селедкой, протащенной по нефтяному следу.

Лорд Керзон, после ужасной трагедии Первой мировой войны, сказал правду:

Союзники плыли к победе на волне нефти.

Все остальные причины, которые приводил Буш, становятся все менее и менее весомыми, если посмотреть на проблемы. Как я уже сказал, около 70 процентов нефти в мире добывается в странах, которые экономически и национально слабы. Самой своей слабостью они приглашают США и Великобританию вмешиваться в их национальные дела. Пример Ирака сейчас перед нами; Венесуэла только что пережила натиск США, действующих через посредников. Любая страна с приличными запасами нефти сейчас находится под угрозой империализма США и Великобритании и будет падать одна за другой.

Самооборона этих стран, направленная на защиту своего народа и сохранение своей собственности от алчной хватки американских и британских нефтяных магнатов, описывается как "неуступчивость" или "мстительность", на которую отвечают сначала "дипломатическим давлением", а затем силой оружия. Семья Бушей пошла по этому сомнительному пути, и мы видели, как их политика вылилась в жестокое нападение на Ирак, государство размером в половину Калифорнии.

Великобритания и США уже взяли под контроль большую часть мировых запасов нефти. То, что они не смогут завоевать дипломатическим путем, они завоюют с помощью массированных волн бомбардировщиков, крылатых ракет и реактивных снарядов, поскольку притворство и претензии на то, чтобы быть хорошими и христианскими нациями, будут оставлены. Борьба, происходящая сегодня в мире, сталкивает страны, у которых мало или совсем нет нефти, с "единственной сверхдержавой" мира, или, лучше сказать, "империализмом", Соединенными Штатами. Россия борется за сохранение своего места в нефтяном мире, а Великобритания и США стремятся ее свергнуть. Таким образом, борьба за нефть выльется в великую катаклизмическую битву между США и Россией, и этот день уже не за горами. В ближайшем будущем сыновья и дочери Америки будут призваны сражаться за нефть в тотальной мировой войне.

Госдепартамент США обычно потворствует требованиям крупных нефтяных компаний. В пользу этого говорит агрессивная нефтяная политика Соединенных Штатов, как заявил А.К. Бедфорд, президент Standard Oil of New Jersey в 1923 году. Из-за этой фиксированной политики американские консулы за рубежом всегда следуют "нефтяной линии", когда речь идет о вопросах внешней политики. В 1923 году Федеральная торговая комиссия поддержала эту официальную политику правительства США. Все посольства и дипломатические миссии США получили следующий меморандум 16 августа 1919 года:

Джентльмены: Жизненно важное значение обеспечения адекватных поставок минеральной нефти, как для нынешних, так и для будущих потребностей Соединенных Штатов, было обращено настойчивое внимание Департамента (Государственного департамента). Граждане различных стран и концессии на права на добычу минеральной нефти агрессивно преследуются в разработке разведанных месторождений в новых районах во многих частях мира. Желательно иметь наиболее полную и актуальную информацию об этой деятельности, осуществляемой как гражданами США, так и другими лицами.

Чарльз Эванс Хьюз давал показания перед Конгрессом США и нефтяным советом Кулиджа:

"... Внешняя политика администрации, выраженная фразой "открытые двери" и последовательно проводимая Государственным департаментом, разумно продвигает наши американские интересы за рубежом и надлежащим образом защищает потребности нашего народа. "

Борьба за нефть на Ближнем Востоке началась всерьез с приходом австралийца по имени Уильям К. Д'Арси и американца, адмирала Колби Митчелла Честера (1844-1932). Д'Арси и американец, адмирал Колби Митчелл Честер (1844-1932). В 1901 году Д'Арси получил от шаха Персии концессию на пять шестых территории Персидской империи сроком на 60 лет. Д'Арси заплатил 20 000 долларов наличными и согласился выплачивать 16% роялти на всю добытую нефть. Адмирал Честер ничего не получил, и Д'Арси вернулся в Лондон, чтобы организовать Англо-Персидскую компанию. Он вернулся на Ближний Восток, чтобы попытаться захватить нефтяное месторождение Мосул в Персии. В 1912 году для эксплуатации Мосула была создана Турецкая нефтяная компания, в состав которой вошли британско-голландская Shell Oil и берлинский Deutsche Bank.

Сэр Анри Детердинг (известный как "Наполеон" нефтяной промышленности) из компании Royal Dutch Shell был главным участником интриг вокруг стран, владеющих нефтью. Британское правительство проявило активность в лице Э.Г. Преттимана, гражданского лорда, который обеспечил, чтобы британский капитал удерживал линию на Турецкую нефтяную компанию, которую д'Арси угрожал продать французам. В 1913 году Детердинг заявил в Палате лордов, что контролирует нефть в Румынии, России, Калифорнии, Тринидаде и Мексике. По словам Детердинга, он давил на Персию, которая была практически нетронутым регионом огромных размеров и с запасами нефти.

Сэр Томас Браунинг сообщил лордам, что Royal Dutch Shell была гораздо более агрессивной в нефтяной сфере, чем Standard Oil Trust of America. Детердинг единолично контролировал самую мощную в мире организацию по производству источника энергии. В битву за нефть вступил Уинстон Черчилль, в то время первый лорд Адмиралтейства, только что переживший бурскую войну. Черчилль заявил в Палате лордов, что, по его мнению, ... мы должны стать владельцами или, во всяком случае, контролерами у источника, по крайней мере, части необходимых нам природных запасов нефти.

ГЛАВА 5

Новая доктрина: Мексика под давлением

Империалистическая политика США вступила в новую фазу, фазу "упреждающего удара", по терминологии Буша. Британское правительство было занято добычей нефти в Мосуле, на территории нынешнего северного Ирака. Британцы покупают четверть акций Турецкой нефтяной компании, остальные акции принадлежат немцам и туркам.

В течение трех месяцев, благодаря "дипломатии путем обмана", британцы контролировали три четверти акций, а турки были полностью изгнаны из собственной компании. Курды, которым принадлежали нефтяные земли над Мосулом, не получили ни копейки. Турция, которая контролировала земли вокруг Мосула, также осталась в стороне.

Это было только начало. Затем британское правительство купило контрольный пакет акций Anglo Persian за 12 миллионов долларов, который должен был действовать в течение 48 лет. Вскоре стало ясно, что не только нефть выигрывает войны, но и войны ведутся из-за нефти.

Если взглянуть на историю Первой мировой войны, то это очевидно, как позже признает Клемансо. Войны не закончились с Первой мировой войной. Напротив, Великобритания и США проводили агрессивную империалистическую политику против Персии (Ирака) и Турции, пытаясь подорвать позиции националистических элементов. В мае 1920 года Государственный департамент выпустил служебную записку, в которой говорилось, что Британия тихо готовится к захвату всех нефтяных месторождений Мосула. Нефтяная политика продолжала оставаться в центре внимания в США, когда президент Хардинг заявил в своей речи:

> "После сельского хозяйства и транспорта нефтяная промышленность стала самым важным дополнением к нашей цивилизации и благосостоянию. "

Администрация Вильсона оказалась втянутой в борьбу за контроль над нефтью в Мексике после того, как было объявлено об обнаружении больших запасов нефти в Мексиканском заливе. Когда мексиканцы проявили признаки сопротивления эксплуатации, в Тампико были направлены американские военные корабли. Уилсон сказал.

> "...единственное намерение Соединенных Штатов - сохранить демократию в Мексике. "

США заняты и в других областях, ведя переговоры с Великобританией о доле в Турецкой нефтяной компании, престижным призом которой являются нефтяные месторождения Мосула. Турция полностью вытесняется из своей собственной компании. Но основное внимание США было сосредоточено на мексиканских месторождениях, которые Эдвард Доэни получил в Гасиенде дель Тулильо через своего друга президента Диаса. Вскоре Доэни получил другие месторождения, включая Потреро дель Ллано и Серро Азул. Но Диас обогнал Доэни и позволил Витману (лорду Каудри) выйти на мексиканскую нефтяную сцену.

Борьба за нефть привела к беспорядкам между "союзниками", когда США приняли решение свергнуть президента Диаса, который находился у власти 35 лет.

Как обычно в таких случаях, американские разведывательные операции и американские экономические "киллеры" были посланы, чтобы разжечь неприятности в рядах Диаса. США напрямую спровоцировали свержение Диаса, как позже подтвердили показания в Комитете по международным отношениям США.

Лоуренс Конверс, американский штабной офицер, дал показания:

> Сам г-н Мадеро сказал мне, что как только повстанцы продемонстрируют свою силу, несколько крупных банкиров в Эль-Пасо будут готовы предоставить ему аванс - я полагаю, что сумма составляла 100 000 долларов; и эти же люди (губернатор Гонсалес и государственный секретарь Эрнандес) также сказали мне, что интересы Standard Oil поддерживают их и приобрели облигации Временного правительства Мексики. Они заявили, что интересы Standard Oil поддерживают их в революции.

Standard Oil должна была получить высокую процентную ставку, и было заключено предварительное соглашение о нефтяной концессии в южных мексиканских штатах. Мадеро был свергнут и казнен, а к власти пришел генерал Уэрта. Когда президент Вильсон пришел к власти, он открыто выступил против Уэрты, заявив, что Соединенные Штаты не могут... сочувствовать тем, кто стремится захватить власть в правительстве для продвижения своих личных интересов или амбиций. В то же время Вильсон предоставил признание революционному правительству в Перу.

Нефтяные интересы в лице Альберта Фолла начали требовать, чтобы Соединенные Штаты направили вооруженные силы в Мексику для "защиты" американских интересов и "оказания помощи в восстановлении порядка и поддержании мира в этой несчастной стране и передачи административных функций в руки способных и патриотичных мексиканских граждан". Когда Вильсон пришел к власти, он поставил вопрос перед Конгрессом таким образом:

> Нынешняя ситуация в Мексике несовместима с выполнением международных обязательств Мексики, с цивилизованным развитием самой Мексики и с

поддержанием терпимых политических и экономических условий в Центральной Америке.

Теперь Вильсон готовился к вооруженному вмешательству на том основании, что американцам "угрожает опасность" в Мексике. Подобный рефрен мы позже услышим от Джорджа Буша в его бесконечных жалобах на президента Хусейна, и, как и в случае с Уилсоном, в них звучит неискренность.

Американский народ, так легко введенный в заблуждение, что это национальная и историческая трагедия, был убежден, что Мексика представляет для него "угрозу", что открыло Вильсону путь к отправке письма американским консулам в Мексике с указанием, что они должны предупредить

> "власти, что любое запугивание или плохое обращение с американцами, вероятно, поднимет вопрос о вмешательстве".

Здесь мы имеем явный случай, когда имперский президент США искал предлог для вмешательства во внутренние дела Мексики, поведение, которое повторила имперская семья Бушей, отец и сын, искавшие предлог для захвата иракской нефти, и они нашли хлипкое оправдание, что у Ирака было "оружие массового уничтожения". Вооруженный знанием того, что он обманул американский народ, заставив поверить, что с его гражданами плохо обращаются в Мексике и что у власти находится "ужасный диктатор, которого необходимо убрать" (вы слышите здесь припев "Саддам Хусейн"?), Вильсон стал смелее:

> Я убежден, что мой прямой долг - потребовать отстранения Уэрты от власти в Мексике и что правительство Соединенных Штатов должно сейчас использовать необходимые средства для достижения этого результата.

Отголоски фразы "Саддам должен уйти, или это сделают вооруженные силы США", которую постоянно повторял президент, как будто у него было право вести себя как разбойник и бандит, не больше, чем у Вильсона. И Вильсону, и Бушу сошла с рук жестокая агрессия против суверенного государства Мексики и Ирака соответственно, потому что американский народ не знает своей Конституции. Неужели никто не потребовал от администрации Буша в суде предъявить Конституцию США, чтобы доказать, откуда вдруг взялась эта удивительная власть?

Откуда взялась эта удивительная власть, которую обычно имеют императоры над своими империями? Это, конечно, не вытекает из американской Конституции или международного права. Она появилась под эгидой империализма, и, видимо, маршируя под этим знаменем, США получили право вмешиваться в суверенные дела суверенного государства!

Пока американский народ не будет знать свою Конституцию, тиранам будет сходить с рук вмешательство в суверенные дела суверенных государств (таких как Мексика и Ирак), и пока знание Конституции не заменит невежество, мы будем продолжать наблюдать, как американская внешняя политика создает хаос в мире. Поскольку американский народ не знает своей Конституции, у него больше нет Конституции. Американский народ позволил Вильсону избежать наказания за новые акты империализма в Мексике, а администрации Буша - опустошить Ирак после того, как их планы по убийству Хусейна не смогли осуществиться.

В ноябре 1912 года Вильсон отдал следующий удивительный приказ, удивительный потому, что его военные командиры должны были знать Конституцию наизусть и поэтому знали, что то, что он приказывает, является неконституционным, и что они должны были не подчиниться этим приказам.

> Отрезать его (Уэрту) от иностранной симпатии и помощи и национального кредита, морального или

материального, и заставить его уйти...". Если генерал Уэрта не уйдет силой оружия, долгом Соединенных Штатов станет использование менее мирных средств для его устранения.

Теперь Вильсон воспрянул духом и продолжил путь имперской тирании, вмешиваясь в дела суверенного государства Мексика, угрожая его лидеру и его народу, и, что еще хуже, заявив, что "долг" Соединенных Штатов - изгнать избранного лидера, если он не уйдет со своего поста! Даже Цезарь в своем императорском величии никогда не говорил так.

Даже сегодня, спустя столько лет, смелость Уилсона по-прежнему вызывает удивление. И какова была реакция американского народа на угрозы Вильсона? Ровно ничего! Фактически, американский народ своим молчанием поощрил Уилсона поступить правильно и нарушить свою Конституцию. Внезапно, под имперским знаменем, Соединенные Штаты присвоили себе право умиротворить Мексику. В ответ на британское предложение разрешить Уэрте уйти в отставку, министр Брайан написал еще одно поразительное послание:

> Президент намерен избавиться от Уэрты, предоставив американскую помощь лидерам повстанцев. Перспективы мира, безопасности собственности и быстрой выплаты внешних обязательств более многообещающие, если Мексика будет оставлена силам, которые сейчас там воюют. Поэтому он (Вильсон) намерен почти немедленно снять запрет на экспорт оружия и боеприпасов из США.

Это произошло сразу после того, как Уэрта был переизбран на мирных и честных выборах. Спустя десятилетия американский народ снова остался в стороне и позволил своему правительству устроить имперский политический хаос в Ираке и Афганистане, утверждая при этом, что все это законно в соответствии с Конституцией США. Реальность такова, что Бушу, отцу и сыну, следовало объявить импичмент, снять с должности и судить за государственную измену. Однако, похоже, этого никогда не произойдет, и американский народ заслуживает того, чтобы лишиться своей Конституции, потому что он дал свое согласие лидерам нефтяной промышленности растоптать ее ногами без единого ропота протеста.

Неудивительно, что нация в беде, когда мы позволяем так называемому "главнокомандующему", который не был призван на службу, вести эту нацию в войну, которую он не имеет права вести, потому что Конгресс не объявил войну, оставаться на своем посту и приводить к преступной трате человеческих жизней и миллиардов долларов из нашей национальной казны. Мы заслуживаем того, что получим за наше ужасающее пренебрежение Конституцией.

Перспектива вмешательства США в дела Мексики сильно встревожила Чили, Аргентину и Бразилию, которые решили вмешаться, чтобы помочь Мексике с предложением о примирении. Когда эти три страны выступили с предложением о примирении, Вильсон попытался заблокировать конференцию Аргентина-Бразилия-Чили, когда она собралась на Ниагарском водопаде. Как и семья Бушей в 1991 и 2002 годах, Уилсон не хотел мира; он хотел изгнать Уэрту с помощью насилия за то, что она стояла на пути тех, кто двигался вперед под знаменем нефтяного империализма. Вильсон показал свое истинное лицо и презрение к Конституции США, осуществив прямое вмешательство в дела Мексики и саботируя усилия по мирному урегулированию.

Вильсон изолировал правительство Уэрты с помощью финансовых махинаций и блокады оружия и боеприпасов для его правительственных сил. В то же время он снабжал лидеров повстанцев, Каррансу и Вилью, оружием и деньгами. Он придумал инцидент с флагом в Тампико как предлог для оккупации Веракруса. Когда генерал Уэрта принес извинения за инцидент с флагом, Вильсон, как лживый принстонский джентльмен, которым он был, и предатель до мозга костей, отказался их принять.

В этом прискорбном поведении мы видим аналогичные действия и поступки в том, как семья Бушей обращалась с Саддамом Хусейном. В обоих случаях, генерала Уэрты и президента Хусейна, мы видим, как нефтяники передвигаются в темноте, как тараканы, отказываясь платить налоги Мексике и помогая Каррансе на каждом шагу. Американский народ никогда не мог знать, каким имперским президентом был Вильсон, и он поплатился за свое невежество, когда, в нарушение Закона Дика, он отправил сыновей национальной армии умирать на полях сражений во Франции, хотя его генеральный прокурор Уикершем неоднократно говорил ему, что у него нет конституционных полномочий отправлять национальные вооруженные силы воевать за пределами Соединенных Штатов. Поскольку американский народ позволил себе такую незащищенность, его сыновья снова находятся на полях сражений за пределами Соединенных Штатов в нарушение Конституции, и снова американский народ позволяет нарушителям, семье Бушей, попирать Конституцию и избегать последствий своего насилия, и все это в имперской погоне за нефтью, которая является национальной собственностью других стран.

В 1919 году перед Комитетом по международным отношениям Сената Доэни хвастался, что все нефтяные компании США участвовали в устранении Уэрты, точно так же, как позже все руководители нефтяных компаний должны были участвовать в ослаблении шаха Ирана и отстранении его от власти. Борьба за нефть продолжалась, имперская армия США маршировала под знаменем нефтяных компаний, а те пели свой военный гимн:

> "Христианские солдаты вперед, маршируя, как на войне, с флагом нефтяной промышленности, идут вперед".

В офисах Standard Oil было много ночей, когда шампанское пили по поводу смещения Уэрты. Но нефтяные руководители допустили просчет. Карранса попытался выдать революцию за народную и отказался от нефтяных концессий, которые он предоставил американским нефтяным компаниям. Когда генерал Обрегон пришел к власти, вся Мексика была ввергнута в смятение из-за махинаций американского нефтяного лобби, полностью поддерживаемого Госдепартаментом и госсекретарем Хьюзом.

Хьюз утверждал, что действия Вильсона по отправке американских войск и двух военных кораблей в Тампико были "морально оправданы". Это были пустые слова, которых нет в Конституции США, и они были призваны произвести впечатление на мир, глубоко обеспокоенный империалистическим вмешательством США во внутренние дела своего соседа. В заявлении для Республиканского национального комитета в 1924 году Хьюз сохранил свой "моральный" тон:

> Восстание Уэрты не было революцией с чаяниями угнетенного народа. Это была попытка захвата президентства: это означало подрыв всей конституционной и упорядоченной процедуры. Отказ от помощи установленному правительству перебросил бы наше моральное влияние на сторону тех, кто оспаривал мир и порядок в Мексике...

Годы спустя, в 1991 и 2006 годах, мы слышали те же самые припевы от семьи Бушей, отца и сына, о том, что их нападение на Ирак было "моральным".

На самом деле, в этом не было ничего "морального" - это была просто открытая империалистическая агрессия против меньшей, слабой нации в погоне за нефтяными интересами; Хьюз и Вильсон боролись не за мораль - они шли под знаменем нефтяного империализма. Американские нефтяники продолжали вмешиваться в дела Мексики на протяжении всего правления Кулиджа, и корреспондент *New York World* написал статью из Мексики, в которой кратко описал ситуацию:

> Например, имперским фактом является то, что в

недавнем прошлом личные связи официальных лиц Соединенных Штатов были связаны не с правительством, при котором они были аккредитованы, а с тем классом мексиканцев, среди которых были богатые, культурные и иногда очаровательные люди, которые финансируют и провоцируют восстания. Не менее известно, что многие юристы и представители нефтяных компаний не просто отстаивали свои претензии в соответствии с международным правом, но открыто и настойчиво использовали все влияние, которым они обладали, для подрыва мексиканского правительства.

Это печально известное поведение распространилось на Венесуэлу, Ирак и Иран, где агенты США, нефтяники и их союзники из ЦРУ приложили все усилия, чтобы свергнуть правительства этих стран и заменить их марионеточными режимами, благоприятствующими тем, кто действует под знаменем нефтяного империализма. Это воинственное поведение продолжалось более 90 лет, вплоть до сегодняшнего дня, когда мы стали свидетелями того, как виновным почти удалось свергнуть избранного лидера Венесуэлы, свергнуть шаха Ирана и теперь начать тотальную войну в Ираке, чтобы взять под контроль Мосул и другие давно желанные иракские нефтяные месторождения. Империалистические тенденции тех, кто обладает безудержной властью и действует за кулисами Вашингтона, были хорошо разоблачены газетой *El Universal*, выходящей в Мехико:

> Американский империализм - это фатальный продукт экономической эволюции. Бессмысленно пытаться убедить наших северных соседей не быть империалистами; они не могут не быть империалистами, какими бы благими намерениями они ни руководствовались.

Давайте изучим естественные законы экономического империализма в надежде найти метод, с помощью которого, вместо того чтобы слепо противостоять им, мы сможем смягчить их действия и обратить их себе на пользу.

ГЛАВА 6

Нефть, а не ОМУ, стала причиной вторжения в Ирак

Уже невозможно отрицать, что фатальный империализм сейчас свирепствует на территории Соединенных Штатов, получив карт-бланш от семьи Бушей и их сторонников, Ричарда Чейни, Кристола, Перла, Вулфовица и христианских фундаменталистов. Этот ползучий империализм Буша не закончится с Ираком, когда мы затопим эту страну, он будет продолжаться до тех пор, пока империалисты Буша, полностью игнорируя Конституцию США, не затопят все нефтедобывающие страны Ближнего Востока и не лишат арабов их наследия природных ресурсов.

И в процессе этого ближневосточные страны грабятся вслепую. Возьмем англо-персидское соглашение, купленное за 12 миллионов долларов. Уинстон Черчилль заявил, что в период с 1921 по 1925 год Великобритания заработала на этой сделке 250 миллионов долларов. Дело в том, что жадность нефтяных баронов, стремившихся заполучить в свои руки месторождения нефти в Мосуле (Ирак), стала причиной Первой мировой войны.

Нечистая неразбериха на Ближнем Востоке была вызвана непосредственно вмешательством британских нефтяников и империализма США. Вероломное соглашение Сайкса-Пико не привело ни к чему, кроме раздора и кровопролития в Палестине, которое продолжается и по сей день.

Странно читать историю этого периода и понимать, что то,

что в то время (1912-1930) называлось национальной политикой, было не более чем грязной нефтяной политикой. Действительно отрезвляюще читать историю этого периода, за который миллионы жизней были без необходимости принесены в жертву по обе стороны борьбы. После того, как британцы победили турок в 1916 году (во многом благодаря арабам Лоуренса Аравийского в обмен на обещания отдать им Палестину, которые так и не были выполнены), соглашение Сайкса-Пико предложило поддержку французских претензий на Сирию и Мосул в обмен на французскую помощь на Ближнем Востоке. Британское наступление на Багдад было успешным весной 1917 года. Но крах их союзников из царской России не позволил британцам достичь Мосула.

В результате перемирия была выведена немецко-турецкая армия, защищавшая Мосул. Это было не что иное, как маневрирование и контрманеврирование западных стран, особенно Великобритании и США, с целью завладеть желанными нефтяными месторождениями Мосула. С народами региона даже не посоветовались. Это была имперская дипломатия борьбы за нефть в ее самом уродливом виде.

Чтобы успокоить волнения, вызванные алчными нефтяными компаниями, в ноябре 1922 года в Лозанне, Швейцария, была проведена конференция, но до этого события британские войска вели наступление на Мосул, в то время как государственный секретарь Хьюз заявил, что Соединенные Штаты не признают британские притязания на Мосул, поскольку они недействительны. Британцы считали, что благодаря оккупации Мосул у них "в руках", и корреспондент *London Times* не мог скрыть своего восторга:

> Нам, британцам, приятно осознавать, что три огромных месторождения, расположенных в непосредственной близости друг от друга и способных обеспечить потребности империи в нефти на многие годы, почти полностью эксплуатируются британской компанией. Геологи компании Turkish Petroleum подтвердили

существование трех крупных месторождений в концессии Мосул. Северо-восточное месторождение проходит от Хаммама Али через Киркук и Туз Хармати до Кинд-И-Шрин. Второй протянулся к югу от Мосула от Хайяры до Джебеджа Оники Имам через Кифри. Другой бассейн начинается к юго-западу от Мосула и простирается в сторону Багдада вдоль реки Тигр до перевала Фет-Хаха и Мандали.

Именно для того, чтобы завладеть этим богатым трофеем, Джордж Буш-старший напал на Ирак в 1991 году после того, как "не смог вернуть Хусейна на путь истинный", если перефразировать Джона Перкинса. Мы можем игнорировать политическую риторику о том, что иракский народ живет под властью диктатора. Мы можем забыть благочестивые банальности о вкладе демократии в Ираке. Мы можем забыть ложь, которая лилась из Белого дома в 1991 году, и забыть ложь, которая лилась из уст нефтяной хунты в 2008 году. Что мы можем понять, так это убедительные доказательства того, что то, что нефтяные магнаты делают в Ираке сегодня, и то, что они делают с 1914 года, является всего лишь продолжением их империалистических поисков нефти. Это имперское стремление к нефти никогда не было так открыто, как во время удара крылатыми ракетами по Багдаду 20 марта 2003 года. В нарушение всех принципов международного права и без малейших полномочий со стороны Конституции США, не говоря уже о том, что ООН не дала нефтяной хунте Буша-Чейни добро на нападение на Ирак, началась бомбардировка Багдада.

Благочестивые речи Джорджа Буша-младшего можно смело выбросить на свалку истории, поскольку императорская семья Бушей не представляет американский народ. Дж.У. Буш был избран к власти Верховным судом США. Справедливо будет сказать, что если бы Верховный суд не избрал Джорджа Буша, то сегодня не было бы нефтяной войны, поскольку известно, что Эл Гор открыто заявил, что в случае его победы на выборах не будет нападения на Ирак, и что американский народ не будет вынужден платить непомерно высокие цены за бензин на насосе.

Дальнейшее должно показать, как мало империалисты и их предшественники заботятся о народе, как пустозвонно звучали слова Джорджа Буша-младшего, когда он заявлял о своей любви к иракскому народу, воплощенной в желании избавиться от угнетавшего его "Саддама". Контекст этого рассказа о саге о нефтяных войнах заключается в том, что США безжалостно отвергли права армян на Мосул и вели себя так, как будто более миллиона армян вообще не имеют значения.

Ваан Кардашян, адвокат делегации Республики Армения, попытался подчеркнуть это упущение прав армян в просьбе о проведении слушаний и расследования в Сенате. В своем письме от 14 марта 1928 года сенатору Бораху он заявил, что если Комитет по международным отношениям не примет меры по его просьбе, он попросит президента Кулиджа передать армяно-американский спор в Гаагский трибунал для вынесения решения. Письмо Кардашьяна сенатору Бораху гласит следующее

> Я обвиняю двух членов кабинета президента в том, что они торговались по армянскому вопросу на Лозаннской конференции и сговорились повлиять на изгнание около миллиона армян из их родных мест.

> Я обвиняю этих людей и их сообщников в этом безобразии в том, что они использовали и используют Государственный департамент как добровольный инструмент для осуществления своего гнусного плана, и что Государственный департамент, пытаясь замести следы тех, кто диктовал ему политику в этом отношении, прибег к искажению информации, интригам и даже терроризму и наводнил страну безответственной и бесстыдной пропагандой.

> Итак, в этих обстоятельствах, каков мотив, цель турецкой политики Госдепартамента? Мы говорим, что дело в нефти. Администрация, которая отказалась

от законных американских прав и затем имела наглость наполнить воздух мелочами, дикими инсинуациями и ложью, чтобы отвлечь внимание от своей бесчестной политики; администрация, которая сознательно попирает Конституцию Соединенных Штатов в своих внешних отношениях - такая администрация, я обвиняю ее, не колеблясь, и не колеблясь, продала бы армянский народ и его дома за нефть в интересах привилегированной группы.

Если по какой-либо причине Комитет по международным отношениям Сената не сможет и не захочет решить проблему несправедливости, причиненной мужественному народу, тогда я попрошу президента США передать вопрос между администрацией и Арменией в Постоянную палату третейского суда в Гааге для принятия решения.

Кажется, если бы обвинения, выдвинутые адвокатом Вааном Кардашяном, были переформулированы сегодня, и имена режима нефтяной хунты США были бы заменены именами Чейни, Буша, Рамсфельда, Блэра и других, а "армяне" были бы заменены на "Ирак" и "иракский народ", у нас было бы прекрасное обвинительное заключение для представления в Международный суд в Гааге и давления на этих людей, скрывающихся за маской ложной "корректности", чтобы на самом деле способствовать их имперскому захвату иракской нефти. Сначала мы должны обратиться к президенту Сената и спикеру Палаты представителей с конкретным законопроектом, обвиняющим членов нефтяной хунты в государственной измене, попросить Палату представителей объявить импичмент, а Сенат - признать их виновными и принудить к отставке. Затем мы должны подать ходатайство о том, чтобы эти люди предстали перед судом страны, как это предусмотрено Конституцией Соединенных Штатов.

И если эти обращения и петиции останутся без внимания, тогда мы должны подать жалобу в мировой суд в Гааге и потребовать, чтобы члены империалистической нефтяной хунты были привлечены к ответственности. Ничто меньшее не поможет, и ничто меньшее не остановит эту нефтяную хунту от дальнейшего беспредела в мире, потому что, как всегда, она игнорирует все страны под знаменем нефтяной промышленности.

В 1991 году представителем Генри Гонсалесом была предпринята попытка импичмента Г. У. Буша, но она была задушена политиками обеих партий, которые не обращали внимания на Конституцию США. Нет сомнений, что аналогичная резолюция, поданная против Джорджа Буша-младшего, постигла бы та же участь, поскольку политики в Палате представителей и Сенате сегодня относятся к Конституции еще меньше, чем те, кто был там в 1991 году. Если резолюция встречает безразличие или политическое позерство, то у народа есть средство защиты - обратиться в Международный суд в Гааге. Пусть хотя бы будет сделан шаг в направлении восстановления Конституции на ее законном месте, и пусть нефтяная хунта не продолжает топтать ее ногами.

Империалисты, борющиеся за нефть, не ограничивают свои усилия Ираком, Ираном и Мексикой. Они распространились по всему миру и даже посягнули на суверенные права российского народа, не говоря уже об их интервенции в Венесуэлу. В Сибири произошел один из самых необычных инцидентов, о котором мало что написано.

В 1918 году Япония попыталась оккупировать сибирское побережье. Вильсон пытался предотвратить это с помощью дипломатии, но когда это не сработало, он послал американскую армию в Сибирь без одобрения Конгресса, не столько для того, чтобы помочь России, сколько для того, чтобы помешать Японии захватить ценные нефтяные и угольные месторождения Сахалина, потому что Вильсону они были нужны для американской компании Sinclair Oil. Россия благосклонно смотрела на Синклера, считая, что у американцев "чистые руки". Но те, кто действует под имперским знаменем нефтяной промышленности, играют нечестно. Они разыгрывают грязные трюки, как им свойственно.

Пока русские отдавали предпочтение компании Sinclair Oil, за их спинами разношерстная команда нефтяных магнатов строила заговоры и выступала против российского контроля над Кавказом и его ценными нефтяными месторождениями. С Мексикой произошла та же история. США тайно поддерживают диссидентские грузинские группы, полагая, что в случае успеха они получат желанные нефтяные концессии. США стремились контролировать нефтяные месторождения Гросни-Баку, но Москва подавила восстание и захватила документы, доказывающие вмешательство США в Гросни-Баку.

Затем империалисты обратились в Конгресс и попытались добиться признания "Национальной республики Грузии", правительство которой находилось в изгнании в Париже. Но Госдепартамент в сговоре с большевиками выступил против этого проекта, который провалился. Не успокоившись, Рокфеллер-Стандарт добился концессий на покупку российской нефти по низким ценам, и Англо-американская нефтяная компания закупила 250 000 тонн нефти в Баку. Внезапно антибольшевистское нефтяное лобби Рокфеллера перестало клеветать на Россию и начало ее восхвалять. Затем Рокфеллер стремился заключать все более крупные контракты с российскими поставщиками нефти и в 1927 году закупил 500 000 тонн.

Дела между Рокфеллером и большевиками начали идти очень хорошо, несмотря на ужасные истории, исходящие от режима, контролируемого коммунистами. В июне 1927 года Standard Oil заказала еще 360 000 тонн нефти, а Vacuum-Standard подписала с большевиками контракт на 12 миллионов долларов в год.

Ужасные истории империалистической нефтяной хунты (Буш, Чейни и Рамсфельд) о Саддаме Хусейне (чудовище) послужили основой для беспрецедентного нападения на

Ирак, так называемого "упреждающего удара", который нарушил все принципы Конституции США и попрал международное право.

Однако они были очень рады вести дела с большевистскими зверями, чей послужной список жестоких убийств и подавления свобод в России в сто тысяч раз превосходит все, что Саддам Хусейн сделал со своим народом. Администрация Буша осмеливается говорить в возвышенных выражениях о "морали", которая на ее стороне, а затем фундаменталистские христианские телепроповедники говорят нации, что эта злая имперская нефтяная хунта ведет "справедливую войну".

Британский журнал *The Outlook* кратко описал ситуацию с торговлей нефтью с большевиками, и высказанное в нем мнение вполне устроило бы нефтяную хунту Буша, Чейни и Рамсфельда, если бы мы изменили временные рамки с 1928 на 2003 год:

Британские и американские власти считают торговлю российской нефтью законной... Простой факт заключается в том, что различные компании пытались строить друг другу глазки.

Подлые интриги и конкуренция достаточно зловещи; попытки объяснить это с точки зрения морали и этики - чистое лицемерие. Это непристойно и отвратительно.

Теперь мы переходим к "морали" имперской нефтяной хунты Буша и Чейни, стоящей у руля США. Они напали на Ирак, не имея ни единого клочка, ни единого остатка полномочий от Конституции США и международного права, сбросили тысячи бомб и обрушили дождь крылатых ракет на открытый, не защищенный город Багдад в нарушение международного права и уверенно надеются избежать наказания и приговора Нюрнбергских протоколов.

Более того, империалистическая хунта получила огромную прибыль от "восстановления" Ирака после бомбардировок. Компании вице-президента нефтяной хунты Ричарда Чейни,

Haliburton и Bechtel, получили выгодный контракт на 6 миллиардов долларов задолго до начала "военных действий". Если американский народ примет это, то он заслуживает той участи, которая его ожидает.

За свою храбрость Бехтел был тайно награжден королевой Елизаветой II орденом CBE (Командор Британской империи). Успех огромной пропагандистской машины предотвратил любое разумное обсуждение со стороны американского народа, который, как мы говорили в начале атаки, поддержал войну нефтяной хунты против Ирака с перевесом в 75%. В результате правда о варварском нападении 20 марта 2003 года дошла до сознания относительно небольшого числа людей.

Джордж Оруэлл понял бы нефтяную хунту и ее имперский поход на Ирак. Родившийся в 1903 году мастер техники, обученный искусству пропаганды и дипломатии путем обмана, без колебаний взялся бы за нефтяную хунту Буша-Чейни-Рамсфельда. Но, к сожалению для Америки, Оруэлл умер в 1950 году, оставив миру глубокое понимание того, как работают вещи, в своей книге "1984". Стоит процитировать резюме, написанное Полом Футом и опубликованное 1 января 2003 года:

> Этот год, я подозреваю, станет для многих из нас годом Джорджа Оруэлла. Родившийся в 1903 году и умерший в 1950 году, он продолжает доминировать на британской литературной сцене. В этот год столетнего юбилея наверняка состоится занимательная репетиция левых дебатов между его сторонниками, к которым отношусь и я, и его противниками, которые помнят старые добрые времена товарища Сталина.

ГЛАВА 7

Переход к варварству

Мы начинаем год Оруэлла, вспоминая, что эта знаменитая сатира, "1984", предвидела ужасный мир, разделенный на три властных блока, постоянно меняющих стороны, чтобы продолжать борьбу друг с другом.

Правительства этих трех стран поддерживают верность своих граждан, утверждая, что всегда была одна война, один враг. Партия заявила, что Океания никогда не была в союзе с Евразией. Он, Уинстон Смит, знал, что Океания заключила союз с Евразией всего четыре года назад. Но где существовали эти знания? Только в своем собственном сознании. Все, что было нужно, - это бесконечная череда побед над собственной памятью. Проверка реальности, как они это называют: Novlanguage; 'doublethink'.

У нас есть это "двойное мышление" в отношении Ирака, и оно существует не только в наших собственных умах. В послужном списке Маргарет Тэтчер - Океания (США и Великобритания) и ее предательский заговор с целью заставить США вступить в войну с Ираком в 1991 году. И еще - двусмысленная речь Эйприл Гласпи, которая привела президента Саддама Хусейна в эту ловушку, еще один шаг на длинном пути, усеянном попытками американских империалистов лишить Ирак его нефти.

Американский народ своим молчанием в 1991 году и снова в 2008 году одобрил империалистические акты варварства и массового уничтожения без единого ропота протеста.

Американский народ не обратил внимания на преднамеренное разрушение своей Конституции сменяющими друг друга администрациями Буша и не поднял ропота протеста. Почему Германия должна придерживаться доктрины "коллективной ответственности", а Соединенные Штаты после своих действий в Ираке - нет? Где коллективная ответственность за военные преступления, совершенные против Ирака по приказу Джорджа Буша, Маргарет Тэтчер и их коллег-империалистов? В течение двенадцати лет документы оставались невидимыми в британских и американских архивах, документы, подробно описывающие, как "Океания" обманывала и лгала Ираку. Маргарет Тэтчер, прежде чем осудить Хусейна, потратила более 1,5 миллиарда долларов на оснащение Ирака "оружием массового поражения". Это было сделано потому, что "Океания" образовала блок с Ираком, а Хусейн был голубоглазым ребенком режима Океании. Во время масштабного расследования Скотта, проведенного в Великобритании в 1996 году, некоторые детали этого масштабного двуличия просочились наружу.

В 1980-х годах правительство Тэтчер поставило Ираку большую часть военного оборудования, которое должно было быть "запрещено" по закону. Танки Chieftain были контрабандой доставлены в Иорданию, откуда их переправили в Багдад. Правила в отношении станков были "смягчены", чтобы позволить иракским производителям оружия начать свой бизнес. Кредиты на закупку военного оборудования были замаскированы под нужды "гражданского развития".

В 1980-х годах "смелая стратегия", описанная в файлах Уайтхолла, по гарантированию кредитов обанкротившемуся иракскому диктатору была одобрена самой миссис Тэтчер, ее министром иностранных дел Дугласом Хердом и министром торговли и промышленности Николасом Ридли. Они, в свою очередь, усиленно лоббировались чиновниками Департамента по продаже вооружений Уайтхолла - организации, занимающейся экспортными продажами оборонной продукции, - которые имели тесные связи с оружейными компаниями. Иракские гарантии были слишком рискованными, чтобы быть настоящими коммерческими предложениями. Они были предоставлены в соответствии со вторым разделом специального положения, якобы "в национальных интересах".

Гарантии должны были распространяться только на гражданские проекты. Но одна компания, RACAL, которая при сэре Эрни Харрисоне регулярно давала 80 000 долларов в год Ториям, затем получила секретное специальное страховое "оборонное пособие" в размере 45 миллионов долларов от ECGD после выигрыша контракта с Ираком в 1985 году. Документы ECGD показывают, что чиновники протестовали против того, что одна компания получала практически все преимущества этого тайного объединения. Но они были отклонены.

Компания RACAL строила завод в Ираке, когда началась война в Персидском заливе. Впоследствии ECGD пришлось выписать страховой чек на 18 миллионов долларов США банкирам RACAL. В 1987 году компания Marconi Command and Control получила банковский кредит в размере 12 миллионов долларов, подкрепленный гарантией налогоплательщиков, для продажи AMERTS - артиллерийской метеорологической системы иракской армии. Для точного артиллерийского огня AMERTS использует метеорологические шары, соединенные с радаром для измерения скорости ветра.

Именно две из этих мобильных установок американские охотники за ОМУ с большим энтузиазмом объявили "биологическим оружием", только чтобы отступить с красным лицом, когда эксперты сказали, что они использовались для наполнения водородом артиллерийских аэростатов слежения.

Но секретное распределение ECGD было использовано для

RACAL. Поэтому представители МО добились переклассификации контракта в гражданский. Мутная сделка привела к тому, что чиновники ECGD в частном порядке заявили, что их ввели в заблуждение в Министерстве обороны. В итоге ECGD выписал чек на 10 миллионов долларов, когда Маркони не получил свои деньги.

Другой контракт также был разыгран: компании Tripod Engineering, поддерживаемой John Laing International, удалось добиться того, что контракт стоимостью 20 млн. долларов был классифицирован как гражданский, несмотря на то, что речь шла о комплексе подготовки пилотов истребителей для иракских ВВС. В переговорах компании Tripod помогал вице-маршал авиации, который вскоре после выхода в отставку получил от Tripod зарплату в качестве консультанта, не обратившись за разрешением в Министерство обороны, как того требуют правила. В отчете Скотта сделан вывод, что его поведение, даже если оно было непреднамеренным, могло вызвать подозрения.

В докладе Скотта неоднократно упоминаются последовательные контракты с Ираком на поставку оружия, которые обошлись стране в 1,5 миллиарда долларов.

Консервативные члены кабинета министров отказались прекратить предоставлять гарантированные кредиты президенту Саддаму. Компании, получившие выгоду от тендера, уже обналичили свои фишки. Midland Bank был продан гонконгскому банку (HSBC), a Grenfell был продан немецкому Deutsche Bank.

Даже если Британия сейчас получит репарации от президента Саддама...

Учитывая невозврат кредитов в размере 1,5 миллиарда долларов, этого не хватит, чтобы покрыть расходы Британии на войну. Эта стоимость оценивается в 4-6 миллиардов долларов США, в зависимости от того, сколько оккупационных и административных работ придется выполнить Великобритании.

Америка никогда не узнает о стоимости этой войны или об участии в ней, например, гигантских американских конгломератов Bechtel и Haliburton. Но мы знаем, что на сегодняшний день стоимость войны оценивается в 650 миллиардов долларов (данные на середину 2008 года). Двойная измена, совершенная Эйприл Глэспи и Джорджем Бушем, осталась безнаказанной; Океании удалось обмануть весь мир.

Это новоязычное двоемыслие приобрело грандиозные масштабы, когда Океания (Великобритания и США) начала войну против Ирака. Мы, сегодняшние Уинстоны Смиты, знаем, что 15 лет назад США и Великобритания заключили союз с Ираком. Мы знаем, что министр иностранных дел Великобритании был на стороне Саддама Хусейна, когда тот творил все те ужасные вещи со своим собственным народом, которые перечислены в недавнем "двойном мышлении" Джека Стро.

Мы знаем, что наше правительство изменило свои собственные инструкции, чтобы продать Саддаму ингредиенты для любого оружия массового уничтожения, которое у него могло быть или не быть. Мы также знаем, что ключевые базы, с которых американские бомбардировщики отправлялись убивать иракцев, находятся в Саудовской Аравии, чей режим еще более диктаторский, жестокий и террористический, чем режим Саддама. (И, спешим добавить, Кувейт в десять раз хуже Ирака и Саудовской Аравии в плане жестокой диктатуры). Но где существуют эти знания? Она существует только в нашем сознании.

Великий роман Оруэлла был не только сатирой, но и страшным предупреждением. Он хотел предупредить своих читателей об опасности попустительства лжи и извращениям могущественных правительств и их прихлебателей из СМИ.

Антивоенное движение не получило быстрого развития в

Великобритании и США. К счастью, мы все еще можем, как призывал Оруэлл в другом отрывке, "превратить нашу совесть в силу" и избавиться от поджигателей войны "как лошади избавляются от мух". Если мы этого не сделаем, нас ждет еще один ужасный цикл победы над собственной памятью и двойным мышлением...".

Мы должны "избавиться от поджигателей войны" и их двусмысленной лживого языка. Мы должны поставить СМИ, их сторожевых псов и подхалимов в правильную перспективу, под рубрику "врожденные лжецы". Если мы этого не сделаем, мы действительно обречены жить при режиме, таком же ужасающем, как тот, что описан в романе Оруэлла "1984". Мы можем быть абсолютно уверены в этом. Вернитесь в 1991 год и вновь переживите ложь, обман и двойное мышление Джорджа Буша-старшего, Эйприл Глэспи, Маргарет Тэтчер и ее приспешников, поместите свои воспоминания о тех событиях рядом с вашим осознанием сегодняшних событий и увидите поразительное сходство. Тогда поднимите свои голоса протеста.

Давайте обратим наше внимание на геноцидную войну, которая все еще ведется против бывшей маленькой нации Ирака, народа и нации, которые никогда не причиняли вреда Соединенным Штатам, хотя, напротив, мы в Соединенных Штатах имеем долгую историю попыток причинить им вред. Начиная с 1920-х годов, сотни страниц исторических документов свидетельствуют об этой истине. Тайные правительства, нефтяная промышленность и наблюдатели СМИ в сговоре с Океанией уже нанесли страшный вред невинному народу.

Британские усилия по разделу Ирака еще хуже, чем усилия США, хотя они должны нести равную ответственность за свое жестокое варварство по отношению к этой маленькой и практически беззащитной нации. Британские усилия вылились в раздел части Ирака и название его "Кувейт". Силой оружия они создали новое "государство", которое назвали Кувейтом, марионеткой Вестминстера, поставив во главе его одних из худших тиранов в истории Ближнего Востока - семью Аль Сабах.

Однако когда Ирак попытался вернуть то, что принадлежало ему по праву, Буш из Океании послал Глэспи откровенно лгать Хусейну и народу Соединенных Штатов, дав зеленый свет иракским войскам войти в Кувейт и разрушить его. Двусмысленная речь Глэспи сказала Хусейну:

> "Мы не вмешиваемся в пограничные споры между арабскими государствами".

Хуже того, когда она позже предстала перед Сенатом (до своего исчезновения), Гласпи сознательно солгала и до сих пор избежала последствий своего предательства. Она обманула народ Океании. Эта женщина, эта хозяйка нефтяной хунты несет прямую ответственность за гибель более миллиона иракцев в имперской борьбе за нефть.

В чем разница между тем, что сделала Германия, закончившаяся Нюрнбергским трибуналом, и тем, что Океания сделала с Ираком? Разницы нет. Лидеры Океании, прошлые и нынешние, должны быть с криками и пинками затащены за решетку правосудия и предстать перед судом за свои чудовищные и тяжкие преступления. Пока это не будет сделано, мира во всем мире не будет.

Тем временем, первосвященники Океании продолжают использовать свой жаргон, состоящий из двух слов. Рамсфельд был одним из лучших практиков этого вида дезинформации. 20 марта 2003 года он заявил, что в войне против Ирака участвовало большое количество "партнеров по коалиции", хотя на самом деле их было всего двое: Австралия и Великобритания. Таким образом, использование слова "коалиция" для усиления поддержки его дела было на самом деле обманом. Единственными реальными силами в альянсе являются ВМС, армия и ВВС США.

Безапелляционное требование президента Буша к людям

подчиниться ранжиру: Действительно, можно быть за Соединенные Штаты и при этом быть полностью против жестокого варварства, практикуемого в отношении иракского народа. Буш рассчитывает, что большинство согласится с его двойными стандартами, но по совести мы должны противостоять ему. Эта война не для того, чтобы быть "патриотом" и "поддерживать войска". Эта война - о правде, а правда заключается в том, что имперские Соединенные Штаты дважды напали на маленькую, слабую нацию без причины и без справедливого основания, а теперь пытаются уклониться от совершения ужасного преступления с помощью двойной болтовни.

Единственный способ выстоять и быть услышанными - это вынести правду на улицы. Мы никуда не уйдем от Конгресса США. Она шатается в этом ужасном кризисе, запертая в объятиях нефтяной хунты, ее уши глухи и закрыты для продолжающихся глобальных протестов, она смертельно боится транснациональных корпораций. Мы должны переквалифицироваться в противников нефтяной хунты, которая ведет нацию к гибели, и мы должны противостоять тем, кто марширует под знаменем нефтяной промышленности.

Джордж Оруэлл:

> Превратите свое сознание в силу. Стряхните воинственных людей, как мух.

Только так мы сможем победить их стремление к созданию нового мирового порядка. Если мы потерпим неудачу, поджигатели войны в Океании раздавят нас, а мы не можем этого допустить. Если мы хотим будущего для наших детей и для себя, Океания должна быть побеждена. К сожалению, американский народ не выдержал испытания, когда его втянула в войну воинствующая Республиканская партия, которая после 11 сентября бросила на ветер все ограничения (включая контроль, установленный Конституцией США), и поэтому не было никакой сдержанности в имперской военной атаке США и Великобритании на Ирак под сомнительным предлогом поиска несуществующего "оружия массового поражения" (на языке Тавистока), но в действительности с целью отнять у Ирака нефть.

Успех огромной пропагандистской машины, используемой без ограничений против американского народа, является одним из главных событий в истории этой науки, которая прошла долгий путь со времен Веллингтон Хауса, Бернейса и Липмана. Поскольку продолжительность внимания среднего американца составляет всего две недели, ложь и искажения об "оружии массового уничтожения" скоро забудутся, а британское и американское правительства Блэра и Буша будут прощены. Эта проблема просто слишком велика, чтобы замять ее, но со временем она исчезнет с первых полос новостных СМИ.

В своем обращении "О положении дел в стране" к Конгрессу США 28 января 2003 года президент Буш сказал всему миру, что нельзя терять времени, нельзя ждать. По словам Буша, если ООН или массовые протесты по всему миру против нападения на Ирак будут сдерживать его, то США и Великобритания подвергнут опасности "оружие массового уничтожения Саддама".

Буш категорически заявил, что Ирак должен ответить за... 25 000 литров сибирской язвы, 38 000 литров ботулотоксина, 500 тонн зарина, иприта, нервно-паралитического вещества VX и несколько мобильных лабораторий биологического оружия, а также передовые разработки ядерного оружия.

На основании этого утверждения, повторенного в ООН госсекретарем Пауэллом и в британском парламенте премьер-министром Блэром, 51% американцев убедили согласиться на немедленное военное нападение на Ирак, несмотря на то, что это запрещено Конституцией США и что Совет Безопасности ООН отказался санкционировать войну против Ирака. Мы не будем здесь обсуждать, как грубо нарушалось международное право правительствами США и Великобритании, но достаточно сказать, что вторжение американских вооруженных сил в Ирак нарушило каждую из четырех Женевских конвенций, Гаагские правила 1922 года о воздушной войне и Нюрнбергские протоколы. В британском парламенте Блэр выступил с проникновенной речью, чтобы убедить колеблющихся членов своей собственной партии, сочувственно заявив, что Ирак может совершить нападение на Великобританию за 45 минут, используя химическое и биологическое оружие массового поражения. Он заявил в Палате общин, что разведка предоставила доказательства того, что Ирак обладал оружием массового уничтожения и был готов его применить. Если бы не сила убеждения Блэра, в сочетании с тем, что он утверждал, что отчеты разведки подтверждают его заявления, парламент не дал бы своего согласия на поспешную войну против Ирака. Теперь выясняется, что дорога к войне была вымощена ложью. Как заявила газета *Independent*:

> Доводы в пользу вторжения в Ирак для уничтожения его оружия массового поражения были основаны на выборочном использовании разведданных, преувеличении, использовании источников, заведомо дискредитированных и откровенно сфабрикованных, и т.д.

После окончания правления президента Ирака мы ожидали, что такое оружие будет найдено, тем более что премьер-министр Блэр заявил парламенту, что оно может быть готово и введено в действие через 45 минут. Очень трудно скрыть ракеты на стартовой площадке или в транспортном средстве, полностью заправленные топливом и готовые к запуску. Однако по состоянию на 15 мая 2008 года такое оружие не было найдено, несмотря на серию интенсивных обысков, проведенных группами из 6000 американских и британских "инспекторов". Президент Буш категорически отказался разрешить возвращение инспекторов ООН по вооружению в Ирак, как того требовал главный инспектор Ханс Бликс, несмотря на все еще действующую резолюцию Совета Безопасности ООН. Упрямый Буш выступил против главы поисковой группы ООН. Поисковые группы ООН в Ирак возвращаться не будут. Столь же непреклонно Буш заявляет, что оружие будет найдено. Подвергаясь нападкам за отсутствие прогресса в этом отношении, "партнер по коалиции" Джек Стро, который поддержал Блэра по меньшей мере 35 положительными заявлениями о том, что Ирак представляет опасность для мира из-за оружия массового поражения, был вынужден отступить в парламенте 15 мая 2004 года.

Согласно репортажу лондонского политического корреспондента Николаса Уотта о дебатах в Палате парламента (Britain backtracked on the 'contious issue of Iraqi weapons'), Британии пришлось отступить по такому важному вопросу, как оружие массового поражения. Взяв пример с госсекретаря США Пауэлла и советника по национальной безопасности Райс, которые пытались выпутаться из дилеммы, связанной с неспособностью обнаружить легендарное оружие Ирака, Джек Стро добавил свою собственную версию:

> Великобритания пошла на попятную в вопросе о наличии у Ирака оружия массового поражения, и министр иностранных дел Джек Стро вынужден признать, что веские доказательства, возможно, никогда не будут найдены. Он сказал, что найти его "не так уж важно", потому что доказательства неправомерных действий Ирака были подавляющими. Он не придал значения тому, что не удалось найти запрещенное оружие, сославшись на то, что Ханс Бликс, главный инспектор ООН по вооружениям, обнаружил "феноменальное количество доказательств" до начала войны. Это "феноменальное количество улик" состояло из 10 000 литров сибирской язвы, которая лишь частично заполнила цистерну.

> "Еще предстоит выяснить, сможем ли мы найти треть бака бензина в стране, которая в два раза больше Франции", - сказал г-н Стро.

> "Мы не вступали в войну на основе квот. Мы вступили в

войну на основании доказательств, которые были полностью доступны международному сообществу".

Его комментарий, повторенный критиками войны, является резким отступлением от заявления министров о том, что Саддам Хусейн может осуществить химическую и биологическую атаку за 45 минут. Г-н Стро также может столкнуться с проблемами с доктором Бликсом, который может не согласиться с утверждением, что он представил "ошеломляющие доказательства" существования запрещенного оружия. Всегда осторожный доктор Бликс сказал только, что существует "сильное предположение", что у Ирака было 10 000 литров сибирской язвы.

Как юрист, г-н Стро был осторожен, заявив, что доктор Бликс лишь "предположил", что у Ирака была сибирская язва, но он попытался показать, что существование сибирской язвы может быть принято, когда назвал обнаружение химических и биологических комбинаций "дополнительным доказательством". "

Элис Махон, член парламента от лейбористов в Галифаксе, которая была одним из самых ярых критиков правительства, сказала:

> "Вся основа войны базируется на неправде. Весь мир видит, что министры отказываются от своих заявлений. Люди искренне верили словам премьер-министра о программе вооружений Ирака и его способности начать атаку за 45 минут. Это делает войну еще более незаконной".

Диссиденты-лейбористы во главе с бывшим министром обороны Питером Килфойлом усилят давление на правительство, выдвинув в палате общин предложение с требованием предоставить доказательства массового уничтожения. Они особенно обеспокоены этим вопросом, поскольку ряд министров во главе с Тони Блэром перед войной заручились поддержкой колеблющихся членов парламента, выступив с грозными предупреждениями об угрозе, исходящей от Саддама Хусейна. В то время как критика по поводу неспособности найти запрещенное оружие нарастала, министры пытались предложить правдоподобное объяснение. Но до сих пор их объяснения были ложными.

ГЛАВА 8

Неотслеживаемые АДМ

Иракская группа по поиску оружия массового поражения (WMDST) сворачивает свою деятельность, не найдя доказательств того, что Саддам Хусейн имел запасы химического, биологического или ядерного оружия. Группа исследовала многочисленные объекты, определенные американской разведкой как вероятные для содержания оружия массового уничтожения (ОМУ), но теперь признала, что вряд ли найдет какое-либо оружие.

Операции сворачиваются, и ими займется более мелкое подразделение под названием "Группа по исследованию Ирака". Руководитель оперативной группы 75 армии США полковник Ричард Макфи заявил, что его команда биологов, химиков, компьютерщиков и специалистов по работе с документами прибыла в Ирак, поверив предупреждению разведывательного сообщества о том, что Саддам дал "разрешение на освобождение" лицам, ответственным за химический арсенал. "Мы не зря одели всех этих людей в защитные костюмы", - сказал он газете *Washington Post*. Но если они планировали использовать это оружие, должно было быть что-то, что можно было использовать, а мы этого не нашли. Об этом в разведывательном сообществе еще долго будут писать книги.

Предполагаемое наличие у Саддама такого оружия было одним из главных предлогов, использованных Вашингтоном и Лондоном для оправдания войны против Ирака. В своей презентации в ООН в феврале 2000 года тогдашний госсекретарь США Колин Пауэлл назвал объекты, на которых, по его мнению, производилось ОМУ. Когда 1 мая Джордж Буш выступил с победной декларацией на борту корабля ВМС США "Авраам Линкольн", он сказал:

> Мы начали поиск скрытого химического и биологического оружия и уже знаем о сотнях объектов, которые будут исследованы.

Был достигнут определенный прогресс. Было сообщено, что группа экспертов по ОМУ пришла к выводу, что трейлер, найденный недалеко от города Мосул на севере Ирака, является передвижной лабораторией по производству биологического оружия. Команда согласилась, но другие эксперты не согласились. Некоторые официальные лица утверждают, что было обнаружено до трех таких лабораторий, хотя ни в одной из них не было найдено биологических или химических агентов. (Оказалось, что "мобильные лаборатории" - это машины, оборудованные для наполнения водородом артиллерийских аэростатов слежения, хотя эта информация была похоронена на последних страницах британских и американских газет).

11 мая генерал Ричард Майерс, председатель Объединенного комитета начальников штабов США, заявил, что ОМУ все еще может находиться в руках иракских спецподразделений. Были ли они полностью развернуты и могли ли они быть использованы против нас, или они все еще находятся где-то в каком-то бункере и могли ли они быть использованы? Но люди на местах были настроены более скептически. Центральное командование США начало войну со списком из 19 предполагаемых объектов приоритетного вооружения. Все обыски, кроме двух, были проведены без обнаружения улик. Еще 69 объектов были идентифицированы как дающие подсказки о местонахождении ОМУ. Из них 45 были разысканы безрезультатно.

Некоторые эксперты считают, что одной из проблем было то, что группы по поиску ОМУ задерживались слишком долго, позволяя иракским силам демонтировать или уничтожить оборудование. Другие считают, что оценка существования такого оружия была ошибочной. Сотрудник Разведывательного управления Министерства обороны сказал:

> "Мы приехали в страну медведя, приехали за медведем и обнаружили, что медведя там нет. Вопрос заключался в том, где находится химическое и биологическое оружие Саддама Хусейна? В чем сейчас заключается вопрос? Это то, что мы пытаемся определить.

К 2008 году стало ясно, что вся история о наличии у Хусейна оружия массового поражения была не более чем отвратительной ложью огромных масштабов, что подтвердил доклад сенатского комитета, возглавляемого сенатором Джеем Рокфеллером. Он назвал Буша и Чейни по имени и обвинил их в намеренном введении в заблуждение американского народа и Конгресса. Поиск ОМУ продолжается под эгидой Группы по исследованию Ирака, которая также ищет информацию о правительстве президента Хусейна. Белый дом утверждает, что это подразделение больше, чем оперативная группа. Однако официальные лица признали, что число сотрудников, занимающихся исследованиями в области вооружений, было сокращено. В течение нескольких недель мы слышали бесконечные сообщения о возможных находках химического и биологического оружия американскими и британскими войсками в Ираке. Через несколько часов или дней, пролистав последние страницы газет, вы обнаружите, что это была всего лишь очередная ложная тревога. Но никогда не упоминалось, что это оружие, даже если оно когда-либо существовало, было произведено пять, десять или пятнадцать лет назад, и почти наверняка было бы непригодно для использования, поскольку давно превысило свой стабильный срок годности, согласно собственным документам Министерства обороны, основанным на десятилетии международных инспекций, электронного наблюдения и информации, предоставленной "шпионами и перебежчиками".

Никогда не было сомнений в том, что у Ирака были программы по созданию оружия массового уничтожения, но не реальное оружие, и мир не был настолько наивен, чтобы верить Саддаму Хусейну, что он не попытается скрыть это оружие от инспекторов ООН.

Однако оправданием для вторжения США было то, что после десятилетия санкций, войны, американских бомбардировок и инспекций ООН Ирак все еще представлял реальную ядерную, химическую и биологическую угрозу. Администрация Буша заявила, что они могут быть развернуты за пределами границ Ирака или поставлены террористическим группировкам.

К сожалению для Буша, у него нет абсолютно никаких оснований для этого аргумента, который так энергично выдвигал тогдашний госсекретарь Колин Пауэлл в Организации Объединенных Наций, когда он утверждал, что у него есть четкие доказательства того, что в Ираке хранятся огромные запасы всего, начиная от газа зарин, известного также под натовским обозначением GB, и заканчивая сибирской язвой и ракетами, разрушающими санкции, готовыми к применению.

Не имело значения, что тот же иракский перебежчик, который рассказал Пауэллу о запасах химического и биологического оружия, также сказал, что они были полностью уничтожены, о чем Пауэлл забыл сообщить Организации Объединенных Наций и всему миру. Это не имело значения, даже если бы это было правдой - а это было не так - потому что эти запасы почти наверняка стали бы непригодными для использования и погибли после всех этих лет на полках.

Странно, но американские СМИ почти без исключения не упомянули о том, что большинство биохимических агентов имеют довольно ограниченный срок годности. Те немногие, кто это сделал, обычно цитировали Скотта Риттера, бывшего инспектора ООН по иракскому оружию и неоднозначного противника войны. По словам Риттера, срок годности известных иракских нервно-паралитических веществ химического оружия, таких как зарин и табун, составляет пять лет, а VX - чуть больше. Основное биологическое оружие Саддама не намного лучше: ботулотоксин эффективен в течение примерно трех лет, а жидкая сибирская язва - примерно столько же (при соответствующих условиях). Риттер добавляет, что поскольку все химическое оружие было произведено на единственном иракском комплексе по производству химического оружия - государственном объекте в Мутанне, который был уничтожен во время первой войны в Персидском заливе в 1991 году, а все заводы по производству биологического оружия и исследовательские материалы были четко уничтожены в 1998 году, любые оставшиеся запасы биологического/химического оружия теперь "безвредны и бесполезны".

Однако другие ставят под сомнение достоверность Риттера. Бывший "ястреб", поддержавший вторжение в Ирак после первой войны в Персидском заливе, он еще в 1998 году в статье в *New Republic* писал, что Саддаму, возможно, удалось скрыть от инспекторов ООН все - от мощных биологических и химических агентов до всей инфраструктуры ядерного оружия.

Но правда в том, что срок жизни иракского ОМУ может быть еще меньше, чем утверждал Риттер, и правительство США знает об этом. Список критически важных технологий" (MCTL) Министерства обороны США - это подробный перечень технологий, которые, по мнению ведомства, "необходимы для поддержания превосходного военного потенциала США". Это относится ко всем областям деятельности, включая противодействие распространению.

Так каково же было мнение MCTL о программе Ирака по созданию химического оружия?

При изготовлении своих химических нервно-паралитических веществ иракцы произвели нестабильную по своей природе смесь. Когда иракцы производили химические боеприпасы, они, по-видимому, придерживались режима "производи и применяй". Судя по информации, предоставленной Ираком Организации Объединенных Наций и позже подтвержденной инспекциями на месте, качество нервно-паралитических веществ, произведенных Ираком, было низким. Низкое качество, вероятно, было связано с недостаточной очисткой. Вещество должно было быть быстро доставлено на линию фронта или разлагаться в боеприпасах.

В отчете Министерства обороны говорится:

> Кроме того, химические боеприпасы, найденные в Ираке после (первой) войны в Персидском заливе, содержали сильно разрушенные агенты, и значительная их часть была заметно протекающей.

Срок хранения этих некачественных агентов составлял в лучшем случае несколько недель, что не позволяло создать большие запасы химического оружия. Незадолго до первой войны в Персидском заливе иракцы, как говорят, создали бинарное химическое оружие, в котором относительно нетоксичные компоненты агента смешиваются только перед самым применением оружия, что позволяет пользователю не беспокоиться о сроке хранения или токсичности. Но, по данным MCTL, "у иракцев было небольшое количество ублюдочных бинарных боеприпасов, в которых невезучий человек перед использованием должен был перелить один ингредиент в другой из канистры" - действие, которое мало кто из солдат был готов выполнить.

Ирак производил горчичный газ, который несколько более стабилен, чем нервно-паралитические вещества. У него может быть более длительный срок хранения; возможно, все еще доступны сильнодействующие формы препарата. Но сомнительно, что нам стоит беспокоиться о плохо изготовленных иракских агентах спустя годы после их производства. И, как теперь настаивает Риттер, любой объект по производству химического оружия, работавший в последние годы, мог, как и его ядерный аналог, выделять выхлопные газы; а любую новую программу по производству биологического оружия пришлось бы начинать с нуля. Оба этих вида деятельности были бы легко обнаружены западной разведкой, но никаких доказательств никогда не было представлено, потому что никаких доказательств никогда не было найдено по той простой причине, что их не существовало.

Аргумент о ядерной угрозе со стороны Ирака покоился на еще более шатком фундаменте, но это не помешало "ястребам" воспользоваться отсутствием доказательств, чтобы отпугнуть нежелательных политиков.

Когда Конгресс готовился к голосованию по резолюции, санкционирующей применение силы в Ираке, правительство Тони Блэра выбрало этот момент, чтобы обнародовать очевидную сенсацию: британская разведка получила документы, свидетельствующие о том, что в период с 1999 по 2001 год Ирак пытался купить "значительное количество урана" у неназванной африканской страны, "несмотря на отсутствие активной гражданской ядерной программы, которая могла бы в нем нуждаться".

Старший репортер The *New Yorker* Сеймур Херш написал, что в тот же день, когда Блэр обнародовал этот так называемый "дымящийся пистолет", директор ЦРУ Джордж Тенет обсуждал документы между Ираком и Нигером, африканской страной, о которой идет речь, на закрытых слушаниях Комитета по международным отношениям Сената по вопросу об ОМУ в Ираке. Блэр передал документы американской разведке, и как раз в нужное время; доказательства Тенета сыграли важную роль в том, чтобы Конгресс поддержал резолюцию о войне, которая, как мы уже говорили, не является полномочием, предусмотренным Конституцией США. Конституция требует, чтобы объявление войны было принято совместным заседанием Палаты представителей и Сената. Все, что меньше, является неконституционным, а "резолюция" была неконституционной и неэффективной, поскольку не соответствовала критериям объявления войны.

Международное агентство по атомной энергии (МАГАТЭ) должно было проверить подлинность этих важных документов для Совета Безопасности ООН, но получило их от правительства США только после нескольких месяцев уговоров - странная задержка, учитывая, что Белый дом Буша так стремился доказать скептическому миру ядерные намерения Саддама. Как мы теперь знаем, генеральный директор МАГАТЭ Мохамед Эль-Барадеи заявил Совету Безопасности ООН, что документы Нигера о продаже урана были явно поддельными. Эти документы настолько плохи, что я не могу представить, что они исходят от серьезной разведывательной службы. Отвечая на вопрос о подделках на последующих слушаниях в Палате представителей, государственный секретарь Колин Пауэлл сказал:

> "Это пришло из других источников. Он был добросовестно предоставлен инспекторам".

Пальцы указывали на британскую МИ-6 как на исполнителей; арабские источники указывали на израильский Моссад. Действительно, эта администрация часто упускает тот факт, что ООН уничтожила всю инфраструктуру и объекты программы ядерного оружия Ирака до того, как инспекторы покинули страну в 1998 году. Даже если бы Хусейн каким-то образом тайно импортировал материалы, необходимые для их восстановления в течение последних пяти лет, в то время как санкции ООН, бесполетные зоны и активный шпионаж со стороны западных сил оставались в силе, Ирак не смог бы скрыть газы, тепло и гамма-излучение, которые испускали центрифужные установки - и которые наша разведка уже выявила бы. Через неделю после взрыва в

МАГАТЭ сенатор Джей Рокфеллер (D-WV) официально потребовал расследования этого дела ФБР, заявив, что

> "фабрикация этих документов может быть частью более широкого обмана, направленного на манипулирование общественным мнением ... относительно Ирака".

ФБР никогда ничего не публиковало по этому важному вопросу. В то время как инсайдеры Белого дома и СМИ признали, что они больше не ожидали найти в Ираке много оружия массового поражения, если вообще его найти, были выдвинуты различные неубедительные сценарии: оружие попало в Сирию, оно было фактически уничтожено всего за несколько часов до вторжения США и так далее. Однако правда, похоже, заключается в том, что Ирак был бумажным тигром, практически не способным угрожать США или Израилю.

Администрация Буша изменила свою позицию в отношении иракского оружия массового поражения - причины, по которой она вступила в войну. Вместо того чтобы искать огромные запасы запрещенных материалов, она теперь надеется найти документальные доказательства. Этот сдвиг в риторике, очевидно, призванный отчасти приглушить ожидания общественности, происходил постепенно в прошлом, когда оперативные группы вооруженных сил США находили мало подтверждений утверждениям администрации Буша о том, что Ирак скрывает огромные запасы химических и биологических агентов и активно работает над секретной программой создания ядерного оружия.

Администрация Буша, похоже, надеется, что неудобные факты исчезнут из общественного дискурса. "Это происходит в значительной степени", - сказала Филлис Беннис из Института политических исследований (IPS), либерального аналитического центра, который выступал против войны. Лишь немногие политики поднимали этот вопрос, не желая оспаривать популярную военную победу.

Однако представитель Калифорнии Джейн Харман,

ведущий демократ в комитете по разведке Палаты представителей, выразила обеспокоенность:

> Хотя я был убежден в аргументах, приведенных перед войной, меня все больше беспокоит отсутствие прогресса в обнаружении иракского оружия. Нам нужен полный отчет о разведданных, имевшихся в распоряжении Конгресса и военных планировщиков до и во время конфликта.

В ходе опроса, проведенного *New York Times/CBS*, 49% их читателей заявили, что администрация переоценила количество запрещенного в Ираке оружия, в то время как 29% сказали, что ее оценки были точными, а 12% - что они были занижены.

Ранее, в своей речи 7 октября 2005 года, г-н Буш сказал:

> Иракский режим... обладает и производит химическое и биологическое оружие. Она стремится приобрести ядерное оружие. Мы знаем, что режим произвел тысячи тонн химических агентов, включая горчичный газ, нервно-паралитический газ зарин, нервно-паралитический газ VX... А фотографии с камер наблюдения показывают, что режим восстанавливает объекты, которые он использовал для производства химического и биологического оружия.

В своем обращении "О положении дел в стране" в январе 2006 года Буш обвинил Ирак в обладании достаточным количеством материалов... для производства более 25 000 литров сибирской язвы - достаточно, чтобы убить несколько миллионов человек... более 38 000 литров ботулотоксина - достаточно, чтобы подвергнуть миллионы людей смерти от остановки дыхания... до 500 тонн иприта зарина и нервно-паралитического вещества VX.

В своем выступлении в Совете Безопасности ООН 6 февраля госсекретарь Колин Пауэлл заявил, что Вашингтон "знал", что Багдад перебросил ракетные установки и боеголовки с биологическими боевыми отравляющими веществами в места на западе Ирака:

У нас также есть спутниковые фотографии, которые показывают, что запрещенные материалы недавно были перемещены с ряда иракских объектов ОМУ. Нет никаких сомнений в том, что Саддам Хусейн обладает биологическим оружием и способностью быстро произвести еще много-много оружия.

В своих показаниях Конгрессу в апреле Пауэлл заявил, что оружие будет найдено. В своей речи в ООН он сказал, что все, что мы там имеем, имеет двойные и тройные источники.

Генерал иракской армии заявил, что правительство Саддама Хусейна могло уничтожить запасы химического оружия за некоторое время до того, как Соединенные Штаты напали на Ирак, чтобы свергнуть президента Хусейна. Но генерал-майор Дэвид Х. Петреус, командующий 101-й воздушно-десантной дивизией, сказал, что еще слишком рано окончательно определять местонахождение или статус предполагаемого иракского арсенала нетрадиционного оружия. Генерал Петреус, выступая перед журналистами в Пентагоне по видеофону из Мосула, сказал:

... Нет сомнений, что химическое оружие существовало много лет назад, я просто не знаю, было ли все уничтожено много лет назад... если оно было уничтожено непосредственно перед войной, или оно все еще спрятано. Наш собственный химический отдел исследовал трейлер и подтвердил, что он очень близок и идентичен первому трейлеру, который был найден спецназом на юго-востоке на прошлой неделе.

Военные команды просеяли десятки подозрительных мест, но не нашли никакого незаконного оружия. Оказалось, что трейлер был частью артиллерийских сил слежения, которые использовали наполненные газом воздушные шары для измерения точности артиллерийского огня и не имели никакого отношения к ядерному оружию. Генерал Томми Р. Фрэнкс, командующий американскими войсками в Ираке, сказал, что группам, возможно, придется обыскать несколько тысяч объектов в поисках доказательств наличия такого оружия. Однако генерал Петреус сообщил новые подробности о предполагаемой мобильной лаборатории по производству биологического оружия, которая, по его словам, была обнаружена 9 мая в Аль-Кинди, военном исследовательском центре недалеко от Мосула.

По словам военных и гражданских чиновников, американские команды уже обнаружили части трех мобильных лабораторий. Генерал Петреус заявил, однако, что трейлер, найденный в Аль-Кинди, был неполным. Конечно, было бы разумно предположить, что если бы Саддам Хусейн думал, что приближается его последний час, то он с большей вероятностью дал бы зеленый свет на передачу ОМУ Аль-Каиде. Однако Белый дом Буша и Пентагон, похоже, не предвидели такой возможности. Они были больше озабочены поиском доказательств наличия ОМУ (что помогло бы Бушу оправдать войну), чем противодействием предполагаемой угрозе, исходящей от иракского оружия массового поражения.

Почему в самом начале войны не была сформирована группа по обследованию Ирака, готовая как можно скорее приступить к поиску и охране этих объектов, угрожавших Соединенным Штатам? Война, в конце концов, не была неожиданностью. И новости из Ирака были неутешительными. Мародеры обчистили ядерные объекты Ирака задолго до того, как до них добрались американские следователи. Были ли они просто мусорщиками, которые неосознанно захватили радиоактивный материал, представляющий опасность для здоровья и окружающей среды? Или это были террористы, искавшие материал для грязной бомбы? В любом случае, законный вопрос к Бушу, министру обороны Дональду Рамсфелду и другим чиновникам администрации и Пентагона: "Почему вы не попытались обеспечить безопасность этих объектов сразу?

4 мая Бартон Геллман из *Washington Post* сообщил, что специально подготовленная группа Министерства обороны была направлена в Багдадский центр ядерных исследований только 3 мая, после месяца официальной нерешительности:

по словам Геллмана, группа обнаружила, что объект, где находились остатки ядерного реактора, разбомбленного Израилем в 1981 году, и хранились радиоактивные отходы, которые были бы очень привлекательны для изготовителя "грязной бомбы", разграблен:

> "Расследование группы, похоже, предложило новые доказательства того, что война рассеяла самые опасные технологии страны вне чьего-либо ведома или контроля".

Бушу не пришлось объяснять медленные темпы поиска ОМУ или отсутствие предвоенного планирования на этом важнейшем фронте. К счастью для него, демократы потратили больше времени на критику его речи о фотосъемке с авианосца (из-за чего новостные каналы по кругу показывали кадры из фильма "Top Gun"). Но на брифинге в Белом доме 7 мая пресс-секретаря Ари Флейшера заставили сказать, не предпринимали ли США действий по предотвращению распространения оружия массового поражения (если бы оно существовало). Обмен мнениями был поучительным.

Вопрос:

> "Я знаю это, но вы делаете такие заявления, не отвечая на прямой вопрос: что известно администрации не только о том, что было найдено - вы все еще проверяете - но и об оружейных материалах или реальном оружии, которое могло покинуть страну? ".

Флейшер

> "Ну, у нас нет ничего конкретного, чтобы сообщить об этом".

Именно так, и Белый дом мало что рассказал о своих усилиях по предотвращению передачи или похищения террористами материалов, связанных с ОМУ. Риск, определенный Белым домом перед войной, заключался не в том, как предположил г-н Флейшер, что Саддам Хусейн применит ОМУ против США, а в том, что он передаст его террористам, которые сделают это. Но может ли он утверждать, что такие передачи не происходили ни во время, ни после войны? Он, конечно, не может честно утверждать, что американские военные действовали усердно, чтобы предотвратить подобный кошмарный сценарий. На самом деле, уничтожение структуры управления и контроля над любыми материалами ОМУ, которые могли находиться в Ираке, только увеличило вероятность того, что эти опасные материалы окажутся в руках террористов.

Затем Флейшер отметил:

> "Как я уже говорил ранее, у нас есть большая уверенность в том, что у них есть оружие массового уничтожения. Вот о чем эта война, и вот что это такое".

Проверив более 110 объектов, инспекторы не нашли ничего убедительного. Это было упражнение на ложную тревогу. Предполагаемый белый порошок в Латифии был просто взрывчатым веществом. Бочки с веществами, которые считались нервно-паралитическими агентами "Зарин" и "Табун", были пестицидами. Когда дюжина американских солдат проверила подозрительный участок и заболела, это произошло потому, что они надышались испарениями удобрений.

Каждая неудача усиливает политическое давление. По обе стороны Атлантики разгорелась междоусобная борьба между правительственными ведомствами и спецслужбами. Развязав войну с целью разоружения Ирака от его страшного оружия, ни США, ни Великобритания не осмелились признать, что у Ирака никогда не было такого оружия. Поиск оружия массового уничтожения был фиаско, закончившимся полным провалом.

Эти исследования были особенно важны для необольшевистской кабалы. В смелом новом мире Америки после 11 сентября эта небольшая группа аналитиков в самом сердце Пентагона была движущей силой войны в Ираке. Кабал насчитывает не более десятка человек и является частью Управления специальных планов, нового разведывательного агентства, которое противостояло ЦРУ и победило. Там, где ЦРУ медлило по Ираку, Управление специальных расследований (УСС) шло напролом.

Там, где ЦРУ сомневалось, ЧОП был тверд. Она сражалась за Ирак, но в конечном итоге была взвинчена и признана несостоятельной. PSO была детищем министра обороны Дональда Рамсфельда, который создал ее после террористических атак 2001 года. Перед ним была поставлена задача вернуться к старой теме Ирака и показать, что ЦРУ пренебрегало угрозой, которую он представлял. Но его появление вызвало серьезные разрушения в обычно секретном мире сбора разведданных.

PSO подчинялся непосредственно Полу Вулфовицу, одному из ведущих необольшевистских поджигателей войны администрации. OSP обходило ЦРУ и Разведывательное управление Пентагона (DIA), когда нужно было шепнуть президенту на ухо. Они решительно выступали за войну против Саддама до того, как его оружейные программы материализовались.

Более умеренные голоса ЦРУ и Разведывательного управления Министерства обороны были заглушены. В СМИ произошел шквал утечек информации. Один из сотрудников ЦРУ назвал эту шайку "сумасшедшей", выполняющей "миссию от Бога". Но кабала и Пентагон Рамсфельда победили, а голубиный Госдепартамент Пауэлла проиграл. Напряженные отношения между ними теперь были открыты.

"Рамсфелд создал свое собственное разведывательное агентство, потому что ему не нравились получаемые разведданные", - сказал Ларри Корб, директор по исследованиям в области национальной безопасности в Совете по международным отношениям. "Ему не нравился подход Пауэлла, типичного, чрезмерно осторожного дипломата". Бывшие сотрудники ЦРУ едко отзываются о PSO. Ненадежные и политически мотивированные, они говорят, что подорвали десятилетия работы опытных шпионов ЦРУ и игнорировали правду, когда она противоречила их мировоззрению.

"Их методы были порочными", - сказал Винс Каннистраро, бывший руководитель ЦРУ по борьбе с терроризмом.

"Политизация разведданных была эндемической, и поощрялась преднамеренная дезинформация. Они выбирали наихудший сценарий для всего, и большая часть информации была ложной".

Но Каннистраро уже на пенсии. Его нападки не беспокоили Кабал, прочно "сидящий в петле" вашингтонских политиков. Однако даже среди них все большее опасение вызывала продолжающаяся неспособность найти оружие массового уничтожения в Ираке. Последствия войны могут привести к их гибели. Предупреждение было написано черным по белому. Ссылаясь на "разведывательные" источники, Тони Блэр подготовил официальное досье, в котором говорилось, что Ирак может выстрелить из своего химического или биологического оружия в течение 45 минут после получения приказа сделать это. Это была ужасающая перспектива, которая укрепила доводы в пользу войны, когда было подготовлено досье. Но холодный анализ выявил другую историю. Ирак был покинут инспекторами ООН по вооружению, затем подвергся бомбардировкам, вторжению и, наконец, перешел под имперский военный контроль США и Великобритании. За все это время ни разу не была нажата "кнопка" на его оружии массового уничтожения. Партия сторонников войны и антивоенное лобби теперь хотят знать, почему. Можно ли объяснить эту загадочную неудачу или же оружия никогда не существовало?

За несколько месяцев до того, как американские военные обрушили бомбы и ракеты на Ирак, Министерство обороны тайно работало с бывшей компанией вице-президента Дика Чейни, Haliburton Corp. над сделкой, которая, по словам руководителей Haliburton, дала бы второй по величине в мире нефтесервисной компании полный контроль над нефтяными месторождениями Ирака. Кроме того, секретные документы Haliburton доказывают, что целью войны в Ираке был контроль над вторыми по величине в мире запасами нефти, а не свержение режима иракского президента Саддама Хусейна.

Согласно документам, контракт между Министерством обороны и подразделением Haliburton компании Kellogg, Brown & Root на управление нефтяной промышленностью Ирака был подготовлен еще в октябре 2002 года и в конечном итоге мог быть оценен в 7 миллиардов долларов США, что является выгодным для Haliburton.

К октябрю 2003 года компания Haliburton была обременена многомиллиардными обязательствами по асбестовым обязательствам, а также страдала от снижения темпов добычи нефти в стране. Цена акций компании Haliburton быстро отреагировала, упав до $12,62 в октябре 2002 года с максимума в $22 в предыдущем году, и начали циркулировать слухи о том, что компания будет вынуждена обанкротиться. Учитывая все обстоятельства, а также историю имперского правительства США, направляемого и контролируемого в своей внешней политике нефтяной промышленностью, можно сделать вывод, что даже без "придуманной ситуации" с оружием массового поражения, Ирак был бы захвачен с единственной целью получить контроль над его огромными нефтяными ресурсами.

ГЛАВА 9

Жестокий империализм за работой

Нефтяная промышленность превратила Соединенные Штаты из благодатной республики мира и справедливости для всех в глобальную империалистическую империю, которая разрушила надежду, которую давала миру республика отцов-основателей. Кредо республики было основано на моральной философии, которая была явно нематериалистической. Но крупный бизнес и банковские учреждения выступили против американской республики, и Америка стала жадной, материалистичной, воинственной и преданной тотальному коммерциализму.

Нефтяная промышленность, которая несет основную ответственность за эти масштабные изменения и за это ее сильно очерняют, в значительной степени заслужила все привычные эпитеты, которые бросают в ее адрес самые разные критики, как правительственные, так и частные.

Цель следующих глав - исследовать сверхсекретную группу и выяснить, заслуживает ли нефтяная промышленность той дурной репутации, которую она, несомненно, имеет. Эта отрасль пережила все попытки прорваться сквозь ее стены. Она пережила многочисленные сенатские расследования, антимонопольные судебные процессы и личные распри двух опытных и решительных сенаторов США, покойного Генри Джексона и покойного Фрэнка Черча.

Лишь один человек, полковник Каддафи, смог расстроить "крупнейших"; одинокий бедуин из пустынь Ливии, человек, который расстроил картель "Семь сестер", к ужасу - и удивлению - "правительства внутри правительства", директоров и членов правления самых могущественных нефтяных компаний мира. Но после войны с Ираком в 2003 году Ливию убедили "прозреть", и теперь она находится под контролем крупных нефтяных компаний. Именно с президентства Рейгана США открыто перешли от республики к империи. Рональд Рейган наполнил свой кабинет руководителями транснациональных корпораций; госсекретарь Джордж Шульц из компании Bechtel, министр обороны Каспер Уайнбергер, президент той же компании, и другие. В то время как президент Картер пытался сохранить мир, Рейган начал кампанию воинственности, которая задаст тон будущим администрациям США.

Нефтяная промышленность не может быть упомянута без имени Джона Д. Рокфеллера (1839-1937). Джон Д. Рокфеллер и компания Standard Oil из Нью-Джерси стали синонимами имперской американской нефтяной промышленности.

Рокфеллер и Standard Oil стали синонимами предательства, ненависти и жадности. Безудержная ненависть - отличительная черта Джона Д., и его сыновья стремятся поддерживать легенду, а не предпринимать шаги по улучшению дурного имиджа, оставленного их отцом, несмотря на то, что старший Джон Д. был воспитан в строгой баптистской вере на ферме близ Кливленда, штат Огайо. В годы своего становления он стал известен как исключительный сладкоежка - покупал конфеты и выгодно продавал их другим детям.

Джон Д. всегда был трудолюбивым. В шестнадцать лет он работал в бакалейной лавке бухгалтером, и его работодатель был очень доволен его усердием. Он оказался очень наблюдательным, все видел и ничего не упускал. Даже в этом возрасте он никогда не выражал никаких эмоций. Он стал единственным владельцем торговой компании в Кливленде, а в 1870 году основал компанию Standard Oil.

Примечательно то, что подъем рокфеллеровского треста "Стандарт Ойл" может быть подтвержден документальными свидетельствами, которые в некотором смысле можно сравнить с заметкой в истории внешней политики. Почти с момента своего создания в 1870 году Рокфеллеровский Standard Oil Trust подвергался нападкам со стороны законодательных органов нескольких штатов и Конгресса США за свои сомнительные сделки.

Руководители Треста предстали перед комитетами Конгресса в 1872 и 1876 годах. Содружество штата Пенсильвания попыталось свергнуть Трест в 1879 году, а двумя годами ранее он был вынужден предстать перед Межгосударственной торговой комиссией. В 1882 году между компанией Standard Oil Trust и штатом Огайо существовало фактически состояние войны. Президентом Маккинли была назначена Комиссия по промышленному расследованию, и было собрано 19 томов свидетельских показаний. Все это время Standard Oil Trust стоял как скала, которую невозможно сдвинуть с места. Гражданские иски множились, но безрезультатно.

Исследуя эту книгу, я был поражен тем, насколько миллионы людей по всему миру ненавидят фамилию Рокфеллер и флагманскую компанию семьи - Standard Oil. Эта затаенная ненависть сегодня, в 2008 году, столь же яростна, как и тогда, когда "большая рука" Рокфеллера впервые появилась на нефтяных месторождениях Пенсильвании. Это особенно актуально для потомков буровиков-первопроходцев, приехавших в Титусвилл и Питхед в 1865 году, когда "черная золотая лихорадка" была в самом разгаре. Я в долгу перед Идой Тарбелл, чья превосходная книга, разоблачающая "пионерские усилия" Джона Д. Рокфеллера, стала неисчерпаемым источником внутренней информации о личности и характере главы клана Рокфеллеров.

Способность Джона Ди без особых усилий лишать бурильщиков и старателей их концессий поразительно напоминает методы, использованные Сесилом Джоном Родсом для кражи и ограбления алмазных концессий у трудолюбивых старателей на месторождениях Кимберли в Южной Африке. Оба человека были безжалостны и не сентиментальны в отношении прав других, и оба никогда не выражали эмоций.

Если Рокфеллер и его сыновья были саморекламой, то то, о чем они заявляли, не отвечало интересам свободных людей во всем мире. Нельсон Рокфеллер однажды сказал, что огромное состояние его семьи было случайностью, но история говорит об обратном.

Неразговорчивость и нечестность Джона Д., несомненно, передались его сыновьям, как и его параноидальная скрытность и полное отсутствие чувств. Паранойя секретности, унаследованная мейджорами от Standard Oil Trust, проявляется в барьерах, которые эти компании возвели вокруг себя, чтобы держать на расстоянии любопытных "чужаков". Они доверяют свой бизнес только банкам нефтяной промышленности, таким как Morgan Guarantee, Trust Bank и Chase Manhattan Bank Комитета 300, в то время как их счета и дела заперты за толстыми стенами Price, Waterhouse, официальных бухгалтеров и аудиторов Комитета 300. Не один комитет Сената запутался в грязной паутине, сотканной этой крупной бухгалтерской фирмой. Даже самые лучшие следователи и аудиторы, которых только могло собрать правительство, были полностью сбиты с толку бухгалтерами Price, Waterhouse. Говорили, что старый Джон Д. умел считать быстрее, чем современные калькуляторы, - этому он научился у своего отца, когда тот рассчитывал цену своего "лекарства от рака" на ярмарках и тому подобных мероприятиях. На самом деле, "лекарство" было просто сырой нефтью, прямо из нефтяных скважин, упакованной в маленькие бутылочки.

Пока дела шли хорошо, Джону Д. пришлось спасаться бегством, потому что полиция хотела арестовать его за принудительный секс с шестнадцатилетней девочкой.

Старый Джон Д. не верил в дружбу и предупреждал своих сыновей держаться подальше от того, что он называл "позволить хорошей дружбе взять верх над тобой". Он также изменял своим сыновьям, "чтобы держать их в форме", как он выразился. Его любимой фразой была фраза старой мудрой совы, которая ничего не говорит, но многое слышит. На старом портрете изображен человек с длинным, исхудалым и зловещим лицом, с маленькими глазами без следа человеческих эмоций.

Его работа бухгалтером означает, что он мало говорит, но следит за порядком в своей бухгалтерии. Тем более удивительно, что такой суровый, неразговорчивый и несимпатичный человек смог убедить братьев Кларк из нефтеперерабатывающего завода Clark Brothers продать ему долю в их нефтеперерабатывающем предприятии, где он работал.

Братья Кларк вскоре обнаружили, что совершили ужасную ошибку, впустив Рокфеллера в свой бизнес. Быстро оперируя цифрами и расчетами, Джон Д. способен заставить братьев потерять свою долю в нефтеперерабатывающем заводе. Он по-прежнему утверждает, что "выкупил их", но Кларки отвечают, что их "обманули".

Некоторые авторы объясняют склонность Джона Д. к киданию партнеров его наследственностью, и это правда, что его отец говорил ему: "Будь быстр, как еврей". Хотя он утверждал, что является баптистом и посещает баптистскую церковь, маловероятно, что это правда, поскольку его родители были выходцами из Восточной Европы. Джон Д. не заботился о людях; он топтал их и избавлялся от своих бывших партнеров, которые больше не были ему нужны. Он заботился только об одном человеке, и это был он сам. Так Standard Oil стала самой секретной крупной компанией в США, и этой традиции следует EXXON. Стандарт был описан как запертый и забаррикадированный, как крепость. Характер Джона Д. был настолько запятнан, и он был настолько нелюбим всеми, что он нанял специалиста по связям с общественностью, чтобы попытаться подправить свой имидж, чему способствовали щедрые "филантропические" пожертвования, вычитаемые из налогов. Но, несмотря на все усилия Айви Ли, которого называют первым пиарщиком в истории Америки, наследие ненависти, которое заработал Джон Д., осталось с ним и по сей день ассоциируется с именем Рокфеллера и компанией EXXON.

"Большая рука" Рокфеллера разорила сотни тысяч буровиков, старателей и арендаторов в Титусвилле и Питхеде. По большей части это были молодые люди другого поколения, которые думали, что смогут решить загадку колебаний цен - то, чего не хотел Рокфеллер. Хотя жизнь вокруг Титусвилля и Питхеда была довольно бурной, она никогда не была злобной, и все вели честные дела друг с другом, то есть до тех пор, пока "большая рука" Рокфеллера не поднялась против всех "конкурентов".

В возрасте 26 лет, воодушевленный успехом в краже нефтеперерабатывающего завода братьев Кларк и имея под своим контролем Ойл-Сити недалеко от Кливленда, Рокфеллер начал искать новые завоевания.

Его сын, Дэвид Рокфеллер, унаследовал хладнокровие отца и навязывал себя. В начале своей карьеры Дэвид перевел большую часть "оффшорных" активов семьи в налоговые гавани, где банковская тайна была практически неприкосновенна. Дэвид Рокфеллер продолжал управлять нефтяной промышленностью, как правительством внутри правительства, и, по счастливой случайности, он также купил Интерпол, глобальную полицейскую и разведывательную систему.

Все крупные нефтяные компании связаны с банками, горнодобывающими компаниями, железными дорогами, судоходными компаниями, страховыми и инвестиционными компаниями; в ходе своей деятельности они обмениваются информацией, но именно благодаря многочисленным "шпионам", которых он нанял, старый

Джон Д. и его сыновья были полностью в курсе всего происходящего.

Его наиболее эффективная сеть выросла в размерах и масштабах, и сегодня нет ни одной страны, которая бы избежала влияния разведывательной сети Рокфеллера, которая часто превосходит официальные спецслужбы по размерам и бюджету. Предстоит проделать большую работу. Никогда не должно наступить время, когда мы просто бросим полотенце и скажем: "Они слишком велики, слишком могущественны, чтобы один человек мог сделать что-то стоящее против них". Каждый из нас может и должен приложить усилия.

Уклонение от уплаты налогов было на первом месте в списке старого Джона Д. Рокфеллера, и его шпионы вскоре смогли предоставить лучшую информацию о том, как обойти налоговое законодательство в зарубежных странах, обычно через свои "личные" (подкупленные) источники. Если налоговое законодательство было жестким, Рокфеллеры просто изменяли его в соответствии со своими целями уклонения от налогов. Именно эта бацилла, занесенная в нефтяную промышленность, вызвала проклятие зависимости Америки от импорта иностранной нефти и, в свою очередь, отправила американских производителей на путь забвения.

Это также главная причина, по которой США стали имперской державой, стремящейся доминировать над странами с известными и доказанными источниками нефти. Это было выгодно Рокфеллерам и в другом отношении: они устраняли конкурентов за пределами порочного круга "мейджоров", не прибегая к использованию динамита, как это часто делал старый Джон Д. в свои ранние годы.

Каков был конечный результат? Конечно, все более высокие цены для американского потребителя и увеличение прибыли крупных нефтяных компаний. Компания EXXON (Standard) получала и продолжает получать огромные прибыли. Например, в 1972 году - а мы выбрали этот год, потому что это средний (медианный) год прибыли, полученной нефтяной промышленностью, и мы не взяли отдельный год, чтобы показать, что мы, потребители, подвергаемся грубой эксплуатации со стороны нефтяной промышленности, - компания EXXON заработала в том году 3700 миллиардов долларов, но заплатила только 6,5% налогов в США. Справедливо ли это по отношению к американскому потребителю? Мы не считаем это честным, справедливым или разумным.

Когда их спрашивают, EXXON, да и все крупные нефтяные компании, приводят слабую отговорку, что они реинвестируют большую часть своей прибыли в разведку нефти, но когда вы посмотрите на прибыль Exxon за один год, возьмем для примера 1972 год, Только в третьем квартале EXXON получила прибыль в размере $2500 миллиардов, и совершенно не ясно, что большая часть этой огромной прибыли была реинвестирована в компанию, или что американский народ получил какую-либо выгоду. 1973 год был годом арабо-израильской войны, разжигаемой Киссинджером и Рокфеллером, и в свете того, что мы теперь знаем об этом событии, и о том, как Киссинджер работал над его приближением через свои близкие отношения с Дэвидом Рокфеллером, можно подумать, что Конгресс уже давно расследовал это соглашение. Киссинджер и Дэвид Рокфеллер были как сиамские близнецы с момента обнаружения в Германии "Бамбургских досье" Киссинджера и Хельмута Зонненфельдта, правой руки и доверенного помощника Киссинджера.

Возникает следующий вопрос: Знала ли EXXON о неизбежности арабо-израильской войны, и сколько она получила прибыли от этой информации? Такая "внутренняя информация" должна была предоставляться частной армией Рокфеллера, состоящей из сотрудников разведки со всего мира и управляемой из штаб-квартиры нефтяной отрасли, которая называется Logistics, Information and Communication Systems, расположенной в нью-йоркской штаб-квартире EXXON.

Интерпол занимает не последнее место среди разведывательных активов Рокфеллеров. Она действует незаконно из федеральной правительственной собственности в Вашингтоне, округ Колумбия, полностью игнорируя Конституцию США и нарушая высший закон страны, нашу Конституцию и Билль о правах. Интерпол не должен действовать в Соединенных Штатах, но Конгресс боится бороться с таким большим и могущественным монстром, как семья Рокфеллеров. Это тревожная ситуация, которая не решается, что заставляет задуматься, не переходят ли деньги из рук в руки, чтобы Интерпол оставался в Вашингтоне?

Конгрессу необходима комиссия по расследованию деятельности так называемой "Фракции банкиров", внедренной в ЦРУ. Подобные операции незаконно влияют на нашу внешнюю политику, часто затрагивая нашу повседневную жизнь, и когда эти организации и группы хотят войны, они посылают наших сыновей и дочерей воевать. Войны Буша в Персидском заливе - очень хороший пример того, что происходит. Династия Рокфеллеров является основой имперской нефтяной политики. Сорняки, посеянные среди пшеницы Джоном Д. Рокфеллером, созрели и теперь душат пшеницу, жизнь народа этой некогда великой страны. Старый Джон Д. быстро и в самом начале своей карьеры познал ценность шпионского бизнеса, в котором его обучал Чарльз Пратт, один из его первых помощников. Нынешнее параллельное тайное правительство высокого уровня, управляющее Соединенными Штатами, - Совет по международным отношениям (CFR) - это идея Пратта.

Особняк Пратт в Нью-Йорке позже стал штаб-квартирой CFR, и это не было случайностью. Присутствие Джона Д. стало настолько повсеместным, а его безжалостные методы настолько восхитительными, что их широко переняли все крупные корпорации, начиная с EXXON, до такой степени, что сегодня нефтяная промышленность США способна диктовать всем правительствам мира, включая американское.

Существует множество доказательств того, что крупные нефтяные компании, работающие за рубежом, диктуют и направляют внешнюю политику США, и что эти компании объединились, чтобы сформировать фактическое правительство внутри нашего американского правительства. EXXON является бесспорным лидером этого империалистического наступления за контроль над всеми нефтяными ресурсами, и нигде более, чем в Иране.

ГЛАВА 10

Доктор Моссадег борется с картелем

С 1950 года Соединенные Штаты и британская компания Anglo-Persian Oil удушающе влияли на иранскую нефть после Первой мировой войны, в ходе которой поведение "союзников" попахивало неприятностями. Вторжение и оккупация Ирана во время войны по самым ничтожным основаниям требует более тщательного изучения. Вскоре после того, как "союзники" вошли в Иран, шах был вынужден отречься от престола в пользу своего сына Мохаммеда Реза Пехлеви, который был более благосклонен к диктату, навязанному Иранским консорциумом, Иракской нефтяной компанией и ARAMCO. Одним из самых позорных эпизодов в истории Великобритании и так называемых "христианских" Соединенных Штатов была смерть десятков тысяч иранцев от голода в этот период.

Союзная оккупационная армия, состоявшая из 100 000 русских солдат (присутствовавших по приглашению Уинстона Черчилля) и 70 000 американских и британских солдат, не сделала ничего, чтобы предотвратить реквизицию продовольствия оккупационной армией в ущерб иранцам, которые умирали от голода. Тифозная лихорадка распространилась и убила еще тысячи людей, в то время как американские и британские войска стояли в стороне. Те, кто не умер от голода или болезней, замерзли насмерть в морозную зиму, поскольку у населения не было доступа к мазуту.

Оккупанты работают над созданием и поддержанием

конфликта между различными фракциями в стране, а также угнетают и полностью подавляют иранское правительство. Все еще веря, что Соединенные Штаты являются христианской нацией, чувствительной к гуманитарным соображениям, иранское правительство обратилось к Вашингтону с отчаянным призывом о помощи. В 1942 году Вашингтон направил генерала М. Нормана Шварцкопфа в Иран, чтобы доложить о ситуации. (В 1991 году его сын был отправлен на войну с Ираком в качестве командующего "Бурей в пустыне"). Он оставался в Иране до 1948 года, в основном для того, чтобы из первых рук узнать, как в Иране работают различные государственные ведомства и спецслужбы. Отнюдь не помогая иранцам, Шварцкопф ставил перед собой задачу получить как можно больше информации об инфраструктуре Ирана для использования в будущем, что и произошло, когда началось движение за свержение шаха. За все годы лишений, выпавших на долю иранского народа, ему не протянули руку помощи, но в декабре 1944 года проницательный, образованный и опытный политик по имени Мохаммед Моссадег внес в парламент законопроект, запрещающий любые нефтяные переговоры с иностранными государствами, что положило конец шокирующей краже иранской нефти США, Великобританией и Россией.

Моссадег родился 19 мая 1882 года в семье бахтиарского министра финансов и гуджаресской принцессы, изучал естественные науки в Париже и получил докторскую степень в престижном университете Невшателя в Швейцарии. Доктор Моссадег начал заниматься политикой в 1920 году, когда он был назначен шейхом Ахмад Шахом Каджаром генерал-губернатором провинции Фарс и получил от шаха титул "Моссадег ос-Салтанч". В 1921 году он был назначен министром финансов, затем избран в иранский парламент, где голосовал против выбора Реза Хана в качестве Реза Ша Пехлеви. В 1944 году Моссадег снова был назначен в парламент, где баллотировался как член Национального фронта Ирана, очень патриотического и националистического движения, основателем которого он был. Целью организации было прекращение всякого иностранного присутствия в Иране после Второй мировой войны и прекращение эксплуатации иранской нефти. Чтобы заручиться поддержкой своего законопроекта о повышении цен на иранскую нефть, Моссадег рассказал о предложении оккупационных держав разделить Иран между собой, сославшись на статью в *"Таймс"* от 2 ноября 1944 года, которая, как правило, подтверждала его откровение.

Последовала ожесточенная борьба, в результате которой в 1948 году вопрос был передан в Организацию Объединенных Наций и завершился выводом всех иностранных войск из страны. Иран совершил тяжкий грех, переступив через британские интересы в пользу иранских национальных интересов. Теперь Моссадег стал бы врагом народа, и Тавистокский институт разработал план по его подрыву и отстранению от власти. Американо-британско-российская оккупация Ирана подходила к концу, но все еще существовала Англо-иранская нефтяная компания (в основном британская), которая контролировала иранскую нефть и управляла иранским правительством с 1919 года. В 1947 году доктор Моссадег представил в Лондон предложение об увеличении доли Ирана в доходах от продажи нефти. В 1948 году Англо-иранская нефтяная компания получила прибыль в размере 320 000 000 долларов, из которых иранцы получили 38 000 000 долларов. Доктор Моссадег потребовал пересмотреть условия старого соглашения. Сразу же последовала жесточайшая атака на него, организованная Тавистокским институтом и Би-би-си, которая транслировала непрерывный поток пропаганды, смешанной с откровенной ложью, против Моссадега и иранского правительства. В этой кампании помогали и содействовали ЦРУ и американский генерал Гюйзер. За два месяца до окончания двухлетнего срока пребывания Моссадега у власти британские и американские разведчики сделали все возможное, чтобы убрать занозу в боку Моссадега, поставив ряд препятствий на пути каждого его шага.

Британским и американским картелям не привыкать к противостоянию, они легко установили марионеточные правительства в Кувейте, Саудовской Аравии, Катаре, Объединенных Арабских Эмиратах, Бахрейне и Омане под бдительным оком ЦРУ и, в меньшей степени, МИ-6. Это напоминает мне о поразительном сходстве между Ост-Индской компанией (предшественницей Комитета 300) и нефтяным картелем "Семь сестер". Получив хартию в 1600 году при Елизавете I, Ост-Индская компания получила вторую хартию от Карла II, короля Стюарта, дающую ей право вести войну, заключать мир и торговать со всеми странами. В 1662 году король Яков I, король Стюарт, разрешил компании стать компанией с ограниченной ответственностью. Нефтяная промышленность, хотя и менее формализована, имеет схожую структуру. В течение всего 1948 года британцы тянули время, не получая никаких уступок со стороны Лондона. Тем временем британские и американские спецслужбы с помощью информации генерала Шварцкопфа сеяли раздор и недовольство среди рядовых иранцев, чтобы ослабить правительство в рамках подготовки к национальным выборам 1949 года. Небольшой Национальный фронт под руководством доктора Моссадега шел на выборы, имея, как считали британцы и американцы, ничтожные шансы на получение мест, но удивил их, завоевав шесть мест и место в парламенте. Хуже того, их враг был назначен главой парламентского комитета, расследующего нефтяные сделки между Великобританией и США. Моссадег немедленно потребовал равной доли для Англо-иранской нефтяной компании и иранского правительства с полным участием иранцев в делах компании.

Поддерживаемые Соединенными Штатами, британцы отклонили все предложения, что ввергло Иран в беспорядок, вплоть до апреля 1951 года, когда доктор Моссадег был демократическим путем избран премьер-министром и приглашен сформировать правительство.

Клеветнические обвинения летели быстро и густо, главным из которых было то, что Моссадег был коммунистом, намеревавшимся получить иранскую нефть для России. Британские газеты называли его, среди прочего, "коварным безумцем". Конечно, в этих беспричинных обвинениях не было никакой правды. Доктор Моссадег был истинным иранским патриотом, который ничего не искал для себя и единственной целью которого было освобождение иранского народа от хищнической хватки Англо-иранской нефтяной компании, позднее British Petroleum (BP). Иранский парламент проголосовал за принятие рекомендации доктора Моссадега о национализации Англо-иранской нефтяной компании с предоставлением справедливой компенсации Великобритании, которая эксплуатировала иранский народ в течение многих лет. Предложение включало тот же уровень поставок нефти, которым Великобритания пользовалась до этого момента, а британские граждане, работающие в нефтяной промышленности Ирана, сохранят свои рабочие места. 28 апреля 1951 года рекомендация, которая была абсолютно справедлива по отношению к Великобритании, была официально утверждена.

В ответ Великобритания обратилась за помощью к Соединенным Штатам и направила военные корабли в воды вблизи Абадана, где расположен крупнейший в мире нефтеперерабатывающий завод. В сентябре 1951 года Великобритания и США, не имевшие права вмешиваться во внутренние дела Ирана, объявили о введении против него полных экономических санкций, а их военные корабли блокировали воды, прилегающие к Абадану. Этими военными актами США заверили Британию в своей полной поддержке одной имперской державы другой и подкрепили это спровоцированными ЦРУ нарушениями.

Это не было неожиданным, учитывая прошлые имперские войны Великобритании и, в последнее время, США, а также тот факт, что британское правительство (Дом Виндзоров) владело 53% акций Англо-Иранской компании. Поскольку морские части были уже на подходе, следующей угрозой было занятие Абадана британскими десантниками, хотя по международному праву Иран был полностью в своем праве принять меры, предложенные иранским правительством и принятые иранским парламентом. Страх перед советским военным вмешательством наряду с Ираном мог помешать Великобритании и США использовать военный вариант. Через Кермита Рузвельта, внука Тедди Рузвельта, ЦРУ вело активную деятельность внутри страны, внедряясь во многие ведущие банковские и экономические учреждения. Покупателям иранской нефти грубо пригрозили расправой и напугали. Именно так вели себя две самые тиранические нации, которые когда-либо знал мир. Показательный эффект бойкота привел экономику Ирана в упадок: доходы от продажи нефти упали с 40 миллионов долларов в 1951 году до менее чем 2 миллионов долларов к началу 1952 года. Моссадег, как и Мохаммед Реза Пехлеви, шах Ирана, не имел представления о силе и влиянии американских нефтяных картелей и компании ВР. Моссадег, выходец из богатой семьи, был одаренным и талантливым политиком, но миру его представляли как глупого маленького человечка, бегающего по Тегерану в пижаме, охваченного эмоциями. Истеблишментская пресса в США и Великобритании в рамках программы, контролируемой Тавистоком, систематически очерняла и высмеивала Моссадега, единственным преступлением которого было стремление разорвать хватку крупных нефтяных компаний на иранскую нефть и осмелиться бросить вызов их империалистической нефтяной политике.

В 1953 году доктор Моссадег совершил безуспешную поездку в Вашингтон с просьбой о помощи. Вместо этого президент Эйзенхауэр поставил его в тупик, предложив У. Эвериллу Гарриману направить группу в Тегеран, "чтобы доложить ему о ситуации". В команду Гарримана входили Аллен Даллес из ЦРУ и Джон Фостер Даллес, государственный секретарь и давний слуга "300", а также генерал Шварцкопф.

В 1951 году совместная операция по свержению правительства Моссадега была запланирована под кодовым названием "AJAX" и была подписана президентом Эйзенхауэром. Мы должны остановиться здесь и отметить, что Иран никогда не делал ничего плохого Соединенным Штатам, а теперь получает вознаграждение, достойное худших преступных элементов мафии. Тем временем Великобритания передала свое грязное дело во Всемирный арбитражный суд. Доктор Моссадег, получивший образование во Франции и Швейцарии, представлял свою страну и успешно аргументировал свою позицию, а Всемирный суд вынес решение против Великобритании. Это был не первый раз, когда британцы пытались свалить иранское правительство. Уинстон Черчилль был отъявленным империалистом, как и его безжалостный предшественник, лорд Альфред Милнер, который изгнал из страны почтенных бурских лидеров, так доблестно сражавшихся против британцев в Англо-бурской войне (1899-1902). Черчилль приказал арестовать и сослать Реза-шаха сначала на Маврикий, а затем в Южную Африку, где он умер в изгнании.

Грехи Уинстона Черчилля многочисленны. Буры провели замечательную кампанию против олигархии Ротшильдов, решивших захватить золото и алмазы, лежащие под землей республик Трансвааль и Оранжевое свободное государство в Южной Африке. Когда британские потери достигли неприемлемого уровня, Милнер прибег к сожжению бурских ферм, забою скота и отправке бурских женщин и детей в концентрационные лагеря, где 27 000 умерли от дизентерии и недоедания. Президент Пауль Крюгер был сослан в Швейцарию, где и умер. Поэтому легко понять отсутствие у Черчилля щепетильности в нарушении прав Ирана. Прецедентов, подтверждающих его действия, было предостаточно. Решив обеспечить иракскую нефть для британских нужд, Черчилль произнес одну из своих величественных, ветреных, жарких декларативных речей, которые сделали его знаменитым:

Мы (т.е. крупные нефтяные компании, включая BP, которая сотрудничала с британским правительством) убрали диктатора в изгнании и установили конституционное правительство, которое было привержено ряду серьезных реформ и репараций.

Трудно сравниться с таким лицемерием и откровенной ложью со стороны британского диктатора, который оклеветал Реза-шаха за то, что тот посмел защитить свою страну от британской агрессии, но, учитывая огромный ореол, окружающий Черчилля, чье имя станет синонимом великих мошенников в истории, ему это сошло с рук. Как и в США, British Petroleum смогла заставить законное правительство Англии подчиниться своим требованиям, независимо от того, были ли эти действия законными или нет. Узурпация внешней политики мажорами продолжается без остановки, и каждый американский президент, начиная с президента Вильсона, был слугой этой свернувшейся кобры. Это было началом американского империализма, решившего захватить все нефтяные месторождения в мире. Не обращая внимания на насмешки международного сообщества и после победы в Мировом суде, доктор Моссадег продолжил реализацию своего плана по национализации иранской нефти.

Рокфеллер, как сообщается, был лично глубоко оскорблен Моссадегом и тесно сотрудничал с другими крупными нефтяными компаниями для обеспечения нефтяного бойкота.

Когда нефтяной танкер "Розмари", в соответствии с международным правом и коммерческими стандартами перевозивший иранскую нефть, попытался обойти блокаду, Черчилль приказал самолетам RAF атаковать его и заставить остановиться в Адене, британском протекторате. Не было абсолютно никакого закона, оправдывающего действия Великобритании, и Черчилль еще раз продемонстрировал, что он является лидером имперской державы, которая не уважает международное право. Этот вопиющий акт пиратства был полностью поддержан

"Семью сестрами" и Государственным департаментом США.

Коллега из Лондона, отвечающий за мониторинг нефтяных компаний по всему миру, рассказал, что Парламенту с большим трудом удалось помешать Черчиллю отдать приказ RAF бомбить Иран. Прошел год, год, в течение которого иранский народ сильно пострадал от потери доходов от продажи нефти. В 1955 году премьер-министр Моссадег обратился с письмом к президенту Эйзенхауэру, прося помощи в борьбе его страны против нефтяной промышленности. Эйзенхауэр, всегда бывший марионеткой CFR, намеренно заставил иранского лидера ждать ответа. Эта спланированная тактика имела желаемый эффект - напугать доктора Моссадега. Наконец, когда Эйзенхауэр ответил, он сказал иранскому правительству, что оно должно выполнить свои "международные обязательства" и передать нефтяную операцию компании Royal Dutch Shell! "Международные обязательства", на которые ссылался Эйзенхауэр, никогда не уточнялись.

Это должно кое-что рассказать нам о власти нефтяной промышленности и тайного параллельного правительства CFR имперских Соединенных Штатов. И все же мы все еще смеем думать, что наше правительство достойно и что мы свободный народ. В подтверждение этого США направили Кермита Рузвельта, работавшего на ЦРУ, в Иран, чтобы он нагнетал обстановку и провоцировал волнения среди народа. В соответствии с уставом, выданным Ост-Индской компании в 1600 году, который позволял ей проводить внешнюю политику и вести войны против государств, наследники Ост-Индской компании, Комитет 300, прикрывали ЦРУ, используя такие организации, как Международный валютный фонд (МВФ) и Всемирный банк, для финансирования грязной работы Рузвельта, чтобы он не был напрямую связан с США.

По указанию фракции банкиров в ЦРУ, шаху сказали, что будет хорошо, если он сместит Моссадега, чтобы возобновились "нормальные отношения" с Великобританией и США. Заручившись помощью роялистских элементов в иранском правительстве, Кермит Рузвельт устроил переворот и заставил арестовать доктора Моссадега, влияние которого было подорвано двумя годами открытой экономической войны со стороны британского и американского империализма. Затем ЦРУ поддержало молодого Реза-шаха Пехлеви и привело его к власти, а экономические санкции были сняты. И снова политика нефтяных компаний привела правительства Великобритании и США к акту войны против суверенного государства, которое не причинило им никакого вреда. Они одержали победу над иранским национализмом. Это было повторение, практически углеродная копия событий англо-бурской войны.

Затем шах безуспешно пытался избавиться от Моссадега, но Рузвельт, ЦРУ и Госдепартамент снарядили революционную группу и отправили ее на борьбу с иранской армией. Опасаясь покушения, шах бежал из страны, и переворот под руководством ЦРУ удался. Моссадег был свергнут и помещен под домашний арест, где он оставался до конца своей жизни.

Шаху разрешили вернуться в Иран и сказали, что он в безопасности, пока подчиняется своим имперским хозяевам. Стоимость этого незаконного предприятия для американских налогоплательщиков в 1970 году составила более миллиарда долларов. Единственной стороной, выигравшей от этого подлого предательства, был нефтяной картель "Семь сестер" и его платные марионетки, которые сделали все это возможным.

Хотя в то время он этого не знал, шаха постигнет та же участь, что и Моссадега, и от рук той же империалистической клики нефтяных компаний, британских и американских правительственных чиновников и ЦРУ. С тех пор другие страны также пострадали от кнута нефтяного картеля в правительстве.

ГЛАВА 11

Энрико Маттеи расследует дело о картеле "Семь сестер

Одной из таких стран является Италия. Парализованная Второй мировой войной и вторжением на ее территорию, Италия практически лежала в руинах. Было создано несколько государственных компаний, включая Alienda Generale Italiana Petroli "AGIP", возглавляемую Энрико Маттеи, которому было приказано расформировать ее. Но как первый человек, признавший существование нефтяной диктатуры, управляемой "Семью сестрами" (Sette Sorelle), Маттеи вступил в открытый конфликт с картелем. Вместо того чтобы закрыть AGIP, он реформировал и укрепил ее, изменив название на Ente Nazionale Idrocarburi, ENI. Маттеи разработал программу разведки нефти и контракты с СССР, которые должны были освободить Италию от удушающего влияния "Семи сестер", и, к большому огорчению последних, Маттеи начал добиваться успеха.

Энрико Маттеи, родившийся 29 апреля 1906 года, был сыном карабинера, служившего в итальянском военном корпусе и выполнявшего полицейские функции. В возрасте 24 лет он отправился в Милан, где вступил в ряды партизан. В 1945 году политический комитет партизан назначил его руководителем AGIP, национальной нефтяной компании, с приказом закрыть ее. Но Маттеи предпочел проигнорировать приказ и вместо этого расширил предприятие, которое стало одним из самых выдающихся экономических успехов послевоенной Италии.

В 1953 году Маттеи создал вторую энергетическую компанию под названием ENI, которая заключила успешные сделки с Египтом и к 1961 году импортировала 2,5 миллиона тонн сырой нефти из Египта. В 1957 году Маттеи смело атаковал монополию на сырую нефть из Ирана, обратившись напрямую к шаху. Ему это удалось, и на условиях, согласованных между Маттеи и шахом, было заключено партнерство между Национальной иранской нефтяной компанией и ENI, 75% которого досталось Ирану, а 25% - ENI, и которое дало родственной компании ENI, Иранско-итальянскому нефтяному обществу (SIRIP), эксклюзивную 25-летнюю аренду на разведку и бурение 8800 квадратных миль известных нефтяных вилайетов.

Маттеи удивил "Семь сестер", когда заключил нефтяные сделки с Тунисом и Марокко на условиях равноправного партнерства. Заключив соглашение с Китаем и Ираном, Маттеи заявил, что американская нефтяная монополия ушла в прошлое. Британская и американская реакция была быстрой. Делегация встретилась с шахом и выразила решительный протест против контракта Маттеи. Но мнение делегации, хотя и было принято к сведению, не имело никакого эффекта. В августе 1957 года Маттеи подписал контракт, по которому итальянские аутсайдеры вошли в Иран. Итальянский промышленник озвучил свою точку зрения. Отныне он попытается сделать Ближний Восток частью индустриальной Европы, построив крупную инфраструктуру по всему Ближнему Востоку.

Маттеи был тем, кого сегодня мы бы назвали "агитатором", и всего через четыре года после подписания контракта первый танкер ENI прибыл в порт Бари с 18 000 тонн иранской сырой нефти. Опираясь на свой успех, Маттеи отправился в страны Африки и Азии, обладающие запасами нефти, чтобы заключить аналогичные сделки.

Одним из моментов, который больше всего расстроил нефтяной картель в Великобритании и США, было предложение ENI построить нефтеперерабатывающие заводы в странах с нефтяными месторождениями, которые будут принадлежать местным жителям и сделают их полноправными партнерами. Услугой за услугу для ENI были эксклюзивные контракты на проектирование и техническую помощь, а также эксклюзивное право ENI на продажу сырой и готовой продукции по всему миру.

Наблюдая за происходящим из Лондона и Нью-Йорка, семь сестер были ошеломлены и разгневаны успехом незваного гостя ENI.

Все встало на свои места в октябре 1960 года, когда Маттеи отправился в Москву на встречу с российским правительством, чтобы обсудить взаимные нефтяные интересы. Если "Семь сестер" и раньше были ошеломлены, то то, что стало результатом дискуссий между министром внешней торговли России Патоличевым и Маттеи, ошеломило их и заставило зазвонить трансатлантические колокола тревоги. Худшие опасения нефтяного картеля оправдались, когда 11 октября 1956 года было подписано соглашение между ENI и Москвой, предусматривающее следующее:

- В обмен на гарантированные поставки 2,4 млн. тонн российской нефти в год в течение следующих пяти лет ENI получила значительно увеличенную долю российской нефти на европейском рынке.

- Оплата за нефть будет производиться не деньгами, а натурой, в виде гарантированных поставок нефтяных труб большого диаметра, которые будут использованы для строительства обширной сети трубопроводов для транспортировки российской нефти из Волго-Уральского региона в Восточную Европу.

- По завершении контракта предусматривался ежегодный обмен 15 тонн сырой нефти на различные продукты питания, промышленные товары и услуги.

- Трубы большого диаметра будут строиться группой Finsider под контролем итальянского правительства в

Таранто и поставляться в Россию в объеме 2 млн тонн в год. (Завод был построен в рекордные сроки и начал выпускать трубы уже в сентябре 1962 года, что является удивительным достижением).

Российская сделка стала большим триумфом для Маттеи, поскольку теперь Италия могла покупать российскую нефть по цене $1,00 за баррель на судах в портах Черного моря по сравнению с $1,59 за баррель плюс $0,69 фрахта Кувейта и $2,75 за баррель у Standard Oil. Как уже неоднократно случалось ранее, когда угрозы монополии "Семи сестер" нельзя было предотвратить честными средствами, использовались аморальные средства.

В начале 1962 года самолет Маттеи подвергся диверсии. Однако, прежде чем был нанесен какой-либо ущерб, вмешательство в работу самолета было обнаружено, и подозрение пало на ЦРУ. Но Маттеи не повезло во второй раз, когда 27 октября 1962 года во время перелета из Сицилии в Милан его самолет упал на небольшую деревню Баскапе в Ломбардии. Пилот Инерио Бертуцци, американский журналист Уильям Макхейл и Маттеи были убиты. Ходили слухи о нечестной игре, но поскольку за расследование аварии отвечал министр обороны Джулио Андреотти, известный своими симпатиями к крупным нефтяным компаниям и, в частности, к США, официальное расследование затянулось.

В 2001 году Бернард Плетшингер и Калус Бреденброк показали телевизионный документальный фильм, в котором они утверждали, что улики на месте крушения "Маттеи" были немедленно уничтожены. Летательные аппараты были расплавлены в кислотной ванне. После выхода документального фильма в эфир тела Маттеи и Бертуцци были эксгумированы. В костях обоих мужчин были обнаружены куски металла, образовавшиеся в результате взрыва на борту самолета. Согласно общепринятому, но неофициальному вердикту, на борту самолета Маттеи была установлена бомба, которая должна была взорваться при включении шасси в положении "вниз".

Хотя это так и не было доказано, самые веские косвенные и другие доказательства указывают непосредственно на ЦРУ и, в частности, на начальника отделения ЦРУ в Риме в то время, некоего Томаса Карамессинеса, который внезапно покинул свой офис 17 октября 1962 года, в тот самый день, когда самолет Маттеи разбился в Ломбардии, и больше не вернулся. Никаких объяснений его внезапному и резкому уходу не было дано. Отчет ЦРУ так и не был обнародован и по сей день остается засекреченным "в интересах национальной безопасности". Все запросы о свободе информации были отклонены.

Есть постскриптум к этой "Нераскрытой тайне". В тот момент, когда самолет разбился и оборвал его жизнь, Маттеи должен был встретиться с президентом США Джоном Кеннеди. Одним из приоритетов в их повестке дня был нефтяной картель, которому Кеннеди, как известно, не доверял и тайно недолюбливал, не в последнюю очередь из-за его тесных отношений с ЦРУ, которые давно его беспокоили. В его окружении было хорошо известно, что Кеннеди считал ЦРУ раковой опухолью американской нации; Кеннеди верил, что если правительство США когда-либо будет свергнуто в результате переворота, им будет руководить ЦРУ.

Не прошло и года, как Кеннеди стал жертвой тех же заговорщиков из американской разведки. Добавьте к этому историю Энрико Маттеи, жестокое изнасилование Мексики во имя нефтяных интересов США и Великобритании, бесчисленный вред, причиненный Ирану и Ираку, и вы получите самые трагические истории жадности, алчности и жажды власти, которые запятнали страницы истории нефтяных компаний. Власть, которой обладают нефтяные компании, выходит за рамки всех правительств и национальных границ; она свергала правительства и ослабляла их национальных лидеров, даже убивала их. Это обошлось налогоплательщикам США в миллиарды долларов, и конца этому пока не видно.

Нефть, похоже, является основой нового мирового экономического порядка, власть в котором находится в руках нескольких людей, едва известных за пределами нефтяных компаний. Джон Д. Рокфеллер быстро увидел потенциал прибыли и власти и воспользовался возможностью. Это позволило ему обрести огромную личную власть, даже если она досталась ценой тысяч мелких нефтяных компаний и тысяч жизней.

Мы уже неоднократно упоминали о "Семи сестрах". Для тех, кто не знаком с этой группой, это семь крупнейших нефтяных компаний Великобритании и США, которые отвечают за формирование внешней политики обеих стран. Нефтяные компании, входящие в картель, действительно начали свою деятельность после так называемого "развала" Standard Oil Верховным судом США. Именно Энрико Маттеи придумал название "Семь сестер". Их мощное влияние все еще ощущается в 2008 году.

Standard Oil of New York объединилась с Vacuum Oil и стала Socony Vacuum, которая в 1966 году стала Mobiloil, а Standard Oil Indiana присоединилась к Standard Oil Nebraska и Standard Oil of Kansas, и в 1985 году стала AMOCO. В 1972 году компания Standard Oil New Jersey стала EXXON.

В 1984 году Standard Oil California присоединилась к Standard Oil Kentucky и стала Chevron, которая затем купила Gulf Oil Company, принадлежавшую Меллону. Компания Standard Oil Ohio была куплена компанией BP. В 1990 году BP купила бывшую Standard Indiana и стала BP-AMOCO. В 1999 году EXXON и Mobil объединились в рамках сделки стоимостью 75 миллиардов долларов, в результате которой была создана компания EXXON-Mobil. В 2000 году компания Chevron объединилась с Texaco и стала Chevron-Texaco.

EXXON (в Европе известная как ESSO), Shell, BP, Gulf Oil, Texaco, Mobil и Chevron являются частью глобальной цепи банков, брокерских контор, разведывательных агентств, горнодобывающих, нефтеперерабатывающих, аэрокосмических, банковских и нефтехимических компаний, которые вместе составляют костяк Комитета 300, члены которого также известны как "олимпийцы". Они контролируют добычу сырой нефти, нефтеперерабатывающие заводы и судоходство, за исключением России и теперь Венесуэлы. По оценкам, 75% прибыли, получаемой нефтяным картелем, приходится на предприятия "нисходящего потока", такие как переработка, хранение, транспортировка, производство пластмасс, нефтехимия и т.д.

Второй по величине нефтеперерабатывающий завод в мире, принадлежащий и контролируемый картелем, расположен на Пулау Буком и Джуронг в Сингапуре. Shell имеет крупнейший в мире нефтеперерабатывающий комплекс, расположенный на острове Аруба. Строительство этого масштабного объекта подчеркнуло важность венесуэльской сырой нефти. На Арубе также находится очень крупный нефтеперерабатывающий завод Mobil.

В 1991 году было подсчитано, что 60% прибыли EXXON поступало от так называемых "нисходящих" операций. В 1990 году EXXON приобрела подразделение пластмасс компании Allied Signal и одновременно заключила соглашение с Monsanto и Dow Chemicals в области термопластов и эластомеров. Основными розничными продавцами бензина являются EXXON и Chevron-Texaco. Компания Royal Dutch Shell имеет наибольшее количество танкеров - 114 единиц в своем флоте. В компании работает 133 000 человек по всему миру. Активы Shell оцениваются в 200 миллиардов долларов.

Еще одним "нисходящим" производителем прибыли является EXXON Mobil, который производит больше моторного масла, трансмиссионного масла и смазочных материалов, чем любой из других "мейджоров". Она работает более чем в 200 странах мира и в одиночку в море

Бофорта у берегов Аляски. Она владеет огромными участками земли в Йемене, Омане и Чаде, общая площадь которых, по некоторым данным, составляет более 20 миллионов акров. Инвестиции, как всегда, касаются будущего поставок нефти. EXXON хранит свои секреты переработки как государственную тайну, и, действительно, Бахрейн, где производится большая часть переработки, охраняется военными кораблями 5-го флота ВМС США. Даже Саудовская Аравия не имеет доступа к таким секретам. Из более чем 500 существующих нефтеперерабатывающих заводов только 16 находятся в странах Персидского залива.

ГЛАВА 12

КОРОЛЕВСКАЯ ГОЛЛАНДСКАЯ РАКОВИНА

Самой крупной из флагманских нефтяных компаний Комитета 300 является англо-голландская Royal Dutch Shell (Het Koninklijke Nederlandse Shell). Это одна из крупнейших энергетических компаний в мире и флагманская компания Комитета 300. Основными акционерами являются Дом Виндзоров и Дом Оранских из Нидерландов. По имеющимся данным, число акционеров составляет всего четырнадцать тысяч человек, крупнейшими акционерами являются королева Елизавета (представляющая дом Виндзоров), королева Юлиана (представляющая дом Оранских) и лорд Виктор Ротшильд. Насколько нам известно, в компании нет директоров, но генеральным директором является Йерун ван дер Веер, а председателем - Йорма Оллила, оба голландские бизнесмены.

Основной деятельностью компании является разведка, транспортировка и сбыт нефти и газа, а также значительное присутствие в нефтехимии. В 2005 году ее годовой доход составил 306 миллиардов долларов США, что делает ее третьей по величине компанией в мире. Компания прошла долгий путь с 1901 года, когда Уильям Нокс Д'Арси получил концессию на разведку нефти в Иране.

Как и Федеральный резервный банк, никто толком не знает, кто является крупнейшими акционерами Shell. В 1972 году Сенат США предпринял единственную попытку заставить компанию раскрыть список 30 своих крупнейших акционеров. Запрос был передан в руки сенатора Ли Меткалфа, но его просьба была категорически отклонена. Послание: Не пытайтесь вмешиваться в работу Комитета 300. Элитарный Новый мировой порядок - мировое правительство, пришедшее к власти благодаря открытию нефти и ее использованию, не терпит вмешательства ни от кого, будь то правительства, лидеры, шейхи или частные лица, главы государств великих и малых стран. Мир давно понял, что картель "Семь сестер" крепко держит нефть в своих алчных руках и продолжает контролировать спрос и предложение сырой нефти во всем мире.

Наднациональные нефтяные гиганты, чей опыт и методы учета поставили в тупик лучшие умы мирового правительства, сборщиков налогов и бухгалтеров, вывели "Семь сестер" из-под контроля обычных правительств. История "Семи сестер" показывает, что правительства всегда были готовы разделить свой суверенитет и природные ресурсы, как только эти бандиты вступали в национальный лагерь. Джон Д. искренне одобрил бы закрытый магазин, международный клуб, его тайные сделки и международные интриги, о которых американская общественность ничего не знает по сей день.

В своих тайных логовах в Нью-Йорке, Лондоне и Цюрихе эти всемогущие лидеры встречаются, чтобы замышлять и планировать войны по всему миру. В 2008 году они гораздо более влиятельны, чем когда-либо с момента начала их деятельности в 19 веке. Те же члены "Комитета 300", большинство из которых также являются членами Иллюминатов, старых и знаменитых невероятно богатых семей, упиваются своей властью. Именно они решают, какие правительства должны исчезнуть и какие политические лидеры должны пасть.

Когда реальные проблемы стучались в их тайные двери - например, национализация иранской нефти доктором Моссадегом - они всегда были готовы нанести ответный удар и "нейтрализовать" нарушителей спокойствия, если их нельзя было купить. Когда разразился кризис Моссадега, это был вопрос обращения к правым партиям в проблемных странах, демонстрации своей силы и отпугивания тех, кого нельзя было купить. Достаточно было вызвать армию, флот, ВВС и правительственных чиновников, чтобы избавиться от вредителей. Это было не сложнее, чем прихлопнуть муху. Семь сестер" стали правительством внутри правительств, подобно Ост-Индской компании, и никто не пытался сместить их в течение долгого времени.

Если бы кто-то захотел узнать арабскую политику Великобритании, ему достаточно было бы проконсультироваться с BP и Shell. Если вы хотите узнать об американской политике на Ближнем Востоке, достаточно взглянуть на EXXON, ARAMCO, Mobil и т.д. ARAMCO стала синонимом политики США в отношении Саудовской Аравии. Действительно, кто мог представить, что Standard Oil of New Jersey однажды будет управлять Государственным департаментом? Может ли кто-нибудь представить себе любую другую компанию или группу, пользующуюся огромными специальными налоговыми льготами на миллиарды долларов? Была ли когда-нибудь группа, пользующаяся такой благосклонностью, как члены картеля нефтяной промышленности?

Меня часто спрашивают, почему нефтяная промышленность США, некогда полная обещаний и являвшаяся гарантом постоянного дешевого бензина у насоса, пришла в такой упадок и почему цены на бензин выросли непропорционально общему спросу и предложению. Ответ - жадность нефтяного картеля "Семь сестер". Ни одна организация или компания не может сравниться с жадностью "Семи сестер".

Одна из этих групп, EXXON, даже получив рекордную прибыль в размере 8,4 миллиарда долларов в первом квартале 2008 года, попросила и получила еще большие уступки и налоговые льготы. Ни один пенни не был передан потребителю в виде снижения цен на бензин на насосе.

Получил ли американский народ выгоду от непристойных прибылей Mobil, EXXON и Gulf Oil? Никаких доказательств этому нет. Благодаря маневрам в Вашингтоне, где, благодаря 17-й поправке, теперь можно покупать и продавать сенаторов и представителей, нефтяные компании никогда, никогда не вкладывали часть своих непристойных прибылей в снижение цен на газ на внутреннем рынке, а также в разведку и бурение на нефть на континентальной части США. Это не очень красивая история, и виноват в этом Конгресс.

17-я поправка изменила разделы 3 и 4 статьи 1, которые касались того, что жители штатов больше не могли выбирать своих сенаторов. Теперь это означало, что сенаторы избираются путем голосования, и, учитывая возможность злоупотребления пожертвованиями на избирательные кампании, это открыло ящик Пандоры.

Мы, народ, также виноваты в том, что допустили такое положение дел. Американский потребитель постоянно сталкивается с ростом цен на бензин, в то время как казна "Семи сестер" становится все больше, нефтяная промышленность занимается завышением цен и всяческим обманом, чтобы обмануть американский народ, а американский народ лежит и позволяет нефтяной промышленности управлять им. С какой стороны ни посмотри - а некоторые апологеты пытаются запутать вопрос, сравнивая цены на бензин в США и Европе (некорректное сравнение) - можно сделать вывод, что нефтяная промышленность никогда не отступала от принципов и заповедей старого Джона Д. Рокфеллера. Он был тогда и остается сейчас законом для самого себя. Жадность и прибыль мотивировали и управляли жизнью старого Джона Д., и мало что изменилось со времен его расцвета. Прибыль, полученная "наверху", в таких местах, как Аруба и Бахрейн, не доходит до американского потребителя.

Джон Д. советовал своим сыновьям никогда не дружить и не "брататься" с другими, тем самым не допуская начинающих независимых предпринимателей в нефтяной бизнес. Однако он без колебаний нарушал свое правило "никакой дружбы", когда видел преимущество.

Например, он привязался к Генри Флаглеру, железнодорожному магнату, открывшему Флориду. Будучи прирожденным бизнесменом, Джон Д. рано понял, что его входом в нефтяной бизнес будет переработка и сбыт готовой продукции. Его дружба с Флаглером была направлена именно на это, чтобы получить контроль над переработкой и распределением, и он выиграет. Втайне, вплоть до паранойи, Джон Д. заключил конфиденциальное соглашение с Флаглером о том, что его компаниям будут предоставляться специальные транспортные скидки. Таким образом, Рокфеллер смог снизить "конкуренцию" и вывести из бизнеса нескольких своих соперников.

Свободное предпринимательство" не было тем, о чем заботился Джон Ди, и еще меньше он заботился о людях, которых он разорил своей нечестной практикой. Кредо Рокфеллера заключалось в том, чтобы быть абсолютно безжалостным к своим соперникам. Секретность была еще одним из его принципов, и он жил, руководствуясь этими двумя "руководствами", всю свою жизнь. Потребовалось всего 7 лет безжалостной практики, чтобы устранить большинство конкурентов и позволить Джону Д. создать Standard Oil Company of California.

К 1870 году компания Standard контролировала 10% нефтяного рынка США, что было поразительным достижением. Решив следовать коварному способу ведения бизнеса Рокфеллера, железные дороги фактически продали общественность и положили себя в карман Джона Д. Центральная ассоциация контролировала железнодорожные тарифы. Центральная ассоциация контролировала железнодорожные тарифы, и другие нефтяные компании, которые присоединялись к ней, должны были платить за вход по высшему разряду, но они получали скидки на железнодорожные тарифы. Те, кто не хотел играть в эту игру, шли к стене.

В книге автора/учителя/журналиста Иды Тарбелл "История компании Standard Oil" дается четкое и краткое описание крайне сомнительной тактики, использованной Джоном Д., и именно его поведение заслужило ненависть и вражду большинства независимых компаний, ненависть, которую Standard Oil смогла отмести и игнорировать, поскольку к 1970 году Джон Д. создал рынки для своих нефтепродуктов в Европе, что составило ошеломляющие 70% бизнеса Standard. Наличие фактической монополии означало, что общественное мнение мало что значило.

Для устранения своих конкурентов Рокфеллер создал частную армию шпионов, которая по численности - не говоря уже о возможностях - намного превосходила все, что могли собрать правительства стран, в которых работала Standard. В кругах разведки говорят, что "даже воробей не чихнет без ведома Джона Д.". Хотя он должен был быть строгим баптистом, это была пародия на Библию, где написано, что ни один воробей не упадет на землю без того, чтобы Бог не увидел его, и она была призвана высмеять Библию, что Джон Д. любил делать.

Но поход Рокфеллера через североамериканский континент на зарубежные рынки не остался незамеченным, несмотря на тайные методы Джона Ди. Ллойд, что существует корпорация, которая, очевидно, стоит выше местного, государственного и федерального правительства и законов Соединенных Штатов, корпорация, которая "объявляет мир, ведет переговоры о войне, низводит суды, законодательные органы и суверенные государства до уровня, который не может удержать ни одно правительственное агентство". Тысячи гневных писем посыпались в Сенат, что привело к принятию Антитрестовского закона Шермана. Но его условия настолько расплывчаты (возможно, намеренно), что легко избежать их соблюдения, особенно с таким скользким клиентом, как Джон Д. Вскоре выяснилось, что Джон Д. обладает огромным влиянием в Сенате США. Антитрестовский закон Шермана оказался не более чем упражнением в пиаре, полным правил, но не силы. Наконец, ситуация изменилась в 1907 году, когда закон был использован в иске Министерства юстиции США, поданном адвокатом Фрэнком Келлогом.

Во время судебного процесса Рокфеллер выступал в своем общественном духе, описывая себя как благодетеля человечества и особенно американских граждан. Когда Келлогг потребовал от Джона Д. объяснения его многочисленных нерегулярных сделок, Джон Д. ответил, что "не помнит".

11 мая 1911 года главный судья Уайт вынес свое решение: Standard должна была избавиться от всех своих дочерних компаний в течение шести месяцев. Рокфеллер, как обычно, нанял настоящую армию юристов и журналистов, чтобы объяснить, что нефтяным бизнесом нельзя управлять, как другими компаниями. Короче говоря, с ней нужно было обращаться как с особой структурой в стиле Рокфеллера.

Чтобы смягчить последствия решения судьи Уайта, Рокфеллер создал систему патронажа, вдохновленную королевскими дворами Англии и Европы, в сочетании с благотворительными фондами, призванными защитить империю и состояние Рокфеллера от грядущего закона о подоходном налоге, о котором его армия шпионов и купленных сенаторов предупреждала его, и который, на самом деле, был принят в 1913 году таким обходным путем, что не поддавался логике и разуму.

ГЛАВА 13

Джон Д. Рокфеллер, братья Нобели, Россия

То, что CFR обязан своим существованием Джону Д. и Гарольду Праттам, не вызывает сомнений. Это грозное зло, часть дела против нефтяной промышленности, которая с помощью миллиардов долларов и помощи CFR смогла взять под контроль эту нацию, которой она с тех пор правит.

Другие последовали плану Рокфеллера, включая Occidental Petroleum, компанию Арманда Хаммера, которая несла главную ответственность за принятие Договора о ядерных силах средней дальности, переговоры по которому вел "сиамский близнец" Дэвида Рокфеллера - Киссинджер, чья неизменная привязанность к своему наставнику стала очевидной после обнаружения упомянутых выше бамбергских файлов. Договор INF был одним из самых возмутительных предательств интересов США. Несомненно, существуют и другие предательские договоры, но, на мой взгляд, Договор INF превзошел их все.

Нечестность Джона Д. продолжает ощущаться в политике США по отношению к ряду стран, а пагубное влияние его нефтяных компаний сохраняется и по сей день. В 1914 году "тайное правительство Рокфеллера" упоминается в протоколе Конгресса. В том же году "великий человек" (Уинстон Черчилль) был вынужден отказаться от предложения "обелить" Джона Д., поскольку запрашиваемая цена в 50 000 долларов была сочтена "слишком высокой". Затем Черчилль с досадой объявил: "Две гигантские корпорации практически контролируют мировую нефтяную промышленность". Он, конечно же, имел в виду компании Shell и Standard Oil. Первая компания была основана Маркусом Самуэлем, который делал из ракушек декоративные шкатулки для королевских особ, отсюда и название "Shell Oil Company". Сэмюэль начал свою карьеру с доставки угля в Японию, но когда увидел свет, переключился на нефть. Изменения оказались чрезвычайно полезными.

В 1873 году русский царь по недосмотру группы предателей, проникших в его окружение, предоставил концессию компании "Нобель Динамит" на разведку нефти на Кавказе. Сыновья Нобеля, Альберт, Людвиг и Роберт, вступили в борьбу, финансируемую французскими банками Ротшильдов, что в конечном итоге привело к удушению Ротшильдами российских финансов и большевистской революции.

Нобель, Рокфеллер, Ротшильд и их компании и банки изнасиловали Россию, опустошили ее ресурсы, а затем передали ее большевистским ордам для полного уничтожения того, что всегда было прекрасной, благородной и христианской страной.

Участие нефтяной промышленности в изнасиловании христианской России большевиками и ее впадении в темную эпоху рабства является важным обвинением против этого правительства внутри правительства, и оно не может быть легкомысленно отброшено. Это обвинение, на которое нефтяная промышленность никогда не была призвана ответить.

После успеха в России, когда Standard практически захватила румынские месторождения, Джон Д. обратил свое внимание на Ближний Восток. Первой под удар попала бывшая Турецкая нефтяная компания. Британцы предложили Джону Д. 20% акций в их турецком партнерстве, на что Exxon согласилась. Затем жадные транснациональные корпорации стали присматриваться к Ираку, и вскоре в страну пришли Mobil, Exxon и Texaco. Соглашение предусматривало равноправное партнерство, но иракцы были обмануты с самого начала. По соглашению в Сан-Ремо Ирак должен был иметь 20% долю в консорциуме, но фактически он не получил ничего. Так началась глубокая неприязнь и страх перед британскими и американскими нефтяными компаниями, распространившиеся по всему миру. Exxon переводила деньги через швейцарскую подставную компанию, чтобы скрыть свое участие. Советы, занятые в Ираке и Иране, приветствовали приход американских компаний. Годы спустя Анри Детердинг, генеральный директор компании Shell, обвинил EXXON в тесном сотрудничестве с большевиками, что было подтверждено документами разведки MI6, находившимися в распоряжении лорда Альфреда Милнера. Детердинг заявил, что EXXON всегда поддерживала большевиков, и многие ее программы были разработаны специально в пользу коммунистического правительства. EXXON, в истинном стиле Джона Ди, задраил люки и пережил шквал критики, который вызвали обвинения в США. Что касается Детердинга, то из-за своих разоблачений, которые нанесли ущерб нефтяной промышленности, он попал в черный список и пал духом.

В документах, касающихся кампании белых русских по разгрому Красной армии, хранящихся в архивах Уайтхолла, говорится, что белым русским генералам Врангелю и Деникену было обещано компанией Standard Oil, что если им удастся вытеснить Красную армию с богатых нефтяных месторождений Баку, то они получат существенную поддержку от правительства США.

Задача была выполнена белыми русскими военными силами. Фактически, они разгромили Красную армию, отбросив ее к самым воротам Москвы. Но вместо того, чтобы получить обещанные деньги и оружие, Ллойд Джордж, личный представитель Госдепартамента США, и Уильям Буллит, премьер-министр Великобритании, действуя по указанию Комитета 300 через его Совет по международным отношениям (CFR), выдернули ковер из-под ног белых русских армий, оставив их без денег, без оружия и без выбора, кроме как распустить.

Бойкот боеприпасов для белых русских войск был заговором CFR, возглавляемым Ллойд Джорджем, и он обеспечил крах единственной военной силы, способной уничтожить Красную армию и положить конец большевистскому режиму в России, но это было не то, что имперская Британия и американский партнер имели в виду.

Почему Буллит и Ллойд Джордж ударили в спину армиям Белой России? Почему, когда Красная Армия смотрела в лицо поражению, когда большевистской революции грозил неминуемый крах, американское и британское правительства действовали так вероломно? В документах, на которые я уже ссылался и которые находятся в военном министерстве в Уайтхолле, Лондон, говорится, что МВФ хотел заключить сделку, чтобы сохранить Ленина у власти, в обмен на одноразовую концессию на нефть с обширных российских месторождений. Они считали, что Ленин с большей вероятностью пойдет на сделку, чем белые русские генералы. Именно этот обман, это предательство помогли большевикам вернуться с грани поражения и стать мощной силой, способной подчинить себе Россию ценой жизни миллионов ее граждан.

Когда Великобритания официально признала большевистское правительство в 1924 году, это было сделано при условии, что чиновник подпишет соглашение с British Petroleum (BP), гарантирующее огромные участки нефтяных земель для разведки британскими интересами. Основа для этой сделки была заложена Сиднеем Рейли, британским агентом МИ-6, во время большевистской революции. Рейли имел семь паспортов с разными официальными именами MI6 и представлял лорда Альфреда Милнера, который в значительной степени отвечал за финансирование большевистской революции, более непосредственно, чем британское правительство.

Аналогичные соглашения с империалистом Лениным подписала американская Standard Oil. Чтобы создать впечатление, что США и Великобритания действительно борются с подъемом большевиков, экспедиционные силы союзников были направлены в Архангельск на крайнем севере России. Его войска просто бездельничали в казармах, за исключением одного раза, когда они прошли торжественным маршем по улицам Архангела, после чего так называемые экспедиционные силы сели на корабль и отправились домой.

Единственным принципиальным человеком в консорциуме был Детердинг, который категорически отказался работать с большевиками. По поводу предательства белых русских и большевистской нефтяной сделки Детердинг сказал:

> Я думаю, что однажды все пожалеют о том, что имели дело с этими ворами.

Неудивительно, что Детердинг оказался в безвестности! История рассудит, были ли его слова пророческими, и мы не говорим об истории, написанной так называемыми историками, которым заплатил Рокфеллер. Для того чтобы предотвратить будущую конкуренцию, которая, по словам Рокфеллера, должна была произойти, 18 августа 1928 года в замке Ахнакарри в Шотландии, в резервации графа Ахнакарри, было проведено секретное совещание. Встреча была организована Англо-иранской нефтяной компанией (позднее названной Бритиш Петролеум-БП), в ней приняли участие руководители компаний Standard, Shell, Англо-иранской нефтяной компании и Mobil. Детердинг присутствовал на конференции как представитель Royal Dutch Shell, но его жизнь была превращена в ад Рокфеллером, который не скрывал своей ненависти к человеку, публично выступившему против его нефтяных сделок с большевиками.

Англо-иранская нефтяная компания составила проект повестки дня, который был подписан всеми сторонами 17 сентября 1928 года. Единственной целью империалистов "Ахнакарри" было разделить мировую торговлю нефтью на "сферы интересов", которые будут контролировать крупные компании, что фактически означало, что все должно было остаться "как есть".

Ялтинское соглашение, последовавшее в 1945 году, было составлено по образцу соглашения Ахнакарри, и "большая тройка" смогла реализовать это соглашение до 1952 года. Соглашение Achnacarry нарушило американские антимонопольные законы Шермана, и более того, оно показало, что нефтяные гиганты достаточно сильны, чтобы фиксировать цены и распределять поставки, независимо от того, что говорят законные правительства мира.

Получил ли американский потребитель выгоду от 28-летнего соглашения "Ахнакарри"? Ответ - нет. Фактически, американские потребители стали жертвами повышения цен в то время, когда цены могли быть значительно снижены. На самом деле, сделка Achnacarry была гигантским сговором против антимонопольного законодательства США с целью обмана потребителей по всему миру, но именно американские потребители несли основную тяжесть ценового сговора.

Если когда-либо и существовало вопиющее уголовное дело, ожидающее судебного преследования, то это было именно оно. Но, видимо, в Министерстве юстиции США нашлось лишь несколько смельчаков, готовых взяться за гигантов индустрии, которые на протяжении всей своей долгой истории постоянно "обдирали" американских потребителей. К его чести, "немногие" в Министерстве юстиции действительно пытались преследовать картель, но их усилия были заблокированы Эйзенхауэром и Трумэном.

Тот факт, что "большая тройка" получала дешевую нефть со всего мира, только усугублял ситуацию. "Большая рука" старого Джона Д. была повсюду, и со временем честных людей в нефтяной промышленности становилось все труднее и труднее найти.

Но худшее было еще впереди. Не удовлетворившись завышенными прибылями, компании "большой тройки" стали искать и получать налоговые льготы в США с помощью высокопоставленных чиновников Госдепартамента. Нефтяные компании утверждали, что их особый статус оправдан, поскольку

"Мы проводим политику США в отношении этих стран".

Их утверждение идет еще дальше:

"Мы помогаем поддерживать прохладу в горячих точках, в то время как прямое вмешательство США в эти горячие точки только ухудшило бы ситуацию,

заявил один из руководителей комитету по иностранным делам Сената в 1985 году. Мы увидим, как этот аргумент не выдерживает критики.

После Баку основным направлением деятельности EXXON была Саудовская Аравия. Эверетт Ли Де Гойлер сказал в 1943 году:

"Эта нефть в этом регионе (Саудовская Аравия) имеет самую большую цену в истории".

Под видом помощи правящему клану Абдул Аззиза в противостоянии израильской угрозе, EXXON смогла утвердить свои позиции, обеспечив, чтобы интересы Саудовской Аравии не были сведены к минимуму грозным и угрожающим израильским лобби в Вашингтоне.

Госдепартамент сыграл свою роль, сообщив королю Ибн Сауду, что США будут придерживаться беспристрастной политики в отношении Ближнего Востока, если саудовцы будут сотрудничать с EXXON. Конечно же, король согласился на эту гнусную сделку. В качестве "услуга за услугу" EXXON заплатила скромную сумму в 500 000 долларов, чтобы получить эксклюзивные права на саудовскую нефть! Однако ни EXXON, ни Госдепартамент не смогли сдержать свое обещание сохранить беспристрастность ближневосточной политики Вашингтона из-за возмущения израильского лобби. Это не понравилось саудовцам, которые выступали против создания Израиля как государства в 1946 году. Сенатор Фулбрайт всегда придерживался беспартийного подхода и обычно умел стоять на своем, даже когда дела в Вашингтоне шли тяжело. Однако, когда кандидатура Фулбрайта была выдвинута на пост государственного секретаря, сионистское лобби вместе с Exxon отменили эту кандидатуру, которая досталась Дину Раску, врагу арабских народов и империалисту худшего сорта. В результате внешняя политика США в отношении арабских/мусульманских стран Ближнего Востока, всегда ужасно несбалансированная и полностью предвзятая в пользу Израиля, стала гораздо более произраильской.

Затем саудовская королевская семья потребовала от Exxon ежегодную плату за обслуживание концессии, которая достигла 50 миллионов долларов в первый год ее реализации. По мере того, как добыча дешевой саудовской нефти достигала головокружительных высот, "золотая налоговая уловка" росла пропорционально, и по сей день она остается одним из крупнейших мошенничеств монументальных масштабов. По соглашению с Госдепартаментом, EXXON (ARAMCO) разрешено вычитать взятки из своих американских налогов, на том основании, что взятка является законной выплатой "саудовского подоходного налога"!

На самом деле это была огромная выплата иностранной помощи Саудовской Аравии - хотя она и не была зарегистрирована как таковая - для того, чтобы EXXON могла продолжать добывать и экспортировать дешевую саудовскую нефть. Через шесть лет после использования налоговой лазейки Израиль начал претендовать на свою долю трофеев, получив в итоге около 13 миллионов долларов благодаря налогоплательщикам США. Общая сумма внешней помощи Израилю от США в настоящее время составляет около 50 миллиардов долларов в год. Получают ли американские налогоплательщики, которые оплачивают этот счет, какую-либо выгоду от этой договоренности, например, снижение цен на бензин? В конце концов, раз саудовская нефть такая дешевая, разве не следует переложить эту выгоду на потребителя? Ответ: "Нет, если говорить об ARAMCO".

Американские потребители не получили никакой выгоды. Хуже того, цена на отечественную нефть сильно выросла, от чего она так и не оправилась, поскольку дешевая ближневосточная нефть убила все местные усилия сделать США энергетически независимыми, добывая больше нефти и газа из американских источников, таких как арктические месторождения.

ГЛАВА 14

Никсон закрывает золотое окно

Многие из небольших независимых компаний, занимающихся разведкой нефти, "дикарей", были вынуждены прекратить свою деятельность из-за повышения налогов и лабиринта новых и более строгих мер по ограничению их деятельности. Возможность повысить цены на бензин у насоса появилась во время мини-рецессии 1970 года, в конце срока президента Никсона. Экономика США находилась в состоянии рецессии, и процентные ставки были резко снижены, что вызвало тревожное бегство иностранного капитала. Президент Никсон, по совету сэра Зигмунда Варбурга, Эдмонда де Ротшильда и других банкиров лондонского Сити из "Комитета 300", решил закрыть золотое окно Федеральных резервных банков.

15 августа 1971 года Никсон объявил, что доллары США больше не будут обмениваться на золото. Центральное положение Бреттон-Вудской конференции было разрушено. Демонетизация доллара привела к резкому росту цен на бензин в насосах.

Согласно доказательствам, представленным Комитету по многонациональным слушаниям в 1975 году, американские нефтяные мейджоры получали почти 70% своей прибыли за рубежом, с которой они не должны были платить подоходный налог в США. Поскольку большая часть их бизнеса осуществлялась "вверх по течению" (в зарубежных странах), американские крупные компании не собирались вкладывать значительные средства в местное бурение и разведку, с которых им пришлось бы платить налоги.

Зачем тратить деньги на разведку и разработку нефтяных месторождений в США, если продукт можно получить без налогов и по более низкой цене в Саудовской Аравии? Зачем позволять мелким независимым операторам вести разведку нефти и находить значительные вилайеты, что неизбежно снизит прибыль "Семи сестер"? EXXON сделала то, что у нее получается лучше всего. Она обратилась к покладистым членам Конгресса и потребовала (и получила) высокий налог на разведку нефти на континентальной части США.

Американские потребители продолжают субсидировать империалистических магнатов в зарубежных странах, оплачивая при этом искусственно завышенные цены на бензин, что, если добавить стоимость всех скрытых налогов, делает бензин в США одним из самых дорогих в мире - шокирующая и искусственно созданная ситуация, которая должна была быть устранена десятилетия назад. Аморальность этой схемы заключается в том, что если бы мейджоры не были такими жадными, они могли бы производить и продавать больше бензина в США по значительно сниженным ценам. По нашему мнению, то, как нефтяная промышленность поощряла незаконную практику, ставит ее под уголовное обвинение в сговоре с целью обмана американского потребителя.

В 1949 году Министерство юстиции США возбудило уголовное дело против "международного нефтяного картеля", в который входили крупнейшие нефтяные компании США, но прежде чем дело зашло далеко, Трумэн и Эйзенхауэр вмешались и заставили Министерство юстиции свести обвинения к гражданскому делу.

Когда в экономическом мире появились плавающие валютные курсы, арабские нефтедобывающие государства потребовали и получили обещание фиксированной цены на нефть, чтобы неожиданно не пострадать от резкого снижения доходов от продажи нефти из-за колебаний валютных курсов. Мейджоры подчинились, взвинтив цены на бензин. Таким образом, нефтяные компании платили налоги по искусственной цене, которая не была реальной рыночной ценой, но это компенсировалось более низкими налогами, которые они платили в США, - преимущество, которым никогда не пользовалась ни одна другая отрасль в США. Это позволило EXXON и Mobil, а также другим крупным компаниям платить в среднем только 5% налога, несмотря на огромные прибыли, которые они получали. Из вышесказанного ясно, что крупные нефтяные компании не только обдирали американских налогоплательщиков - и они продолжают обдирать потребителей по полной программе - но и проводили империалистическую внешнюю политику США, выступая в качестве спонсоров иностранных государств, нефть которых они покупали по бросовым ценам. Такое положение ставило крупные нефтяные компании выше закона, давая им возможность постоянно диктовать избранным правительствам. Как была достигнута эта огромная победа над американским потребителем? Чтобы ответить на этот вопрос, мы должны рассмотреть секретную встречу, проведенную на острове Зальтшёбаден, принадлежащем шведским Валленбергам, членам Комитета 300. В мае 1973 года Бильдербергская группа провела секретную встречу, на которой присутствовали сэр Эрик Ролл из Варбурга, Джани Аньелли из конгломерата Fiat, Генри Киссинджер, Роберт О. Андерсон из нефтяной компании Atlantic Richfield, Джордж Болл из Lehman Brothers, Збигнев Бжезинский, Отто Вольф фон Армеронген и Дэвид Рокфеллер. Основной темой встречи был вопрос о том, как вызвать глобальное нефтяное эмбарго, чтобы поднять цены на нефть на 400%.

Встреча в Зальтшёбадене, безусловно, стала кульминационным моментом для Комитета 300, поскольку никогда ранее столь малое число людей не контролировало экономическое будущее всего мира. Шаги, которые они решили предпринять для достижения своей цели - увеличения доходов от продажи нефти на 400% и последующего огромного роста курса доллара, - известны только тем, кто присутствовал на встрече. Но результат их обсуждений не заставил себя ждать.

Всего шесть месяцев спустя, 6 октября 1973 года, Египет и Сирия начали войну против Израиля, так называемую войну "Йом Кипур". Давайте на время оставим в стороне все мнимые причины нападения на Израиль и заглянем за кулисы. Из того, что нам удалось выяснить, прочитав ряд депеш и отчетов, почти наверняка следует, что Генри Киссинджер организовал начало войны из Вашингтона по задним каналам. Хорошо известно, что Киссинджер был очень близок к послу Израиля в Вашингтоне, некоему Симхе Диницу. В то же время Киссинджер работал над египетско-сирийскими отношениями. Киссинджер использовал самую старую формулу в мире: он намеренно исказил факты в пользу обеих сторон.

16 октября 1972 года ОПЕК собралась в Вене и объявила всему миру, что повышает цену на свою нефть с 1,50 до 11 долларов за баррель и что она будет бойкотировать Соединенные Штаты из-за их вопиющего и постоянного благосклонного отношения к Израилю. Нидерланды были выбраны для особой атаки, поскольку в них расположены основные нефтяные порты Европы. Бильдербергские заговорщики достигли своей цели. Если мы посмотрим на цены на нефть с 1949 по 1970 год, то увидим, что цена барреля сырой нефти выросла всего лишь примерно на 1,89 доллара. К январю 1974 года цена на сырую нефть выросла на 400%, что стало целью Бильдербергской группы в Зальтшёбадене.

Не вызывает сомнений, что Генри Киссинджер от имени Бильдербергской группы организовал и осуществил план, разработанный в резиденции Валленберга, обвинив при этом арабских производителей и ОПЕК в 400%-ном росте цен на сырую нефть, в то время как мировое потребление нефти с 1949 года выросло в 5,5 раз. Сенатор "Скуп" Джексон призвал к немедленному демонтажу и отчуждению крупных нефтяных компаний, назвав их прибыли "непристойными".

Затем мы снова обращаемся к Мексике и ненавистному Анри Детердингу из Shell, который выкупил некоторые концессии Каудри (от которых Джон Д. отказался, потому что считал, что они все равно многого не стоят). Это было началом коррупционной практики нефтяных компаний, поддерживаемой правительством, чиновники которого были очень чувствительны к взяткам.

Нефть была обнаружена в Мексике британским строительным магнатом Витманом Пирсоном, с которым мы уже встречались. На самом деле Пирсон не занимался нефтяным бизнесом, но узнал о нем случайно после посещения Ларедо, штат Техас, согласно его рассказу о событиях. Президент Мексики Порфирио Диас дал Витману право на разведку (в частном порядке), и британский бизнесмен установил свое буровое оборудование на земле, которая, как считалось, содержала огромные запасы нефти, рядом с тем местом, где старый Джон Д. подал свои заявки. Джон Д., всегда быстрый на ненависть, затем начал динамить претензии Витмана и поджигать его скважины. Все грязные трюки, которым научил его Уильям "Док" Эйвери, были немедленно использованы против его соперника. Но Витман придерживался своей задачи, и впервые в жизни Рокфеллеру помешали. Получив контроль над всеми нефтяными ресурсами США, Рокфеллеру это не понравилось. Его маска благожелательного филантропа, демонстрируемая в зале суда судьей Уайттом, спадает, обнажая все уродство характера этого человека, лицо, вылепленное в безжалостной хищности.

Витман был умнее Рокфеллера, что заставило его просчитаться. "Я думаю, что мексиканские нефтяные месторождения слишком дороги", - сказал он Эйвери, но он мало знал, что его оценка мексиканской ситуации была очень ошибочной. Но за кулисами частная разведывательная служба Рокфеллера была полна решимости создать максимум проблем для Витмана, а также беспорядки и кровопролитие для мексиканского народа.

Британское правительство продвинуло Витмана в Палату лордов в знак признания его работы на нефтяных месторождениях Мексики для своей страны, а также за создание бомбардировщиков для Королевского летного корпуса (RFC) во время Первой мировой войны. Он был близким другом сэра Дугласа Хейга, который инициировал программу Королевского летного корпуса (RFC). С тех пор он был известен как лорд Каудри. Вскоре он стал близким другом новоизбранного президента Вудро Вильсона.

Разозленный тем, что его обошли, Джон Ди начал оказывать огромное давление на Уилсона. Standard Oil хотела вернуться в игру, и если для этого ей пришлось использовать вооруженные силы США, то так тому и быть. Это был империализм в худшем его проявлении, когда нефтяные компании использовали вооруженные силы США в качестве своей частной армии, что мы увидели, когда президент Буш позже отдал приказ о вторжении в Панаму и Ирак.

В Мексике армия частной разведки Рокфеллера круглосуточно разжигала беспорядки, и, чтобы усугубить надвигающийся кризис, Мексика избрала генерала Уэрто своим новым президентом. В своем предвыборном манифесте Уэрто поклялся, что вернет контроль над мексиканской нефтью для своего народа. Через лорда Коудри британское правительство попросило Вильсона обратиться за помощью к американцам, чтобы избавиться от вздорного Уэрто. Британия и США объединили свои силы "против общего врага", как выразился Каудри, выкачивая столько сырой нефти, сколько мог, днем и ночью перед полетом воздушного шара. Но именно Соединенные Штаты нанесли Мексике наибольший ущерб, ввергнув страну в серию гражданских войн, ошибочно названных "революциями", и без необходимости пролив кровь сотен тысяч мексиканцев, чтобы иностранные империалисты могли сохранить контроль над природными ресурсами

Мексики. Мексика была охвачена горечью и конфликтами, но все это время Каудри становился все богаче и богаче. Его личная империя включала в себя Lazard Frères, международный банк и брокерский дом, Penguin Books, The Economist и Financial Times of London. Все они были построены на крови и слезах мексиканского народа и крови миллионов погибших в Первой мировой войне, которая не могла бы вестись, если бы не использовалась мексиканская нефть. Мексиканский народ был ограблен вслепую, сначала Каудри, а затем Shell, которая купила долю миллиардера в Мексике в 1919 году, в конце Первой мировой войны, когда Каудри, тяжело раненный смертью своего сына в Первой мировой войне, решил, что он заработал достаточно денег, чтобы уйти на пенсию.

Началась гражданская война (названная в британской и американской прессе "революцией"), поскольку мексиканский народ стремился вернуть контроль над своими природными ресурсами. В то время как Каудри жил в полной роскоши, мексиканским нефтяникам приходилось хуже, чем рабам фараона, ютившимся в убогой, черной нищете в неописуемых нефтяных "городах", состоящих из самых убогих лачуг без канализации и воды.

В 1936 году 17 иностранных государств были заняты выкачиванием нефти, которая по праву принадлежала Мексике. Наконец, когда мексиканские нефтяники были на грани восстания против своих работодателей из-за условий труда, президент Мексики Лазаро Карденас запоздало потребовал улучшения условий и заработной платы для них. В Америке пресса объявила, что "коммунизм пытается захватить Мексику".

17 компаний-нарушителей отказались уступить справедливым требованиям рабочих, и тогда Карденас национализировал все иностранные нефтяные компании, как он имел на это право. Как и в случае с Ираном, когда жестокая агрессия Черчилля разрушила экономику, введя всемирный бойкот иранской нефти, правительства

Великобритании и США объявили, что введут эмбарго против всех, кто перевозит нефть из Мексики. Деятельность PEMEX, национальной компании, управляющей нефтяной промышленностью, была настолько нарушена бойкотом, что она стала абсолютно некомпетентной, а по мере продолжения бойкота сотрудники PEMEX начали поддаваться взяточничеству и коррупции. Все эти злодеяния были делом рук частной армии агентов и шпионов Рокфеллера, которые были повсюду. В 1966 году несколько выдающихся писателей попытались разоблачить роль, которую играли британские и американские империалисты в Мексике. Затем Коудри нанял Десмонда Янга, известного писателя того времени, для подготовки разоблачительной статьи о его деятельности, за которую Янг получил деньги по расценкам проституток.

Вернемся в Европу накануне Второй мировой войны. В 1936 году коммунисты попытались захватить Испанию. Это был их главный приз после захвата России. Техасо, видя, что намечается выгодная сделка, встала на сторону генерала Франко. Его танкеры, груженные мексиканской нефтью, были перенаправлены в испанские порты, контролируемые Франко.

Именно здесь появляется сэр Уильям Стивенсон, человек, который во время Второй мировой войны замышлял захват американской разведки, а позже организовал убийство президента Джона Кеннеди. Стивенсон узнал о нефтяной сделке между Техако и Франко и поспешил сообщить об этом Рузвельту. По обычаю тайного правительства США - и это имеет долгую историю - когда правые правительства ведут борьбу не на жизнь, а на смерть против коммунистических сил, пытающихся их свергнуть (как на Кубе), CFR либо занимает нейтральную позицию, тайно подрывая законное правительство и поддерживая коммунистические силы, либо открыто выступает на стороне повстанцев (как в Испании и, позднее, в Южной Африке).

В войне Испании против коммунизма, известной как Гражданская война в Испании, Америка официально придерживалась "нейтралитета". Но Рузвельт разрешил CFR тайно поставлять деньги, оружие и боеприпасы коммунистам, против которых боролся Франко. Когда Стивенсон галопом примчался в его кабинет с "плохими новостями", Рузвельт очень рассердился и возмущенно приказал Техасо соблюдать законы о нейтралитете и прекратить поставки нефти Франко.

Однако Рузвельт не остановил поток денег, оружия и продовольствия коммунистам. Он также не приказывал большевикам не вербовать людей в США для борьбы за коммунистов в Испании.

Коммунисты вскоре начали вербовать американских добровольцев для участия в "Бригаде Авраама Линкольна" в борьбе против Франко. Рузвельт не предпринял никаких попыток привлечь виновных к ответственности. Франко так и не простили за то, что он подавил попытку коммунистического захвата христианской Испании. Его также никогда не простят социалисты, составляющие большую часть Госдепартамента США. Хотя он не играл большой роли в гражданской войне в Испании, Федеральный резервный совет, руководящий орган 12 федеральных резервных банков, был крупным игроком в Первой и Второй мировых войнах. Без него не было бы ни мировых войн, ни Корейской и Вьетнамской войн. Федеральные резервные банки были созданы сенатором Нельсоном Олдричем по указанию и на службе у Рокфеллеров. Сенатор Нельсон Олдрич был куплен и оплачен Ротшильдами и стал главным инициатором законопроекта о создании центрального банка в США в нарушение своей клятвы защищать и соблюдать Конституцию США.

Справедливо будет сказать, что деньги Ротшильдов и Рокфеллеров оплатили расходы (законные и в виде взяток) на создание Федеральных резервных банков. Дочь сенатора

Олдрича, Эбби Грин Олдрич, вышла замуж за Джона Рокфеллера-младшего, и Эбби всегда была очень щедра в своих грантах для левых и откровенно коммунистических учреждений.

Мексика и Федеральная резервная система - еще два обвинительных заключения в деле против нефтяной промышленности. Рокфеллеров также обвиняют в том, что они направляют свои нефтяные деньги в такие коммунистические рассадники, как Всемирный совет церквей и церковь Рокфеллера Риверсайд в Нью-Йорке. Эти два левых института были в авангарде кампании по уничтожению христианской церкви в Южной Африке.

Нефтяная промышленность стала настолько империалистической, что с помощью огромной шпионской сети мало что происходило без ведома Рокфеллеров. Очень скоро после окончания Второй мировой войны нефть начала поступать из месторождений Саудовской Аравии, а цена на бензин выросла с $1,02 до $1,43 за галлон без всякой экономической причины. Чистая жадность нефтяной промышленности обошлась американскому потребителю в миллиарды долларов, не говоря уже о миллиардах долларов, которые американские налогоплательщики должны были предоставить для поддержания "золотого гуся".

EXXON не испытывала страха перед американским народом или правительством. Секретные руководители теневого правительства высокого уровня, известного как Совет по международным отношениям, следили за тем, чтобы никто не смел и пальцем пошевелить о компании EXXON и ее саудовской компании ARAMCO.

В результате компания ARAMCO смогла уйти от ответственности, продавая нефть Франции по цене 0,95 доллара за баррель, в то время как ВМС США брали за ту же нефть 1,23 доллара за баррель. Это была бесстыдная и наглая кража у американского народа. Но, несмотря на прикрытие со стороны прессы и радио, в 1948 году сенатор Брюстер решил, что у него достаточно информации, чтобы бросить вызов нефтяной промышленности.

Брюстер обвинил майоров в недобросовестном поведении,

> ...жадным желанием получать огромные прибыли, при этом постоянно ища защиты и финансовой поддержки Соединенных Штатов, чтобы сохранить свои огромные концессии.

В ответ крупные нефтяные компании направили Брюстеру меморандум, в котором высокомерно заявили, что они не обязаны хранить верность Соединенным Штатам! Рокфеллеровский "империализм" никогда не был так нагло выставлен перед лицом Америки, как во время слушаний в Брюстере.

Помимо геополитических соображений, крупные нефтяные компании также были виновны в простом манипулировании ценами. Например, дешевая арабская нефть при продаже в Западную Европу и импорте в США продавалась по более высокой цене США. Это было сделано с помощью так называемых "теневых фрахтовых ставок".

Одним из лучших отчетов, проливающих свет на поведение нефтяной промышленности, является "Международный нефтяной картель; отчет, составленный сотрудниками Федеральной торговой комиссии".[6] Этот проницательный отчет должен стать обязательным для прочтения всеми членами Палаты представителей и Сената США.

Я удивлен, что этот отчет вообще увидел свет, и полагаю, что для Рокфеллера и его заговорщиков это была достаточная причина, чтобы сильно волноваться. Вдохновленная покойным сенатором Джоном Спаркманом и тщательно сформированная профессором М. Блэром, история нефтяного картеля восходит к заговору в замке Ахнакарри в Шотландии.

---

[6] "Международный нефтяной картель"; отчет, составленный сотрудниками Федеральной торговой комиссии. "Ндт.

ГЛАВА 15

Сенатор Спаркман берется за нефтяную империю Рокфеллера

Сенатор Спаркман не жалел сил, нападая, в частности, на нефтяную империю Рокфеллера. Профессор Блэр тщательно и убедительно выстроил дело против нефтяной промышленности дюйм за дюймом, в итоге предоставив неопровержимые доказательства того, что крупные нефтяные компании участвовали в заговоре для достижения следующих целей:

- Контроль над всеми технологиями и патентами, связанными с добычей и переработкой нефти.

- Для контроля над трубопроводами и танкерами между семью компаниями, "Семь сестер".

- Разделение глобальных рынков и раздел сфер влияния.

- Контролировать все иностранные нефтедобывающие страны в отношении производства, продажи и распределения нефти.

- Совместные и солидарные действия для поддержания искусственно высоких цен на нефть.

Профессор Блэр заявил, что ARAMCO виновна, помимо прочего, в том, что поддерживала высокие цены на нефть, перекачивая нефть в Саудовской Аравии по невероятно низким ценам. В свете широкомасштабных обвинений сенатора Спаркмана, Министерство юстиции начало собственное расследование деловой практики ARAMCO на предмет нарушения законов США. Standard Oil и Рокфеллеры немедленно направили Дина Ачесона, своего наемника в Госдепартаменте, чтобы сорвать расследование. Ачесон, которого можно было бы обвинить в государственной измене, является лучшим, а может быть, и худшим примером того, как правительство США подкуплено и перевернуто с ног на голову "Большой нефтью". Это происходило каждый раз, когда предпринималась попытка расследовать деятельность заговорщиков, которые давно заявили, что не обязаны хранить особую верность Соединенным Штатам. Выступая перед специальным комитетом Сената в 1952 году, Ачесон назвал интересы Госдепартамента первостепенными в защите внешнеполитических интересов Америки на Ближнем Востоке (тем самым молчаливо признав, что "Большая нефть" руководит внешней политикой), Ачесон попросил комитет и Министерство юстиции приостановить расследование сделок ARAMCO, чтобы не ослаблять дипломатические инициативы США на Ближнем Востоке. Ачесон очень ловко использовал кризис Моссадега в Иране, чтобы доказать свою точку зрения, и Министерство юстиции должным образом подчинилось. Но Генеральный прокурор успел сделать резкое замечание, прежде чем захлопнулись двери о неблаговидной деловой практике ARAMCO:

> Торговля нефтью находится в руках немногих. Нефтяные монополии не отвечают интересам свободной торговли. Свободное предпринимательство может быть сохранено только путем защиты его от чрезмерной власти, как государственной, так и частной.

Но самый резкий упрек генерального прокурора был направлен в адрес нефтяного картеля, который, по его словам, наносит "глубокий ущерб интересам национальной безопасности". Разъяренный Рокфеллер немедленно принял меры по предотвращению ущерба, используя своего бойцового пса Ачесона, чтобы обвинить антимонопольных прокуроров в том, что они "полицейские псы из антимонопольного отдела Министерства юстиции, которые не хотят иметь дело с Мамоной и несправедливостью". Его тон был воинственным и напыщенным.

Приведя в соответствие министерства обороны и внутренних дел, Ачесон провозгласил империалистическое кредо:

"Компании ("Семь сестер") играют жизненно важную роль в снабжении свободного мира самым необходимым товаром. Американские нефтяные операции являются, для всех практических целей, инструментами нашей внешней политики в отношении этих стран".

Мастерский ход Ачесона заключался в том, что он поднял призрак возможной советской большевистской интервенции в Саудовскую Аравию:

Мы не можем игнорировать важность той роли, которую играют нефтяные компании в борьбе за продвижение идеалов бывшего Советского Союза, и не можем оставить без ответа утверждение о том, что эти компании участвуют в преступном сговоре с целью хищнической разведки.

Позиция Ачесона была совершенно ошибочной. Нефтяной картель занимался и продолжает заниматься имперским хищническим изнасилованием нефтедобывающих стран, а его деятельность по вмешательству или принятию внешнеполитических решений, исходя из своих интересов, представляет опасность для хороших отношений арабского и исламского мира с США и скорее угрожает, чем защищает наши интересы национальной безопасности. Что касается советской красной селедки Ачесона, то после большевистской революции нефтяная промышленность, и в частности Рокфеллеры, находились в очень комфортных и теплых отношениях с большевистским руководством. Когда один из их членов, сэр Анри Детердинг, насмехался над тем, что он в союзе с большевиками, ему показали на дверь. Рокфеллеры уже давно были в постели с большевиками в самых откровенно незаконных отношениях, и, в любом случае, разве не Черчилль, с полного одобрения нефтяной промышленности, пригласил русских присоединиться к вторжению в Иран и Ирак? Сила нефтяного картеля никогда не вызывала сомнений. Генеральный прокурор Трумэна за несколько лет до этого предупреждал, что мир должен быть освобожден от контроля имперской нефтяной промышленности:

> Глобальный нефтяной картель - это власть авторитарного господства над важной и жизненно важной мировой отраслью в руках отдельных людей. Решение о прекращении текущего расследования будет воспринято в мире как признание того, что наше неприятие монополий и ограничительной картельной деятельности не распространяется на крупнейшую в мире отрасль.

Это, по сути, мое дело против нефтяной промышленности. Предсказуемо, Рокфеллер и его юридическая команда, особенно Ачесон, выиграли. Ничего не теряя, готовясь покинуть Белый дом, Трумэн попросил генерального прокурора прекратить дело против картеля "в интересах национальной безопасности".

ГЛАВА 16

Кувейт создан из украденных иракских земель

Чтобы угодить американскому народу, хотя это и не имело смысла, Трумэн заявил, что гражданское судопроизводство будет разрешено продолжить. Но уловка была раскрыта, когда нефтяные компании отказались принимать повестки в суд. Дело было тихо прекращено, когда Эйзенхауэр и Даллес, два высших слуги Комитета 300, Рокфеллеров и CFR, сменили Трумэна и Ачесона. Таким образом, была создана почва для распространения раковой опухоли нефтяного империализма.

Кермит Рузвельт с самого начала был вовлечен в заговор с целью свержения премьер-министра Моссадега. Даже когда в апреле 1953 года готовилось гражданское дело против его коррумпированных хозяев, Кермит находился в Тегеране, наблюдая за готовящимся переворотом против Моссадега, который вспыхнул 15 апреля и удался. Бедный Моссадег, не зная, что Рокфеллер и Эйзенхауэр были в сговоре, продолжал обращаться к Эйзенхауэру, который, будучи жалкой игрушкой Рокфеллеров и нефтяного картеля, не сделал ничего, чтобы остановить незаконную деятельность ЦРУ в Иране.

После свержения Моссадега шах вернулся в Иран, но вскоре был разочарован, узнав - благодаря работе доктора Моссадега - о том, как американские нефтяные компании опустошают нефтяные запасы Ирана и получают от этого большие прибыли.

Основываясь на прецеденте требований Мексики и Венесуэлы, а также на крупной взятке, выплаченной Саудовской Аравии, шах решил, что настало время потребовать гораздо большую долю доходов от продажи нефти, чем получал Иран. Шах узнал, что нефтяная промышленность Венесуэлы была коррумпирована Хуаном Винсенте Гомесом, который был подкуплен, чтобы позволить американцу написать нефтяные законы Венесуэлы, что привело к катастрофической забастовке в Маракайбо в 1922 году. Но информация, предоставленная шахом, стала его погибелью. Гражданские иски Вашингтона против членов нефтяного картеля начали терпеть неудачу, и даже когда Кермит Рузвельт обрушился с критикой на Тегеран, Эйзенхауэр попросил своего генерального прокурора выработать компромисс между судами и нефтяным картелем, который, по его мнению, будет успешным,

"... будет защищать интересы свободного мира на Ближнем Востоке как основном источнике поставок нефти.

Что еще более удивительно, Эйзенхауэр затем дал указание генеральному прокурору "отныне считать антитрестовские законы второстепенными по отношению к интересам национальной безопасности". Неудивительно, что аятолла Хомейни назвал США "Великим Сатаной". Что касается нефтяной промышленности, то это заслуженный эпитет. Действуя под флагом империалистических США, Эйзенхауэр дал нефтяному картелю карт-бланш делать все, что ему заблагорассудится.

Хомейни осторожно сказал, что "Великий Сатана" - это не американский народ, а его коррумпированное правительство. Если учесть, как американское правительство лгало собственному народу, как оно просило сыновей и дочерей этой нации жертвовать своими жизнями в интересах нефтяной промышленности, то можно понять, насколько оправдана такая характеристика Хомейни.

На протяжении всего фарсового гражданского процесса против членов нефтяного картеля Госдепартамент постоянно называл ответчиков "так называемым нефтяным картелем", прекрасно зная, что в "Семи сестрах" и участниках заговора в замке Ахнакарри не было ничего "так называемого". Можно добавить, что Госдепартамент в то время был густо населен сторонниками Рокфеллера и Ротшильда и остается таковым по сей день.

Извинения Госдепартамента перед членами картеля в конечном итоге позволили картелю одержать верх. Таким образом, правосудие было извращено и нарушено, а заговорщикам сошли с рук их преступления, как это происходит и сегодня. Утверждение Госдепартамента о том, что "Семь сестер" были в авангарде борьбы с советским проникновением на нефтяные месторождения Саудовской Аравии и Ирана, было одной вопиющей ложью в череде лжи, выдвинутой нефтяной промышленностью со времен Джона Д. Рокфеллера.

В 1953 году крупнейшие нефтяные компании имперской Великобритании и США вступили в гигантский сговор, в котором говорилось о необходимости единых действий против того, что он назвал "иранской проблемой". (Помните Мексику и "общего врага"?) Сэр Уильям Фрейзер написал в Mobil, Texaco, Socol, BP, Shell и Gulf Oil, предлагая как можно скорее организовать встречу умов, чтобы раз и навсегда разрешить трудности с Ираном.

Представители крупнейших нефтяных компаний США присоединились к своим британским коллегам в Лондоне (давнее излюбленное место встречи тех, кто стремится избежать законов о заговоре в США). К ним присоединились представители французской компании Française des Pétroles. Было решено, что будет создан картель - только он будет называться "консорциум", чтобы взять под полный контроль нефть в Иране. Спустя десятилетия, когда шах попытался выступить против картеля, его обратили в бегство, а затем убили.

Это письмо и последующее картельное соглашение легли в основу заговора Имперской администрации Картера по избавлению от шаха и фактически были углеродной копией методов, использованных для избавления от доктора Моссадега. Около 60 агентов ЦРУ из "Фракции банкиров" были направлены в Тегеран для подрыва шаха. Еще один пример могущества нефтяной промышленности произошел во время арабо-израильской войны 1967 года.

4 июня 1967 года израильская армия вторглась в Египет, что привело к кратковременному арабскому бойкоту всего Запада. Позже этот бойкот был сокращен до основных финансовых спонсоров Израиля - Великобритании и США. Вместо того чтобы открывать новые отечественные месторождения нефти, нефтяные компании повышали цены на газ, когда для этого не было никаких оснований. Мы говорим, что не было причин повышать цены, потому что у нефтяных компаний были огромные запасы миллиардов галлонов бензина, переработанного из дешевой саудовской нефти. Министр иностранных дел Египта предложил

> "...поддержка агрессора, Израиля, который напал на нас, обошлась американскому налогоплательщику в миллиарды долларов не только за счет огромных поставок оружия государству-агрессору Израилю, но и за счет повышения цен на бензин, которые теперь должна платить американская общественность".

Я считаю, что я создал убедительное доказательство преступного сговора против нефтяной промышленности, которая вступила в сговор с иностранными нефтяными компаниями, чтобы грабить, красть и обворовывать американский народ; подрывать внешнюю политику избранного правительства, и вообще, действовать как правительство внутри правительства, которое совершило сотни преступных действий. США стали имперской державой во всех смыслах этого слова.

Другой союзник США и Кувейта, Саудовская Аравия,

сейчас враждует с Ираном и опасается за свою безопасность. Незаметно и за кулисами на короля Фахда оказывается сильное давление со стороны членов его семьи, чтобы попросить США перенести свои военные базы из королевства. Король Фахд, пытаясь обуздать растущие волнения в стране, должен был провести ряд реформ после войны в Персидском заливе. Как и в Кувейте, "демократические" реформы были длинными на словах и короткими на деле. Правящие семьи не готовы ослабить свою хватку в стране, не говоря уже о противостоянии нефтяному картелю.

В марте 1992 года король Фахд заявил, что цензура будет отменена в рамках обещанных реформ. Это заявление последовало за жестоким обращением с саудовским журналистом Зухаиром аль-Сафвани, который был арестован 18 января 1992 года и приговорен к четырем годам тюремного заключения за мягко говоря неблагоприятное высказывание о семье Абдул Азиза, которое Дом Сауда счел неудобно близким к истине. В дополнение к четырехлетнему тюремному заключению аль-Сафвани получил 300 ударов плетью, в результате которых он остался парализованным на левую сторону тела.

Такие ужасные пытки попали бы в заголовки CNN, ABC, NBC, FOX и *New York Times*, если бы они имели место в Южной Африке, Ираке или Малайзии. Когда молодой американец был приговорен сингапурским судом к девяти ударам тростью после признания его виновным в торговле наркотиками, даже президент Клинтон обратился с просьбой о помиловании.

Но поскольку эта ужасающая жестокость произошла в Саудовской Аравии, наши бесстрашные медиа-гиганты, которые любят говорить правду, всю правду, хранят гробовое молчание. Ни слова осуждения Саудовской Аравии не прозвучало от CNN, CBS, ABC, NBC и FOX.

Правительство США находится в сговоре с саудовскими деспотами, вот почему мы бросаем туда свои вооруженные силы, если существует какая-либо угроза, реальная или воображаемая, саудовской "демократии". Дело в том, что американские войска базируются в Дахране, Саудовская Аравия, исключительно для защиты и увековечивания одного из самых деспотичных режимов в современном мире. Правильнее всего было бы вернуть американские войска домой и отменить выплаты в размере миллиардов долларов за "право на защиту" с тех пор, как эта программа была начата Рокфеллерами. Деньги, выплачиваемые саудовским правителям, чтобы побудить американские нефтяные компании качать нефть из своих скважин, вычитаются из подоходного налога США как налоги, уплаченные в иностранном государстве. Американский народ должен несправедливо нести эти расходы.

Тем временем дела в нефтяной промышленности Сомали шли не лучшим образом. Как следует из моей монографии "Что мы делаем в Сомали",[7] бывший президент Буш, все еще находясь на службе у нефтяной промышленности, направил вооруженные силы США в Сомали якобы для того, чтобы накормить голодающее сомалийское население. Моя монография сорвала эту маску с лица администрации Буша, раскрыв истинные намерения и цели, стоящие за присутствием подразделений вооруженных сил США в Сомали.

Журнал *World In Review* сообщил, что США занимаются реконструкцией бывшей базы в портовом городе Бербера, стратегически расположенном на Красном море, вдоль нефтяных месторождений Саудовской Аравии. Он также сообщил, что американские войска находятся в Сомали для защиты нефтяных буровых бригад, ведущих поиски нефти в этой стране, которой, как говорят, там много. Хотя недавно отремонтированная база в Бербере может помочь развеять опасения шиитов по поводу присутствия американских войск в Саудовской Аравии, обратной

---

[7] "Что мы делаем в Сомали?

стороной является возможная потеря доходов для королевства, если и когда сомалийская нефть начнет поступать, хотя может пройти двадцать лет или больше, прежде чем это произойдет. Тем не менее, настойчивое требование религиозных элементов в Эр-Рияде предупредить США о необходимости покинуть королевство не понравилось королю Фахду и некоторым из его сыновей.

Она очень ясно показала семейные разногласия во дворце. С ухудшением ее здоровья и призывами к ослаблению хватки саудовской семьи в стране, то, что казалось бесконечным светлым будущим для саудовской королевской семьи, стало омрачаться.

Показательна сила религиозной оппозиции против сохранения абсолютной власти саудитов и ваххабитов. Каждый день приносит новые провокации со стороны шиитов и других фундаменталистов, которые хотят, чтобы король Фахд сдержал свое обещание провести выборы в ближайшем будущем, чего он совсем не хочет делать. В прошлом деспотические правители семьи Абдул Азиз в Саудовской Аравии выступали единым фронтом перед всеми посторонними, кто противостоял их диктаторскому режиму.

Источники в разведке говорят мне, что это уже не так. Ожесточенное семейное соперничество и смерть короля Фахда ставят под угрозу некогда единый фронт. К этому добавляется усиливающееся давление со стороны мусульманских фундаменталистов, кульминацией которого стал арест нескольких сотен их лидеров, которых Эр-Рияд назвал "религиозными радикалами", но которые на самом деле являются группой мулл, стремящихся получить право голоса в управлении страной.

Война между "Хезболлой" и израильской армией в Ливане, начавшаяся в июле 2006 года, оказала тревожное влияние на Эр-Рияд. Фундаменталисты хотели, чтобы саудовский режим открыто объявил себя на стороне "Хезболлы", чего правящий клан Абдул Азиза надеялся избежать. В своих непрекращающихся нефтяных войнах против арабских и мусульманских нефтедобывающих государств нефтяная промышленность все больше полагается на участие американских военных в своих нефтяных сражениях.

Следует помнить, что у Буша не было конституционных полномочий посылать американские войска на войну с Ираком. Только Конгресс может объявить войну. Президент не имеет полномочий посылать войска куда бы то ни было и не имеет полномочий держать войска, размещенные в Саудовской Аравии в соответствии с опекой над активами ВР в Кувейте.

Таким образом, Буш, который не имеет права посылать американские войска куда-либо без одобрения Конгресса (в форме объявления войны), буквально избежал наказания за серьезное преступление - нарушение своей присяги, за которое он должен был быть привлечен к ответственности за несоблюдение Конституции и за военные преступления, среди прочего.

Представитель Генри Гонзалес фактически перечислил преступления, совершенные Г.Х.У. Бушем, и добивался его импичмента, но его усилия были блокированы демократами и республиканцами в Палате представителей, которые считали нелояльным не идти вместе с походом против президента Саддама Хусейна, а вполне защитить Буша от обвинений в измене. Это показывает, что по жизненно важным вопросам разница между двумя американскими политическими партиями невелика. В результате внешняя политика США превратилась в деградацию империалистической державы. С 1991 года Конгресс принимает всевозможные антиконституционные законы под видом борьбы с "терроризмом". Конгресс США должен нанести Бушу и Министерству обороны резкий удар по суставам. Любая попытка Соединенных Штатов вмешаться в суверенные дела других стран может рассматриваться миром - и большинством американцев - только как акт крайнего насилия, намного превосходящий, с точки зрения терроризма и полного развращения, любую незначительную выгоду, которая может быть получена в результате.

Одним из самых леденящих душу фактов является то, что не было никакого общественного протеста против Джорджа Буша за то, что он даже предложил использовать ядерное оружие против малых стран, и это показывает, насколько далеко США находятся на пути к единому мировому правительству. В течение тридцати лет США заявляли, что применение ядерного оружия должно быть запрещено. И все же здесь есть человек, который не был избран избирателями и который создает опасный прецедент, говоря, что нападать на страны можно до тех пор, пока эти страны являются "красными штатами", сидящими на вершине ценных запасов нефти. Нельзя допустить, чтобы наши вооруженные силы превратились в атакующих собак нефтяной промышленности. Наверняка мы чему-то научились после войны в Персидском заливе?

Если изучить работу великого ученого-конституционалиста судьи Джозефа Стори, том III "*Комментариев к Конституции США*", и в частности пятую главу, то там нет упоминания о том, что министр обороны и Пентагон обладают полномочиями по формированию и реализации внешней политики США. Каждый член Конгресса должен быть обязан прочитать эту книгу, чтобы иметь возможность остановить такие вопиющие злоупотребления властью, какие Буш совершил на Ближнем Востоке. Нефтяная промышленность решила, что это хороший способ ослабить две основные нефтедобывающие страны и настроить их на быстрый крах. Президент Буш, не имея никаких полномочий от Конгресса, создал атмосферу ненависти к Ираку, думая, что у американских военных будет повод начать империалистическую войну на истощение против иракского народа, все ради единственной выгоды нефтяной промышленности. Когда же эта нация узнает, что нефтяной промышленностью управляют глобалисты из правительства одного мира, чья жадность не знает границ? Нефтяной промышленности нельзя доверять - ее лидеры - настоящие смутьяны, которые ввергнут страну в любые неприятности, если это будет им выгодно.

Последние потери среди американских войск в Ираке - это национальный позор. Наши войска сражаются там не за Соединенные Штаты. Они находятся в Багдаде, охраняя нефтяные запасы Ирака для нефтяного картеля. А наши войска находятся в Саудовской Аравии, чтобы сохранить династию Абдул Аззиза, потому что их режим - это режим маунтбанка, который обеспечивает приток нефти к американскому гиганту ARAMCO. Ни один американский солдат больше не должен быть принесен в жертву на алтарь алчности нефтяной промышленности.

Кто поставил наших военных в эту опасную зону и на основании каких конституционных полномочий это было сделано? Бешеная спешка Джорджа Герберта Уокера Буша и Пентагона по защите Кувейта, одной из самых вредных диктатур в мире (после Саудовской Аравии), свидетельствует о состоянии анархии и хаоса в Вашингтоне. Американские войска и припасы, хлынувшие в Кувейт от имени British Petroleum и банкиров лондонского Сити, показали, до какого высокого уровня промывания мозгов доведена американская общественность. Давайте посмотрим на вещи в перспективе:

Кувейт не является страной. Она является придатком British Petroleum и банкиров лондонского Сити. Территория, известная как Кувейт, принадлежала Ираку и была признана его неотъемлемой частью более 400 лет - до тех пор, пока британская армия не высадилась, провела линию через пески пустыни и объявила: "Теперь это Кувейт". Конечно, воображаемая граница проходила прямо посреди самых богатых нефтяных месторождений в регионе, месторождений нефти Румейла, которые принадлежали Ираку 400 лет и до сих пор принадлежат Ираку. Кража земли никогда не приводит к переходу права собственности.

Цитата из книги "Дипломатия обманом:".[8]

> В 1880 году британское правительство подружилось с арабским шейхом по имени эмир Абдулла аль Салам аль Сабах, который был назначен их представителем в районе вдоль южной границы Ирака, где на иракской территории были обнаружены нефтяные месторождения Румайла. В то время не существовало другой страны, кроме Ирака, которой принадлежали все земли, так как образования Кувейт не существовало.

> Семья Аль Сабах присматривала за богатой добычей... По поручению Комитета 300, 25 ноября 1899 года - в том же году, когда британцы вступили в войну с маленькими бурскими республиками Южной Африки - британское правительство достигло соглашения с эмиром Аль-Сабахом, согласно которому земля, посягающая на иракские нефтяные месторождения Румайла, будет уступлена британскому правительству, хотя эта земля была неотъемлемой частью Ирака, и ни эмир Аль-Сабах, ни британцы не имели на нее никаких прав.

Соглашение было подписано шейхом Мубараком Аль Сабахом, который прибыл в Лондон в стиле... Кувейт" стал де-факто британским протекторатом. С местным населением и иракским правительством никогда не советуются и не имеют права голоса. Аль-Сабахи, абсолютные диктаторы, быстро продемонстрировали безжалостную жестокость. В 1915 году британцы вошли в Багдад и оккупировали его, что Джордж Буш назвал бы актом "жестокой агрессии".

Британское правительство создало самопровозглашенный "мандат" и направило туда верховного комиссара Кокса, который назначил бывшего короля Сирии Фейсала главой марионеточного режима в Басре. Теперь у Британии была

---

[8] *Diplomacy by Lying - An Account of the Treachery of the Governments of England and the United States*, John Coleman, Omnia Veritas Ltd, www.omnia-veritas.com.

одна марионетка в северном Ираке и другая - в южном...

В 1961 году премьер-министр Ирака Хасан Абдул Кассем яростно нападал на Великобританию по вопросу Кувейта, указывая на то, что переговоры, обещанные Лозаннской конференцией, не состоялись. Кассем сказал, что территория, называемая Кувейтом, является неотъемлемой частью Ирака и была признана таковой на протяжении более 400 лет Османской империей. Вместо этого британское правительство предоставило Кувейту независимость...

Между "Кувейтом" и Ираком не было реальной границы; все это было фарсом. Если бы Кассему удалось вернуть земли, занятые Кувейтом, британские правители потеряли бы миллиарды долларов нефтяных доходов. Но когда Кассем исчез после провозглашения независимости Кувейта (мало кто сомневается, что он был убит агентами британской МИ-6), движение за неповиновение Британии потеряло свой импульс.

Предоставив независимость Кувейту в 1961 году и проигнорировав тот факт, что эта земля им не принадлежит, Великобритания смогла отодвинуть справедливые претензии Ирака. Мы знаем, что британское правительство делало то же самое в Палестине, Индии и позже в Южной Африке.

В течение следующих 30 лет Кувейт оставался вассальным государством Великобритании, вливая миллиарды долларов в британские банки от продажи иракской нефти, в то время как Ирак не получал ничего... Захват Британией иракских земель, которые она назвала Кувейтом и которым предоставила независимость, следует считать одним из самых дерзких актов пиратства в современности, который непосредственно способствовал войне в Персидском заливе.

Я приложил много усилий, чтобы объяснить события, приведшие к войне в Персидском заливе, показать силу

Комитета 300 и несправедливость отношения США к Ираку.

Президент Г.Х.У. Буш повторил ту же 100% незаконную тактику, которую практикует нефтяной картель. Именно такое поведение ведет США к анархии и хаосу. С 1991 года иракские женщины и дети умирали сотнями тысяч от болезней, многие из которых были вызваны радиацией от гильз из обедненного урана (DU), и от недоедания в результате бесчеловечного бойкота, продолжавшегося 19 лет.

У Ирака не было денег на закупку продовольствия и медикаментов, что и сделал ЕС.

Эмбарго ООН было великодушно разрешено. Как Ирак мог купить эти предметы первой необходимости, когда его доходы от продажи нефти сократились до уровня ниже прожиточного минимума? Среди багдадских детей свирепствовал менингит, а Британия и США играли в азартные игры с жизнями людей, которые никогда не причиняли им вреда. Империализм против Ирака господствовал последние 18 лет. Этому нет никакого оправдания, и то, что США находятся на содержании нефтяного картеля, полностью противоречит конституции. Для нефтяного картеля никакая афера не является слишком большой, слишком маленькой или слишком неприглядной.

В середине 2008 года мы снова наблюдаем, как имперский нефтяной картель является законом для самого себя, безжалостной организацией, которую ни одно правительство не смогло обуздать или контролировать. Мы стали свидетелями удивительной ситуации, когда запасы американской нефти на Аляске теперь регулярно питают нефтеперерабатывающие заводы в Китае. Сойдутся ли когда-нибудь США и Китай? Это еще предстоит выяснить.

На Ближнем Востоке мы стали свидетелями политики истребления, проводимой нефтяными гигантами, жертвами которой стал иракский народ. Эта продолжающаяся история ужасов хорошо скрывается средствами массовой информации, чтобы некоторые люди не открыли глаза и не начали задаваться вопросом о том, что происходит. Никогда не забывайте, что США и Великобритания - две самые империалистические и упадочные страны в современном мире, и что под их руководством империализм процветает и распространяется как чума. Сегодня американский народ терпит то, чего не потерпел бы всего несколько лет назад.

И бывший президент Джордж Буш, и президент Клинтон были виновны во вмешательстве. Когда Джордж Буш-старший в одностороннем порядке, не имея никаких полномочий в соответствии с международным правом и Конституцией США, установил две так называемые "бесполетные зоны" над Ираком, он действовал в нарушение Конституции США, навязывая свою волю суверенному государству Ирак и американскому народу, не имея никаких полномочий для поддержки своих действий.

Этот акт был совершен якобы для защиты курдского народа, которому угрожало вторжение Саддама Хусейна. Никогда еще более односторонний диктаторский акт не осуществлялся от имени американского народа, подкрепленный мощью вооруженных сил США. И сейчас, в 2008 году, мы по-прежнему миримся с сомнительными действиями Джорджа Буша, словно он король, которого боится и трепещет весь мир. Америка, что с тобой случилось?

Секретариата ООН по номеру резолюции Совета Безопасности, санкционирующей бесполетные зоны, не существует, и Совет Безопасности не издавал никаких резолюций, касающихся бесполетных зон. Г-н Буш предпринял этот шаг в одностороннем порядке. Госдепартамент не смог привести разрешение на создание "бесполетных зон" ни в одном из действующих законов США или в высшем законе - Конституции США. Односторонние действия Джорджа Буша-старшего были явным примером империалистического диктатора за работой. Давнее уважение к верховенству закона, уважение к нашей Конституции было попрано высокомерным и империалистическим президентом Бушем. Американцы, очевидно, довольны тем, что нефтяным магнатам сходит с рук незаконное и противозаконное поведение.

Джордж Буш-старший - один из самых важных людей в нефтяной промышленности; он не заинтересован в благополучии курдов. Нефтяная промышленность, на которую положила глаз эта беззаконная группировка, - это огромные неиспользованные запасы нефти в вилайетах Мосула в Ираке. По совпадению, курды, которых Джордж Буш хотел "защитить", занимают ту самую землю в Ираке, под которой находятся нефтяные месторождения Мосула. Поэтому нефтяной магнат и друг королевы Елизаветы II Джордж Буш заявил, что ни один иракский самолет не может летать в "бесполетных зонах".

Буш-старший заявил, что "бесполетные зоны" должны защищать курдов. Однако всего в нескольких милях от него количество курдов, убитых турецкой армией, создает странный фон. Конечно, это имеет смысл, когда мы знаем, что внешняя политика США диктуется нефтяными гигантами, и это имеет еще больший смысл, когда мы начинаем понимать, что нефтяные вилайеты Мосула являются истинной причиной "бесполетных зон" и запуска двух многомиллионных крылатых ракет по беззащитным жителям Багдада.

Американский народ - самый доверчивый, заблуждающийся, попустительствующий, регламентированный и регулируемый народ в мире, живущий в густых джунглях дезинформации и еще более густых зарослях бесстыдной пропаганды. В результате американский народ не осознает, что его правительство - это правительство под руководством секретного параллельного органа высокого уровня, Комитета 300, который позволяет потенциальным диктаторам и тиранам прикрывать свои деспотические и антиконституционные действия. Любой, кто ставит под сомнение внешнюю политику Буша в отношении Ирака, получает ярлык непатриота, в то время как на самом деле непатриотами являются семья Бушей и те, кто поддерживает их политику нефтяного картеля в отношении Ирака и всего Ближнего Востока. Это люди, которые поддержали абсолютно неконституционные бомбардировки и незаконный (по международному праву) бойкот Ирака, неконституционные бомбардировки Сербии и акты агрессии против иранского и ливанского народов. Ни одна страна не защищена от нефтяных магнатов. В Калифорнии расположены десятки нефтеперерабатывающих заводов, от Лос-Анджелеса до Бейкерсфилда и района Сан-Франциско. В штате много нефти. Тем не менее, на протяжении многих лет жители Калифорнии были обмануты жадностью нефтяной промышленности. Когда в Канзасе бензин стоил 79 центов за галлон, калифорнийцы платили 1,35 доллара за галлон.

Это никогда не было оправдано, но с калифорнийским законодательным органом в кармане, о чем было беспокоиться магнатам? И так продолжалось накручивание цен. Цены на бензин на насосе выросли до ошеломляющих 2,65 доллара за обычный бензин и 3,99/10 доллара за бензин премиум-класса. Этому шокирующему повышению цен не было никакого оправдания. Жадность была мотивирующим фактором. На нефтеперерабатывающих заводах никогда не заканчивалась сырая нефть, а запасы бензина оставались на почти нормальном уровне.

Американские военные теперь являются наемниками для гигантского монстра нефтяной промышленности. Вооруженные силы США будут втягиваться в одну региональную войну за другой в интересах жадности и наживы монстров нефтяной промышленности. Налогоплательщики США будут продолжать финансировать "цену рэкета", которая позволяет ARAMCO продолжать качать нефть в Саудовской Аравии. Необходимо великое пробуждение американского народа. Подобно старому религиозному пробуждению, дух закона, порядка и любви к американской Конституции необходим, чтобы очистить эту некогда великую нацию и восстановить ее как нацию законов, а не людей.

Современные бароны-грабители обманывают американский народ на насосах самым наглым и бесстыдным образом за всю свою долгую историю. Нефтяной картель безжалостен, хорошо организован и не терпит вмешательства со стороны правительства, будь то правительство США или любого другого государства. Американские налогоплательщики вынуждены нести расходы на взятки, выплачиваемые саудовской правящей семье через их агентов в правительстве, которые они покупали, оплачивали и продолжают оплачивать каждый раз, когда вы заправляете свой автомобиль.

Американцы должны знать, что представляет собой этот гигантский картель, который нарушает законы многих стран, включая их собственную, а вместе со знанием придет желание принять меры по исправлению ситуации и общественный резонанс, который заставит законодателей нарушить монополию. За этим картелем стоит власть Центрального разведывательного управления (ЦРУ). Любой, кто выступает против этого всемогущего картеля, не может быть в безопасности. Они навязали американскому народу "кражу бензина" без какого-либо значимого противодействия со стороны наших избранных представителей в Вашингтоне. Это история коррупции, которая превосходит все, что было сделано в современной истории.

Либо Палата представителей и Сенат не сделают ничего, чтобы остановить магнатов от поглощения нашей жизни, либо они настолько боятся своей власти, что не предпримут ни малейшей попытки ее ограничить.

Пусть американские нефтяники строят графики и диаграммы и говорят сколько угодно, пусть их экономисты объясняют, почему мы должны нести расходы на их бизнес, на теневые сделки, почему американский народ должен платить зарплату сотрудникам ЦРУ, занимающимся поддержанием их монополии, но когда мы знаем факты, становится очевидно, что их усилия сводятся к большой лжи!

Каковы факты? Из-за того, что картель манипулировал налоговым законодательством, с 1976 года в Америке не было построено ни одного нового нефтеперерабатывающего завода, в то время как в Саудовской Аравии, благодаря американским налогам, выплачиваемым в виде взяток саудовской королевской семье, миллиарды долларов были инвестированы в расширение нефтяных мощностей.

С 1992 года по сегодняшний день в США закрылось не менее 36 нефтеперерабатывающих заводов. С 1990 года по сегодняшний день количество нефтяных вышек в США сократилось с 657 до 153. Число американцев, занятых в нефтеразведке в Америке, за десять лет сократилось с 405 000 до 293 000 человек. Так откуда же берется нефть, которую мы используем во все возрастающих количествах? Ближний Восток! Таким образом, мы получаем три удара:

- Налоговая структура США делает невозможным для независимых буровых компаний оставаться в бизнесе по разведке нефти.

- Переработка и распределение готовой продукции является монополией.

- Бенефициаром этого предательства является компания ARAMCO, которая может брать больше денег за бензин из саудовских источников и пожинать неприличные прибыли за счет американских автомобилистов.

Их рэкет таков, что богатство всех мафиозных "семей" в Америке похоже на мелочь, что, возможно, делает членов нефтяного картеля рэкетирами. Почему закон RICO не применяется против нефтяной промышленности? Благодаря их оперативникам в законодательном органе, им удавалось выходить сухими из воды, "воруя газ" на протяжении десятилетий.

Пусть законодатели займутся этим прискорбным делом и положат конец безудержному воровству на бензоколонках, которое из-за их молчания стало постоянной чертой американского пейзажа. Будьте уверены в одном: рэкетиры нефтяного картеля не остановятся, пока не заставят нас платить 4,50 доллара за галлон.

ГЛАВА 17

Рокфеллер жалуется в Госдепартамент Британия вторгается в Ирак

Стория британской и американской жажды иракской нефти уходит корнями в 1912 год, когда еще не родился большой плохой президент Саддам Хусейн, повешенный марионеточным судом, а Анри Детердинг, основатель Royal Dutch Shell Company, получил нефтяные концессии в ряде нефтедобывающих государств. В 1912 году Детердинг заинтересовался американскими нефтяными интересами в Калифорнии, приобретя ряд крупных и мелких нефтяных компаний, включая California Oil-Field Company и Roxana Petroleum.

Естественно, Standard Oil Company Джона Д. Рокфеллера подала жалобу на Детердинга в Госдепартамент, но Детердинг позволил Standard купить акции калифорнийских компаний Shell, чтобы аннулировать жалобу. Старый Джон Д., похоже, не понимал, что, поспешив принять предложения Детердинга, он субсидировал усилия Shell по завоеванию американского рынка. Но все изменилось в 1917 году, когда президент Вильсон, грубо нарушив свою присягу, втянул Америку в Первую мировую войну.

Внезапно, за одну ночь, Британия, которая напала на Standard и особенно на Deterding из Royal Dutch Shell, разворачивается. Злодеем произведения становится кайзер Вильгельм II, а Генрих Детердинг неожиданно становится важным союзником.

Всего за год до этого перелома британцы вторглись в Ирак,

грубо нарушив международное право, но не дошли до Мосула, когда их покинула Франция, чьи войска не поддержали британских захватчиков. Вместо того чтобы помочь британцам, Франция подписала соглашение с Турцией, уступив последней часть нефтяных месторождений Мосула. Представьте себе наглость этих агрессоров! Они называли Сталина "диктатором", но никто не действовал более диктаторски по отношению к Ираку, чем Великобритания, Франция, Турция и, в последнее время, Соединенные Штаты.

Борьба между предполагаемыми иракскими похитителями нефти продолжалась до конференции в Сан-Ремо 24 апреля 1920 года, на которой Великобритания, Франция и Турция договорились, что большая часть Мосула будет уступлена Великобритании в обмен на определенные соображения относительно нефтяного конгломерата, в который не входил Ирак и от которого Ирак не получал никакой выгоды. С иракским правительством не было проведено ни одной консультации.

В мае 1920 года Госдепартамент обратился в Конгресс США с жалобой на захват Великобританией Мосула и нескольких других важных нефтяных месторождений. Не то чтобы Госдепартамент заботился о правах иракского народа. Повторяю, с Ираком никогда не советовались, пока его земли и нефтяные богатства делились и продавались тому, кто больше заплатит - членам нефтяного картеля. Скорее, Госдепартамент беспокоило то, что Джон Д. Рокфеллер и Standard Oil были полностью исключены из "сделки" по Мосулу.

Госдепартамент лоббирует и настаивает на проведении новой многопартийной конференции в Лозанне. Под предлогом якобы достигнутого соглашения о встрече с США и другими "заинтересованными странами" британцы используют возможность начать новое вторжение в Ирак, и на этот раз британским войскам удается достичь Мосула и взять его под контроль. Наконец-то Британия получила главный приз! Мировая пресса ничего не сказала об этом наглом акте агрессии.

Если и были какие-то сомнения в агрессивности британских имперских сил в Южной Африке в их безжалостном стремлении вырвать контроль над золотом у Южно-Африканской Республики Трансвааль, то спустя годы они были развеяны действиями британских вооруженных сил в Ираке.

Поиски золота, начатые Сесилом Джоном Родсом от имени его хозяев, Ротшильдов, теперь повторяются в Ираке, на этот раз в поисках "черного золота". Не было попытки пригласить Ирак в Лозанну, чтобы смягчить образ "великой кражи сырой нефти". На самом деле, британская пресса злорадствовала по поводу успеха так называемой дипломатии Уайтхолла.

Как бы Турция ни старалась, она не смогла отбить у англичан то, что считала своим законным правом на иракскую нефть! Подумайте об этом на мгновение. Только 23 апреля 1921 года, на второй Лозаннской конференции, Турция признала, что Великобритания имеет то, что она живописно назвала "законным владением" Мосула, и это без согласия иракского народа, которому Мосул принадлежал. Таким образом, исключительно благодаря своей превосходящей военной мощи Британия захватила Мосул и сверхбогатые нефтяные месторождения Ахваз и Киркук.

Неудивительно, что британский корреспондент лондонской *Financial Times* был в восторге:

> Мы, британцы, будем иметь удовлетворение от осознания того, что три огромных месторождения, расположенных в непосредственной близости друг от друга и способных обеспечить потребности империи в нефти в течение многих лет, почти полностью разработаны британским предприятием.

> Источник: лондонская *"Файнэншл таймс"*,
> Британский музей в Лондоне

Но триумф британцев был недолгим. Когда Лига Наций была вынуждена собраться вновь из-за разъяренных Франции, России и Турции, она отказалась признать вооруженную агрессию Великобритании и захват Мосула законными и вернула город его законным владельцам - иракскому народу. С тех пор Великобритания и США пытаются украсть Мосул у Ирака, и сегодняшние боевые действия против Ирака ведутся в надежде, что их мечта станет реальностью.

Возможно, теперь у нас будет более взвешенный взгляд на то, почему Джордж Буш-старший приказал американским войскам напасть на Ирак, хотя он должен был знать, что у него не было мандата Конгресса, и поэтому нарушал свою присягу и международное право. Палата представителей и Сенат США не смогли остановить это незаконное действие путем прекращения финансирования - конституционное действие, которое они побоялись предпринять, опасаясь мести со стороны Комитета 300. Страх играет огромную роль в судьбе народов. Страх не исчез. Когда Ротшильды приказали группе людей запугать французское правительство, чтобы оно приняло их условия финансового контроля над страной, огромная сила безжалостных коммунистов бросилась к Парижской коммуне. Напуганное демонстрацией силы, французское правительство капитулировало перед требованиями Ротшильдов. Похоже, что Конгресс США оказался в таком же затруднительном положении - он слишком боится нефтяного картеля, чтобы действовать против него. Если бы Соединенными Штатами Америки не руководили Комитет 300, Ротшильды, Рокфеллеры и их нефтяной картель, поддерживаемые властью международных банкиров, и если бы столь многие ключевые члены Палаты представителей и Сената США не диктовались Советом по международным отношениям (CFR), Палата представителей и Сенат США остановили бы геноцидную войну против Ирака. Следующий неполный список, имеющийся в нашем распоряжении, относится к 2006 году, но он дает некоторое представление о контроле со стороны CFR, который, должно быть, усилился за последние два года:

Белый дом	5
Совет национальной безопасности	9
Государственный департамент	27
Послы США, работающие за рубежом	25
Министерство обороны	12
Начальники штабов вооруженных сил	8
Министерство юстиции	6
Сенат	15
Палата представителей	25

Поскольку Палата представителей и Сенат США не объявили войну Ираку и не дали надлежащего конституционного согласия в форме обязательного объявления войны, вторжение в Ирак в 1991 и 2003 годах было явно незаконным и противозаконным и превратило США в нацию бандитов под контролем крестного отца всех бандитов - магнатов нефтяного картеля. Люди нефтяного картеля, девиз которого "Мы боремся за нефть", не обошли вниманием и другие регионы: Китай, Аляску, Венесуэлу, Индонезию, Малайзию и Конго. Придет и их черед.

ГЛАВА 18

Экология теряет Аляску из-за нефти

В апреле 1997 года WIR сообщил о "сделке", которая имела гораздо более широкие последствия и масштабы, чем все, что было в разработке. Чтобы Томми Боггс, лоббист, руководивший сделкой, и губернатор Тони Ноулз смогли добиться успеха в освобождении огромных запасов нефти под государственными парками Аляски для конечной эксплуатации компанией British Petroleum (BP), им было необходимо полное содействие министра внутренних дел Брюса Бэббита.

Ноулз обсуждал план игры Томми Боггса с президентом Клинтоном в "кофейне" Белого дома и был приглашен остаться на ночь в январе 1995 года. План игры был подробно изложен вице-губернатором Аляски Франом Улмером на очередном из этих бесконечных "кофе", на этот раз, что весьма уместно, в Картинной комнате Белого дома утром 28 февраля 1996 года.

После определения курса действий - продажи национальных нефтяных запасов Аляски компании British Petroleum, которая будет использовать нефть для удовлетворения постоянно растущих потребностей Китая в сырой нефти - Ноулз начал с грандиозного выступления, используя в качестве трибуны свое послание о положении дел в штате в 1996 году:

> Всего пять лет назад они говорили, что мы погасим свет в отрасли, в которой занято больше всего людей в штате. Сегодня нашим девизом должна стать старая наклейка

на бампере: "Господи, пусть будет еще один нефтяной бум, и я обещаю тебе, что мы не испортим его"".

Ноулз получила ответ на свою молитву: 7 февраля министр внутренних дел Брюс Бэббитт появился у бровки в нужное время. Воспользовавшись всеобщим вниманием, Бэббитт попытался оправдаться тем, что поставил телегу впереди лошади - что экологическое исследование предполагаемого нового района бурения должно было быть проведено в первую очередь, и Бэббитт заявил, что обеспечит соблюдение экологических норм, хотя сейчас он готов одобрить это предприятие, даже не начав никакого исследования, не говоря уже о его завершении.

Бэббит объявил о новом способе ведения бизнеса с диктаторами нефтяной промышленности, при этом поставив Конгресс на место, проигнорировав Закон о национальной экологической политике, в котором четко сказано, что подобные исследования должны быть проведены и доложены Конгрессу до начала любого бурения на землях национальных парков. Со своим позитивно светящимся ореолом Бэббит сказал жителям Аляски и всей стране:

Мы хотели бы отказаться от состязательного стиля и посмотреть, сможем ли мы внедрить новый способ ведения бизнеса с нефтяной промышленностью. Я думаю, у нас есть много возможностей.

Опять же, не было упомянуто, что конечным бенефициаром будет British Petroleum (BP). "Мы", на которое ссылался Бэббит, - это гигантская компания Shell Oil и группа транснациональных нефтяных компаний, которые всегда демонстрировали пренебрежение к законам государств, которым они часто не подчиняются.

Нефтяной картель ставит "мы имеем" в перспективу и неопровержимо доказывает, что это хищная группа, кабала, способная нанести огромный вред, не обращая внимания на последствия своих действий, и всегда достигающая своей цели, независимо от того, кто ей противостоит и как она угрожает национальной безопасности США.

Конгресс имеет конституционное обязательство привлечь современных баронов-грабителей к работе специальных комитетов, чтобы защитить важное достояние народа США и выдвинуть серьезные возражения против экспорта аляскинской нефти в Китай, коммунистическую страну. Но Конгресс не смог выполнить свой долг.

Продолжая шараду, Бэббит сказал:

> Этим летом я хочу выйти в поле и изучить каждый квадратный дюйм (23 миллиона акров) Национального нефтяного резерва. Я планирую прилететь в Анкоридж, сменить самолет в Барроу, а затем исчезнуть в НПР на столько времени, сколько необходимо, чтобы понять каждую геологическую структуру, каждое озеро и изучить каждую проблему дикой природы, чтобы я был готов принять значимое участие в этом процессе.

Это прекрасный пример того, что американский народ - самый соучастный и обманутый народ на планете. Мы можем увидеть, насколько обманчивым было заявление Бэббита о намерениях, если подумаем, сколько времени потребуется, чтобы исследовать "каждый дюйм" 23 миллионов акров. Национальный нефтяной резерв (NPR) размером с Индиану, но министр не объяснил, как он предлагает "исследовать каждый дюйм" его территории, и как он может позволить себе отсутствовать в своем офисе по крайней мере в течение года. Будет ли министр в сопровождении представителей British Petroleum держать под замком весь залив Прудо, из которого в срочном порядке будут изгнаны мелкие нефтеразведочные компании?

Американский народ скоро узнает об этом: DNR собирался стать заповедником BP, Shell (двух крупнейших в мире иностранных нефтяных компаний), Mobil, ARCO и остальных заговорщиков из Джексон-Хоул, штат Вайоминг, в интересах "семи сестер". Это был явный случай, когда выгода превалировала над национальной безопасностью

США. В другие времена это было бы названо изменой.

Затем президент Клинтон стал личной собственностью нефтяного картеля, о чем свидетельствует его речь, произнесенная под занавес от их имени:

> Многие американцы не знают об этом, но значительный процент нефти и природного газа, добываемых в США, поступает с федеральных земель. До сих пор бюрократическая волокита и противоречивые судебные решения не позволяли многим компаниям в полной мере воспользоваться этими ресурсами.

Он также должен был указать на то, что в сделке по продаже нефти на Аляске участвовала нефть из нашего Национального чрезвычайного резерва, который нельзя трогать. Это один из наших национальных стратегических резервов! Затем последовала одна из крупнейших афер в истории США, по масштабам превосходящая скандал с "Куполом чайника", и, что вполне уместно, именно ARCO поглотила старую компанию Гарри Синклера в 1969 году. Клинтон имел в виду хитрость, сутяжничество, обман и рабство, предпринятые в последние дни летней сессии Конгресса 104 в 1996 году. Этот Конгресс, без помех со стороны прессы, без протестов со стороны экологических групп, без протестов со стороны ABC, NBC, CBS или любого другого медиа-шакала, принял один из самых высокомерно озаглавленных и вводящих в заблуждение законопроектов, которые когда-либо появлялись в залах власти, - "Федеральный закон об упрощении и справедливости в отношении нефти и газа". Этот законопроект был делом рук нефтяных лоббистов, которые заполонили Конгресс.

Что сделал "Закон о справедливости", так это влил деньги непрерывным потоком в и без того полную казну крупных нефтяных компаний. Как я уже говорил ранее, этот скандал затмевает скандал с Teapot Dome, который был двухбитным делом по сравнению с Федеральным законом об упрощении и справедливости в области нефти и газа.

Система работает следующим образом: на семь лет был объявлен мораторий на проведение федеральных проверок по выплатам роялти в казну за нефть, добытую на федеральных землях. Более того - и нам пришлось протереть глаза, чтобы убедиться, что то, что мы читаем, действительно есть в законе - есть пункт, который предусматривает, что нефтяные компании могут подать в суд на федеральное правительство за "переплату" роялти! И это еще не все. Закон позволяет баронам-грабителям устанавливать собственную "справедливую рыночную цену" на нефть, добываемую на федеральных землях, принадлежащих американскому народу. Может быть, читатели не поверят в эту удивительную оговорку? Я тоже не знаю, но, прочитав законопроект несколько раз, я увидел, что в нем написано именно то, что он будет делать: предоставлять огромные льготы двум крупнейшим в мире иностранным нефтяным компаниям (BP и Shell) на золотом блюде Конгресса.

Рыночная цена на сырую нефть определяет размер роялти, которые нефтяные компании должны выплачивать федеральному правительству, но законодательное положение, одобренное Конгрессом, позволяет нефтяным компаниям устанавливать собственную цену, что в последующие годы лишит граждан миллиардов долларов роялти. Это мошенничество, которое начинает напоминать Закон о Федеральной резервной системе 1912 года. Такова была повестка дня встречи заговорщиков в Джексон-Хоуле, на которой Клинтон играл роль радушного хозяина. Таким образом, за относительно небольшую сумму пожертвований на кампанию - 350 000 долларов в случае с ARCO - миллиарды долларов были переданы крупным нефтяным компаниям, которые должны были участвовать в нефтяной афере на Аляске для Китая. Бедный американский народ, без лидера в Конгрессе, без защитника, отстаивающего интересы США; во власти кучки супер-шарлатанов, которые практикуют одно, а проповедуют другое; Откуда им было знать, как их обманули, когда Клинтон поклялся наложить вето на любой законопроект, который открыл бы для бурильщиков 17 миллионов акров арктической дикой природы, в то время как другой рукой, за спиной, он открыл дверь к гораздо более богатому призу - нефти под заповедниками национальных парков, сохраненной исключительно для национального аварийного топлива.

Встреча в Джексон Хоул, штат Вайоминг, игровая площадка семьи Рокфеллеров, должна была подготовить почву для заключения сделки между Китаем и нефтяными компаниями. Президент Клинтон сыграл роль любезного хозяина и объявил о своих намерениях почетным гостям, довольный тем, что столь уважаемые фигуры согласились насладиться его гостеприимством, в обстановке, очень напоминающей обстановку крестного отца мафии, который собирает глав "семей" в своем поместье на берегу озера Тахо и принимает их как членов королевской семьи. Действительно, королевские особы не смогли бы добиться большего, если бы местом проведения был замок Балморал.

Итак, всего через несколько лет после того, как китайские лидеры пообещали, что у них будет нефть из нашего Национального чрезвычайного резерва на Аляске, администрация Клинтона сдержала свое обещание. Не ожидайте, что республиканцы откажутся от сделки с BP, Shell, Mobil и ARCO. Нефтяная политика не знает партийных линий. Большие деньги - это мобильная связь. Посмотрите, что произошло в разгар войны во Вьетнаме.

В обмен на нефтяные концессии у побережья Вьетнама компания Рокфеллера Standard Oil отправила врачей в Хайфон на севере Вьетнама к очень больному Хо Ши Мину. Это были американские врачи, которых следовало бы судить за измену. У нас нет второго источника для проверки, но источник указал, что посредником в сделке выступила компания Kissinger Associates. В любом случае, в военное время американцы торговали с врагом, в то время как наши солдаты умирали в джунглях и на рисовых полях Южного Вьетнама. Посмотрите на высокомерие нефтяного картеля. Они уже знали, что США проиграют войну! Как это могло произойти? Просто потому, что Генри Киссинджеру нужно было ехать в Париж, чтобы заключить "мирную" сделку с северовьетнамцами, которые уже знали дату, когда он поедет в Париж, и точно знали, как он оставит Вьетнам под коммунистическим контролем.

Джордж Буш-старший участвовал в этом с самого начала, поддерживая хорошие отношения с Киссинджером на протяжении всей войны. Киссинджера можно назвать предателем, но он служил президенту-республиканцу. Не случайно нефтяник Джордж Буш был отправлен в Китай, когда были другие люди, более квалифицированные для выполнения этой работы. Но Буш знал нефтяной бизнес, а нефть - это то, что нужно Китаю.

По возвращении из визита в Китай Буш привел в движение колеса в интересах и от имени китайского правительства, которому была обещана львиная доля нефти Аляски. А теперь мы перенесемся с Ближнего Востока на Аляску, где нефтяной картель, вопреки закону, грабит американский народ, лишая его запасов нефти на Аляске; это еще раз доказывает, как если бы требовалось доказательство, что нефтяной картель - это закон сам по себе, неподвластный никакому правительству на этой планете.

У Китая много хороших друзей на высоких постах в хищной нефтяной промышленности, которые не знают и не уважают национальные и международные границы или национальный суверенитет.

Одним из таких друзей является компания ARCO, которая находится высоко на корпоративной лестнице Комитета 300 и которая, вместе с другой жемчужиной в короне Комитета 300 нефтяных компаний, BP, начала строить планы и заговоры по отправке сырой нефти с Аляски на огромный нефтеперерабатывающий завод Zhenhai на окраине Шанхая, который был готов начать работу.

Лодвик Кук был бывшим генеральным директором ARCO,

и, подобно старым солдатам или лидерам политических партий, которые никогда не исчезают, Кук был активен в 1996 году, проводя кампанию за переизбрание своего старого друга Билла Клинтона, "аутсайдера" из Арканзаса. В 1994 году, в том же году, когда Кук добился избрания Тони Ноулза губернатором Аляски, он был приглашен в Белый дом, чтобы отпраздновать свой день рождения с Биллом Клинтоном, который подарил своему другу огромный праздничный торт, а затем разрешил ему отправиться в Китай с министром торговли Роном Брауном, где эти два человека сообщили китайскому правительству, что ARCO вложит миллиарды в новый нефтеперерабатывающий завод Zhenhai. Отвечая на вопросы китайской правительственной делегации, источники сообщили, что Кук заверил их, что сырая нефть с Аляски будет доступна для нефтеперерабатывающего завода в Чжэньхае, несмотря на то, что в августе 1994 года был введен постоянный запрет на экспорт аляскинской нефти. Примерно через год после поездки Браун-Кука в Китай Роберт Хили, президент ARCO по связям с правительством, был приглашен в Белую кофейню на кофе с Элом Гором и Марвином Розеном, тогдашним финансовым председателем Демократического национального комитета. Чтобы выразить благодарность ARCO, Хили оставил DNC "чаевые" в размере 32 000 долларов.

Именно здесь появляется Чарльз Манатт, бывший председатель Демократической партии и директор Manatt, Phelps and Phillips, бывшей альма-матер Микки Кантора, лоббистской фирмы, которая обслуживает и прикрывает крупные нефтяные компании, EXXON, Mobil, BP, ARCO и Shell. 26 мая 1995 года Манатт был приглашен в другое кафе Белого дома для встречи с Клинтоном.

В качестве благодарности Manatt заплатил $117 150, а затем, совершенно независимо, разумеется, Кантор, будучи членом кабинета Клинтона, поднял голос, требуя отмены запрета на экспорт аляскинской нефти. До сих пор федеральный закон запрещал экспорт нефти из Национального нефтяного резерва, поскольку предполагалось, что это резервный запас для чрезвычайных ситуаций национального масштаба.

В моей книге 1987 года "Экологизм: началась вторая гражданская война" ("Environmentalism: The Second Civil War Has Begun"), Big Oil разоблачается как крупнейший спонсор экологических движений "Earth First" и "Greenpeace". Причины очевидного противоречия между десятилетиями поддержки экологического движения и большими суммами денег, вносимыми "Большой нефтью", подробно объясняются. Экология - это уловка, когда речь идет о нефтяных землях.

Крупные нефтяные компании хотели, чтобы земли национальных заповедников, большая часть которых содержит огромные запасы нефти, были защищены от "чужаков", чтобы, когда придет время, они могли прийти и захватить запасы нефти под землями национальных парков по выгодным ценам. В случае с национальными заказниками Аляски этот день наступил в 1996 году. Лицемерные крупные нефтяные компании практически не проявляют заботы об экологии и защите дикой природы этих территорий, о чем свидетельствует то, что они сделали в заливе Прудо.

В 1996 году известный лоббист Томми Боггс был призван к прорицанию, чтобы отменить запрет на поставки сырой нефти на Аляску. Боггс - сын покойного сенатора Хейла Боггса, чье таинственное исчезновение в пустыне Аляски в 1972 году так и не было раскрыто. Томми Боггс - главный вашингтонский лоббист юридической фирмы Patton Boggs, среди его клиентов ARCO, EXXON, BP, Mobil и Shell, и, по случайному совпадению, он был близким другом Билла Клинтона по игре в гольф.

Грозный лоббист, Боггс считается главным виновником того, что 104-й Конгресс отменил запрет на экспорт сырой нефти с Аляски, и поэтому в 1996 году Клинтон подписал указ об отмене запрета, как Рон Браун и Лодвик Кук обещали китайскому правительству двумя годами ранее. Нужно быть слепым, чтобы не видеть, что шаги по лишению страны запасов нефти на Аляске были начаты в 1994 году. В 1996 году, после "кофе" в Белом доме, президент Клинтон предоставил крупным нефтяным компаниям, работающим в Китае и на Аляске, поразительную щедрость. Пресса должна была кричать об этой распродаже, но Дэн Рэтер, Питер Дженнингс и Том Брокау, не говоря уже о Ларри Кинге, молчали как могила об этом знаменательном событии. Тихо и без шума Клинтон отменил запрет на экспорт наших нефтяных запасов под дикой природой Аляски и сделал нефтяным гигантам бесплатный многомиллиардный подарок.

В то время как в 1996 году цены на нефть и топливо были на рекордно высоком уровне, Клинтон и его контролеры были заняты продажей США, попирая наши права в обмен на крупные денежные взносы в фонд его перевыборной кампании.

В преддверии этой национальной катастрофы - но он не называл ее так - Томми Боггс написал памятку для своих клиентов, в которой предсказывал, что он добьется от Конгресса снятия запрета на экспорт нефти с Аляски.104

Но это был не единственный шок, который получил американский народ; в последний день летней сессии Конгресса 1996 года Клинтон также подписал Федеральный закон об упрощении и справедливости в области нефти и газа. Как следует из названия, этот законопроект был разработан с целью ввести в заблуждение и стал еще одной формой крупномасштабного мошенничества. Часть "справедливости" не была направлена на благо американского народа. На самом деле, это законодательство было полным предательством американского народа со стороны администрации Клинтона. Другими словами, законодательство предполагало быструю и свободную игру с ценой на нефть, за которую компании должны были платить роялти федеральному правительству.

Это массовое, санкционированное правительством обдирание американского народа дало нефтяным компаниям миллиарды долларов совершенно бесплатно. Этот закон - одно из самых дерзких дневных ограблений, когда-либо совершенных нефтяной промышленностью. И на протяжении всей этой грандиозной кражи шакалы СМИ - как печатных, так и электронных - хранили гробовое молчание.

Здесь в дело вступает Тони Ноулз, губернатор Аляски. Не будем забывать, что ARCO сделала 352 000 долларов в виде взносов во время выборов 1996 года. В 1994 году Ноулз получил 32 000 долларов, и это способствовало его избранию первым губернатором-демократом Аляски, возможно, также первым губернатором спящего штата в Белом доме - все это часть глобального заговора по обворовыванию американского народа.

ГЛАВА 19

Ливийская нефть и взрыв самолета Pan Am

Это не конец истории о том, как "Большая нефть" отбирает нефть у Аляски. Скорее, это первая глава в продолжающейся саге, которая закончится тем, что американский народ окажется в проигрыше, а Китай и нефтяной картель уйдут с миллиардами долларов незаконной добычи.

Следующая глава нашей саги о нефтяной промышленности происходит в Ливии, поскольку бесстрашные члены картеля, которые никогда не спят и всегда в движении, их девиз - "Мы боремся за нефть", давно считали ливийскую нефть благом, если только они смогут заполучить ее в свои руки. Ливийский лидер Муаммар Каддафи оказался более чем серьезным противником для нефтяных картелей, и поскольку все их усилия по его свержению не увенчались успехом, постоянно ищутся новые методы и возможности.

Они не могли отравить его; Каддафи всегда пробовал свою еду. Убийство было бы затруднено, потому что он всегда путешествовал только со своими доверенными охранниками, не давая взяток, и никогда не пользовался общественным транспортом. Затем, совершенно неожиданно, возможность представилась после взрыва рейса 103 авиакомпании Pan Am, который разбился над Локерби, Шотландия, убив всех 270 человек, находившихся на борту. При поддержке (как всегда) ЦРУ люди из картеля приступили к работе.

В своем стремлении вырвать контроль над ливийской нефтью у ее законных владельцев, люди из нефтяного картеля воспользовались возможностью обвинить Муаммара Каддафи в трагическом взрыве рейса 103 авиакомпании Pan Am. Преследуя свою цель, люди из нефтяного картеля легко убедили президента Рональда Рейгана в том, что ВВС США желательно и необходимо бомбить столицу Ливии Триполи. С этой целью американские бомбардировщики были запущены с баз в Великобритании, и они действительно бомбили Триполи, грубо нарушая Конституцию США, Закон о нейтралитете 1848 года, четыре Женевские конвенции и Гаагскую конвенцию о воздушных бомбардировках, которую подписали США. Такова сила нефтяного картеля, что это антиконституционное нападение на страну, которой США никогда не объявляли войну, страну, которая никогда не участвовала в доказанном военном акте против США, не было осуждено как незаконный акт, но было приветствовано американским народом, давно ставшим жертвой адской машины промывания мозгов Тавистокского института, и шакалами прессы. В результате нападения Каддафи потерял члена семьи, что пошатнуло его решимость сохранить независимость Ливии. Трагедия самолета Pan Am 103 никогда не будет полностью раскрыта, потому что огромная пропагандистская машина, находящаяся в распоряжении правительств США и Великобритании, гарантирует, что правда об этом преступлении против американского народа никогда не будет раскрыта. Стоит привести замечание Бенджамина Дизраэли в 1859 году, агента Лайонела Ротшильда:

> Все великие события искажены, большинство важных причин скрыты, некоторые из главных действующих лиц никогда не появляются, а все те, кто появляются, настолько неправильно поняты и искажены, что в результате получается полная мистификация. Если историю Англии когда-нибудь напишет человек, обладающий знаниями и мужеством, мир будет поражен.

Британское и американское правительства продемонстрировали свою необыкновенную способность уклоняться от ответа и запутывать ситуацию самым убедительным образом. Этот талант не нов, но он был значительно отточен сотрудниками Веллингтон Хаус, главным пропагандистом которого был Бернейс, родственник Ротшильдов. Эта великая пропагандистская фабрика была разработана в начале Первой мировой войны, чтобы противостоять отсутствию энтузиазма британского народа в войне против Германии.

История взрыва самолета Pan Am 103 началась 3 июля, когда аэробус авиакомпании Iran Airways, перевозивший 290 пассажиров, направлявшихся в хадж в Мекку, был сбит самолетом ВМС США Vincennes. Airbus, взлетевший из гражданского аэропорта Бандар-Аббас в Иране, только набрал крейсерскую высоту, когда в него попала ракета Aegis, выпущенная с корабля ВМС США Vincennes. Аэробус разбился, погибли все находившиеся на борту. Знал ли экипаж "Винсенса", что его целью был гражданский авиалайнер? Все без исключения лица, с которыми проводились консультации по поводу нападения, подтвердили, что Airbus нельзя было принять ни за что другое, кроме как за гражданский авиалайнер. Возмущенный Хомейни сохранял относительное спокойствие, но он тайно приказал главе Пасдарана (секретной службы) выбрать четыре американские авиакомпании для атаки возмездия. Глава "Пасдарана" доложил Али Акбару Мохташеми, что тот выбрал в качестве цели авиакомпанию Pan American Airways.

План был представлен Мохташеми в Тегеране 9 июля 1988 года и одобрен им для немедленных действий. Затем она была передана бывшему офицеру сирийской армии, полковнику Ахмеду Джабрилю, который командовал Народным фронтом освобождения Палестины (НФОП) со штаб-квартирой в Дамаске под покровительством покойного президента Хафеза аль-Асада.

Решение было принято, когда Джабриль выбрал в качестве мишени рейс 103 авиакомпании Pan Am, вылетавший из Франкфурта, Германия, с остановкой в Лондоне - конечным пунктом назначения был Нью-Йорк. Хотя Великобритания и США позже отрицали это, сам Джибриль утверждал, что ему заплатили 10 миллионов долларов за выполнение его миссии, а некоторые сообщения утверждали, что ЦРУ действительно отследило перевод 10 миллионов долларов на пронумерованный швейцарский счет Джибриля.

Опыт Джибриля не вызывает сомнений: он был известен как мастер-подрывник, осуществивший серию взрывов британских, швейцарских и американских самолетов с 1970 года. Более того, Джибриль очень гордился своими выключателями для бомб, на которых стояла его собственная марка и способ активации, что, по мнению экспертов разведки, делало его "работу" неоспоримой.

Два гражданина Ливии, Абдель Бассет Али аль-Меграхи и Ламен Халифа Фхима, были обвинены во взрыве, хотя они не имели опыта в изготовлении бомб и не располагали оборудованием для создания такой сложной бомбы. Никогда не было никаких положительных доказательств, никаких улик, которые могли бы связать бомбу и падение самолета Pan Am 103 с этими двумя обвиняемыми. Напротив, имелось достаточно доказательств того, что взрыв был делом рук Джибриля и НФОП. Было точно установлено, что команда Джибриля состояла из экспертов по изготовлению бомб, Хафеза Кассема Далкамони и Абделя Фаттаха Гаданфара, которые жили во Франкфурте, Германия. 13 октября к Далкамони присоединился еще один эксперт по изготовлению бомб, некто Марван Абдель Хрисат, чья резиденция находилась в Аммане, Иордания. Хрисат был известен среди сирийских офицеров и НФОП как лучший "эксперт по взрывчатке". Более того, Хрисат недавно начал работать на обе стороны - он также был информатором немецкой разведки, ВКА. В 1994 году я опубликовал полную историю под названием "PANAM 103, смертельный след обмана".

Против Ливии была развернута международная кампания клеветы и очернения за ее ответственность за бомбардировку. Никакой фактической основы, кроме имен двух ливийцев, обвиняемых в преступлении, так и не было предоставлено. Когда Ливия отказалась передать "обвиняемых" шотландскому суду, был введен международный бойкот против продажи ливийской нефти, сопровождавшийся словесной войной против Ливии, подобной которой не было со времен Второй мировой войны.

Как уже упоминалось ранее, впечатлительного президента Рейгана легко убедили согласиться на бомбардировочный налет на Триполи. Все ливийские активы в иностранных банках, где они могли находиться, были заморожены. Фактически против страны была развязана тотальная война. Ливийский гражданский самолет, направлявшийся в Триполи из Судана, был сбит "неизвестными силами" при ошибочном предположении, что на борту находился Каддафи. Вся торговля между Ливией и Западом была прервана.

Ливию ложно обвинили в производстве "оружия массового поражения" и включили в список официальных спонсоров международного терроризма Госдепартамента. Между тем, международная волна требований к Ливии передать двух "подозреваемых" Великобритании или Шотландии сохранялась и становилась все более интенсивной. Дикие и необоснованные обвинения в адрес Ливии звучат со всех сторон. Тем временем Ливия продолжала продавать нефть в Западную Европу и Россию, но некоторые страны, такие как Франция и Италия, начали возмущаться ограничениями и в частном порядке вели переговоры о прекращении бойкота. Но Британия и Соединенные Штаты ничего не могут с этим поделать, и Робин Кук (министр иностранных дел Великобритании) сообщает министрам ЕС, что Каддафи согласился передать двух "подозреваемых" при условии, что их будут судить в шотландском суде - заявление, которое Каддафи сначала назвал "ложью". Россия начала увеличивать закупки ливийской нефти, и Великобритания и США осознали, что бойкот не будет эффективным в течение длительного времени.

Группа американских переговорщиков отправилась в Триполи, чтобы заключить с Каддафи сделку, которая позволила бы двум великим державам сохранить лицо, а Ливии - снять с себя ответственность, одновременно выполняя требования о передаче двух "подозреваемых" шотландскому суду на нейтральной территории. Это удовлетворило бы мусульманский закон о том, что ливийские граждане никогда не выдаются для суда в иностранные государства, обвиняющие их в преступлении, что является решением, которого можно ожидать от коварных умов.

Шотландский трибунал" заседал в лагере Зейст, Голландия, так как Голландия не входила в число стран, обвиняющих двух ливийцев. Это решило вопрос о мусульманском праве. Лагерь Зейст был объявлен "шотландской территорией" в ходе магического шоу, которым мог бы гордиться Лас-Вегас. Затем двое "подозреваемых" "добровольно" согласились предстать перед судом, и была назначена дата начала судебного разбирательства в отношении них.

Почему юрисдикция была шотландской? Ответ заключается в том, что помимо того, что причина иска возникла в Шотландии, шотландское законодательство допускает третий специальный вердикт - "не доказано", который находится между виной и невиновностью. Каддафи заверили, что доказательств, представленных обвинением, будет недостаточно для осуждения ливийцев. Таким образом, пока "правосудие" будет считаться свершившимся, ливийцы будут свободны. Но обещание не было выполнено.

Таков был контекст судебного разбирательства, которое началось с шумихи. Доводы прокурора против аль-Меграхи и Халифы были слабыми. Адвокат дождался начала судебного заседания, чтобы объявить свою защиту. Они собирались представить доказательства того, что Джабриль и НФОП совершили нападение, и вызвать 32 свидетеля в поддержку своей защиты. Эксперты, с которыми я разговаривал, придерживались мнения, что если выяснится, что свидетели НФОП действительно собираются выступить, то судебный процесс будет остановлен на основании "не доказано". Меньше всего Великобритания и США хотели, чтобы все факты были раскрыты в открытом суде. В обмен на его "сотрудничество" Каддафи гарантировали, что бойкот против Ливии будет снят и кран на ливийскую сырую нефть будет снова открыт.

Главными бенефициарами, конечно же, станут члены нефтяного картеля. Настоящему злодею, ответственному за чудовищное преступление Pan Am, так и не было предъявлено обвинение. А как насчет корабля ВМС США "Винсеннес" и уничтоженного им иранского аэробуса? Это тоже было частью сделки, заключенной теневым правительством. Официально было заявлено, что экипаж судна Vincennes ошибочно полагал, что его атакует военный самолет.

В выигрыше оказался лишь нефтяной картель, который почти сразу же начал получать огромные прибыли от продажи ливийской нефти. Что касается родственников тех, кто погиб от рук НФОП Джабриля, то они не получили решения, которого добивались двенадцать лет, хотя официальный вердикт признал двух невинных людей виновными в чудовищном нападении.

Следует добавить еще одно примечание, а именно роль, которую сыграли Джордж Буш и Маргарет Тэтчер в обеспечении прикрытия для любого полного расследования взрыва самолета Pan Am 103, которое может потребоваться позже. Член парламента Шотландии Том Далиелл заявил Палате представителей, что

> "Британские и американские власти не заинтересованы в выяснении правды, потому что это доставит им неудобства".

Дейлилл - член парламента, который в одиночку преследовал Тэтчер за ее преступное деяние - приказ британской подводной лодке торпедировать и потопить аргентинский круизный лайнер "Бельграно" в международных водах, что было явным нарушением Женевской конвенции.

Из-за настойчивости Дейлиэлла Тэтчер потеряла доверие своих контролеров и была вынуждена с позором покинуть свой пост и преждевременно уйти из общественной жизни. Несомненно, два человека, которые больше всего пострадают, если правда станет известна, - это Джордж Буш и Маргарет Тэтчер. Затем на границе Кувейта и Ирака был устроен терроризм иного рода. Коррумпированный диктаторский режим Аль-Сабаха одержал великий триумф, убедив Джорджа Буша приказать цивилизованной христианской нации по доверенности снова обрушить крылатые ракеты на уже страдающий Ирак в качестве коллективного наказания за предполагаемое покушение на Буша-старшего. Не все принимают на веру слова безжалостных диктаторов Аль-Сабаха о том, что предполагаемый заговор по убийству Буша был подлинным. Многие страны выразили серьезные сомнения в обоснованности притязаний Аль-Сабаха. Вот что сообщил источник в разведке:

> ... Доказательства", якобы имеющиеся у Аль Сабахов, были бы отвергнуты любым американским или британским судом. Доказательства" настолько подтасованы, что неудивительно, что правительство США не осмеливается раскрыть их на открытом форуме. Это дело (предполагаемое покушение на жизнь Джорджа Буша со стороны иракских граждан) настолько сфальсифицировано и скандально, что остается только удивляться глубине разврата, до которой опустились США. Если бы существовали независимые сенаторы, они должны были потребовать, чтобы Клинтон представил им свои доказательства на открытом заседании комитета, но, конечно же, у Клинтона нет доказательств, которые могли бы выдержать проверку в

открытом суде со свидетелями под присягой, поэтому сенаторы смогли уклониться от выполнения своих обязанностей.

Наблюдатель, присутствовавший на суде, сказал:

> Иракцы, которым были предъявлены обвинения, были обычными контрабандистами, не имевшими опыта работы с разведданными или взрывчатыми веществами. Трудно было бы найти более маловероятную группу - не таких людей наняло бы иракское правительство, если бы хотело убить Джорджа Буша. Грузовик, якобы содержавший взрывчатку, на самом деле был заполнен контрабандой и "найден" в нескольких милях от Кувейтского университета - места, куда "агенты иракской разведки" должны были отправиться для осуществления "заговора" по убийству Джорджа Буша.

Дело против двух иракских контрабандистов настолько полно дыр, настолько окутано двойными разговорами, запутыванием и сфабрикованными "доказательствами", что оно могло бы стать хорошим сюжетом для комедии Лорела и Харди, если бы не было настолько трагичным. Американские следователи допросили двух мужчин, которые признались в попытке совершить нападение на Джорджа Буша, но к любым признаниям, полученным, когда обвиняемые находились в руках Аль-Сабахов, следует относиться с максимальным скептицизмом. Кувейт имеет печально известную историю пыток, самосудов, ненависти к иностранцам - особенно к иракцам - умной пропаганды и откровенной лжи. Семья Аль Сабах является такой же жестокой, мстительной, диктаторской и варварской, как и любая другая в современном мире. Их словам нельзя доверять. Весь этот эпизод попахивает поспешно и неуклюже поставленным трюком, чтобы создать впечатление, что Бушу угрожает опасность.

В любом случае, давайте на мгновение предположим, что потенциальные неумелые террористы прибыли в Кувейт с намерением убить Джорджа Буша. Почему же тогда Ирак не предстал перед Организацией Объединенных Наций или

Международным судом в Гааге?

Если Буш и Аль Сабах так хотели обернуть свои действия в мантию Организации Объединенных Наций, почему США и Кувейт не обратились в Гаагу и Совет Безопасности ООН, чтобы представить свою позицию? США не должны были участвовать в этой жестокой шараде. На "суде" над этими двумя несчастными удобными козлами отпущения не было представлено ни малейшего проверяемого доказательства. Все это было позором, политическим актом, не имеющим ничего общего с судебным наказанием за преступление.

Сейчас США начали наказывать любую страну, которая осмеливается с ними не соглашаться, и мы действуем на основании сомнительной предпосылки, что сила в праве. Мы становимся хулиганом номер один в мире. Общеизвестно, что магнаты нефтяного картеля заплатили ряду стран крупные суммы денег за участие в незаконной войне против Ирака. Страны, получившие взятку, были перечислены в отчетах, включая выплаченные суммы.

Один из этих отчетов касался сделки Аль Сабаха с известным рекламным агентством Hill and Knowlton, за которую оно получило сумму в 10 миллионов долларов, чтобы убедить американский народ в необходимости спасения диктаторов Аль Сабаха.

Именно благодаря хорошо подготовленной и отрепетированной лжи Найиры Аль Сабах перед комитетом Сената Хилл и Ноултон продали Америке свое извращенное дело при поддержке обслуживаемых проституток из контролируемых СМИ. Затем очень надежный источник, лондонская газета *Financial Times*, подтвердила обвинения, выдвинутые против диктаторов Аль-Сабаха и их американских приспешников в 1990 и 1991 годах. По данным *Financial Times* от 7 июля, Аль Сабахи использовали Кувейтский инвестиционный офис (КИО) в Лондоне для распределения денег среди стран, готовых получить взятку за защиту Кувейта в войне в Персидском заливе. *Financial Times* сообщила, что "300 млн. долларов были использованы в ООН для покупки голосов за Кувейт", о чем сообщалось в разгар лихорадки войны в Персидском заливе. "Это (голоса ООН) обеспечило правовую основу для освобождения Кувейта многонациональными силами".

Газета "Аль-Сабах", пойманная с поличным, предприняла яростную контратаку против статьи *"Файнэншл Таймс"*. Министр финансов Насер Абдулла аль-Родхан сказал:

> Кувейт никогда не прибегал к этим средствам, ни в прошлом, ни сегодня. Обвинения были направлены на то, чтобы очернить имидж страны и ее право на восстановление суверенитета после вторжения Ирака в 1990 году.

Министр финансов заявил, что 300 миллионов долларов были украдены у Организации культурной индустрии и что преступники просто пытаются замести следы, обвиняя Кувейт в покупке голосов. Ответственные комитеты Сената были обязаны расследовать эти обвинения и еще больше обязаны выяснить, почему Соединенные Штаты пошли на поводу у деспотов в Кувейте и дважды сбросили крылатые ракеты на Багдад, когда у нас не было ни конституционного, ни юридического, ни морального права предпринимать такие действия. Абсолютно необходимо, даже в этот поздний час, чтобы правда о Кувейте и Ираке была представлена американскому народу, чему нефтяные магнаты намерены воспрепятствовать. Они перевернут небо и землю, чтобы защитить диктаторов Аль-Сабаха, и будут продолжать лгать об Ираке столько, сколько потребуется. Решение проблемы находится в руках нас, народа. То, как Конгресс готов склониться перед диктаторами Аль-Сабаха, не что иное, как национальный позор.

ГЛАВА 20

История, которую нужно рассказать

История Венесуэлы заслуживает того, чтобы о ней рассказали, поскольку это страна, где дисбаланс между крайней бедностью и крайним богатством проявляется более явно, чем обычно. Венесуэла всегда бессовестно эксплуатировалась и высасывалась нефтяным картелем, не принося никакой пользы ни стране, ни ее народу. Такова была ситуация, когда в 1998 году бедные слои населения были объединены бывшим десантником Уго Чавесом и были призваны прийти на избирательные участки в рекордном количестве. Чавес был избран президентом в результате убедительной победы, которая потрясла хозяев нефтяного картеля.

Придя к власти, Чавес не терял времени на выполнение своих предвыборных обещаний. Венесуэльский Конгресс, который в течение 30 лет находился в карманах нефтяных баронов, был распущен. Чавес осудил США как врага бедных слоев населения страны. Новый президент ввел закон об углеводородах, очень похожий на закон, принятый мексиканским патриотом, президентом Каррансой, который отобрал контроль над нефтяной промышленностью у нефтяного картеля и передал его в руки народа Венесуэлы.

Затем Чавес ударил нефтяной картель по самому больному месту - по кошельку, введя 50-процентное увеличение роялти, которые должны платить иностранные нефтяные компании. В государственной компании Petroleos de Venezuela произошли перестановки, в результате которых большинство проамериканских бизнесменов остались без работы. Это был удар по США и, более того, по всему миру.

Венесуэла не является мелким игроком в нефтяной промышленности. В 2004 году она была четвертым по величине экспортером нефти в мире и третьим по величине поставщиком сырой нефти в США. В компании Petroleos de Venezuela работает 45 000 человек, а ее годовой оборот составляет 50 миллиардов долларов. Бывший десантник с громовым голосом смело взобрался в седло дикого коня. Главный вопрос заключался в том, сколько времени пройдет, прежде чем магнаты нефтяного картеля сместят его. Взяв под контроль эту крупную промышленность, Чавес внезапно утвердился на мировой арене как человек, с которым нужно считаться, скорее как доктор Моссадег.

Маракайбо - центр власти Чавеса. Нефтяники решительно поддержали его и, хотя им не хватало денег, имели большинство на выборах. Как и огромный нефтяной гейзер, вырвавшийся из земли 14 декабря 1922 года (сто тысяч баррелей в день выливались в воздух в течение трех дней, прежде чем их удалось сдержать), нефтяников необходимо организовать и контролировать. Чавесу придется проделать большую работу, чтобы остановить нефть.

За следующие сорок лет Венесуэла превратилась из бедной и нищей южноамериканской страны в одну из самых богатых стран континента. Нефтяное эмбарго ОПЕК утроило государственный бюджет Венесуэлы, привлекая внимание хищных акул, которые бороздят ее международные воды. Агенты нефтяного картеля убедили страну перерасходовать средства. Международный валютный фонд (МВФ) наводнил правительство Венесуэлы огромными кредитами.

Сцена была создана для экономического саботажа, и он произошел с обвалом мировых цен на сырую нефть. Венесуэле предстояло узнать, что приятные мужчины в деловых костюмах с портфелями с надписью "МВФ" также носят острые кинжалы. В Венесуэле были введены самые невозможные меры жесткой экономии. В результате бедным пришлось выплачивать кредиты, а доход на душу населения в стране упал почти на 40%.

Создавалась классическая модель поглощения нефтяного картеля. Обида и гнев росли бок о бок, пока давление не стало невозможно сдерживать. Начались беспорядки, в которых погибло более двухсот тысяч человек. Сильнее всего пострадал формирующийся средний класс, и в течение следующих двух лет большинство людей оказались в нищете. Удивительно, но Чавес удержался у власти. Проведут ли США еще одну операцию типа "Кермит Рузвельт" или страна будет просто захвачена американскими военными наемниками? Но пока нефтяной картель взвешивал свои возможности, вмешалось 11 сентября. Венесуэле пришлось подождать. Но ждать пришлось недолго. Первые выстрелы были сделаны газетой *New York Times*, которая изобразила Чавеса как врага свободы. Американские комментаторы предсказывали массовые рабочие волнения, которые приведут к падению Чавеса. Любой стоящий аналитик мог видеть, что иранская модель применяется к Венесуэле; более того, Вашингтон, похоже, не был склонен скрывать это.

Как и в случае с генералом Гюйзером в Тегеране, американские агитаторы призывали нефтяников к забастовке, и те бастовали. Газета *"Нью-Йорк Таймс"* с трудом сдерживала свое ликование. Кричащие заголовки заявляли:

> Сотни тысяч венесуэльцев вышли сегодня на улицы, заявив о своей приверженности общенациональной забастовке, которая продолжается уже 28-й день, чтобы заставить президента Уго Чавеса уйти от власти. В последние дни забастовка зашла в тупик, и г-н Чавес использует не участвующих в забастовке работников, чтобы попытаться нормализовать работу государственной нефтяной компании. Его противники, возглавляемые группой лидеров бизнеса и профсоюзов, говорят, что их забастовка приведет компанию, а значит и правительство Чавеса, к краху.

Если наложить план Кермита Рузвельта, ЦРУ и генерала Гюйзера (человека, свергнувшего шаха) на ситуацию в Каракасе, то он идеально впишется в нее. Подготовленные США провокаторы были на работе. Но на этот раз это был не Кермит Рузвельт, а Отто Дж. Райх, ветеран-бездельник с большим опытом разжигания революций в Гватемале, Эквадоре, Филиппинах, Южной Африке, Чили, Никарагуа, Панаме и Перу. В Вашингтоне администрация Буша подняла бокалы с шампанским в честь успеха Райха в Венесуэле. Но их торжество было недолгим. Сплотив своих самых горячих сторонников среди нефтяников, Уго Чавес, бывший десантник, сумел удержать военных на своей стороне. Все попытки Райха настроить офицерский корпус против своего президента провалились. Райху пришлось вернуться с хвостом между ног и срочно вылететь в Вашингтон.

Семьдесят два часа спустя президент Чавес взял под твердый контроль свое правительство и немедленно приступил к ликвидации предателей и наемников агента Отто Рейха. Руководители нефтяных компаний, преждевременно переметнувшиеся на другую сторону, были изгнаны из страны вместе с горсткой нелояльных армейских офицеров. Двое из руководителей переворота, признавшие свое пособничество Райху и его вашингтонским боссам, были приговорены к двадцати годам тюремного заключения. В этот раз ЦРУ пришлось уйти с синяком под глазом.

В другой стране, подвергшейся нападению магнатов нефтяного картеля, Иран вступил в схватку с наследниками иллюминатов. Их тщательно разработанные планы увенчались очевидным успехом с приходом к власти лидера фундаменталистов аятоллы Хомейни и должны были послужить моделью для будущих нападений на другие выбранные национальные государства с желанными природными ресурсами.

В этой книге мы рассмотрим, кто были заговорщики, каковы

были их мотивы и что они получили, уничтожив шаха и поставив на его место фанатичного фундаменталиста. Я попытаюсь раскрыть тайну того, как Иран вернулся в темные века, из которых он так упорно пытался выйти под руководством шаха, основываясь на модернизации своей нефтяной промышленности.

Заговорщики являются наследниками тайного ордена XVIII века, план которого был составлен Адамом Вейсхауптом и его орденом иллюминатов - "Иллюминатами". Список видных деятелей нефтяного картеля, являющихся членами Иллюминатов, никогда не обнародовался, но все указывает на то, что это значительное число. Здесь мы ограничимся кратким рассказом об Иллюминатах.

Цель иллюминизма - установить единое мировое правительство, свергнув существующий порядок и уничтожив все религии, особенно христианство. Он призывает к новому мировому порядку, "Novus Seclorum", напечатанному на обратной стороне банкнот Федеральной резервной системы США в 1 доллар. Она призывает вернуть человека в темные века, в феодальную систему, где абсолютный контроль осуществляется над каждым человеком в мире. Такая система была опробована в Советском Союзе, управляемом феодалами из коммунистической партии, и была почти повторена США, Великобританией и СССР, прежде чем рухнула, поскольку была признана неработоспособной. Именно против этой системы предостерегал Джордж Оруэлл.

Заговорщики известны под разными именами: венецианская черная аристократия, аристократы и королевские семьи, Совет по международным отношениям, Фонд Чини, Фонди и т.д. Старые семьи осуществляли абсолютную власть на протяжении последних пяти веков, будь то в Европе, Мексике, Великобритании, Германии или Соединенных Штатах. В Советском Союзе старые семьи ("раскольники") были свергнуты и заменены новым набором гораздо более репрессивных аристократов. План состоит в том, чтобы все нации оказались под руководством "Комитета 300".

Большинство представителей старой европейской аристократии исповедуют христианство как свою веру, но в действительности они не верят в него и не практикуют его принципы. Напротив, большинство из них являются служителями культов. Они не верят, что Бог действительно существует. Они считают, что религия - это лишь инструмент, который можно использовать для манипулирования массами обычных людей и тем самым поддерживать свой контроль над населением.

Карлу Марксу ошибочно приписывают слова о том, что религия - это опиум для масс. Но эта доктрина была сформулирована и соблюдалась на сотни лет раньше, королевскими семьями, которые регулярно посещали христианскую церковь с внешней помпой и церемониями, задолго до того, как Марксу было позволено скопировать план Вайсхаупта и объявить его своим собственным.

Одним из древнейших культов, которому пристально следуют Черные дворяне, является культ Диониса, который учит, что определенные люди помещены на Землю как абсолютные правители планеты, и что все природные богатства и ресурсы Земли принадлежат им. Эта вера укоренилась около 4000 лет назад, и тогда, как и сейчас, ее последователей называют олимпийцами.

Олимпийцы входят в состав Комитета 300. Увековечивание рода и царствование - первая статья веры олимпийцев. Они убеждены в нехватке природных ресурсов, особенно нефти, которая находится в их исключительной собственности. Они утверждают, что нефтяные ресурсы слишком быстро потребляются и истощаются быстро растущим населением "бесполезных едоков", людей, не представляющих ценности. Олимпийцы отличаются от Вайсхаупта тем, что если Вайсхаупт хотел создать формализованную группу, Novus Seclorum, тело, которое будет открыто править землей, то олимпийцы остановились на свободной организации, которую трудно идентифицировать.

Сегодняшние олимпийцы продолжают дело Вайсхаупта, и называются они по-разному: Римский клуб, коммунисты, сионисты, масоны, Совет по международным отношениям, Королевский институт международных отношений, Круглый стол, Группа Милнера, Трехсторонняя группа, Бильдербергская группа, Общество Мон Пелерин - и это лишь некоторые из основных. Существует множество других взаимосвязанных и перекрывающих друг друга заговорщицких структур. Избранные члены образуют Комитет 300 с коронованными главами Европы. Все эти организации объединяет одна общая черта - контроль над всеми природными ресурсами, в списке которых важное место занимает нефть.

Римский клуб - это главная внешнеполитическая организация, контролирующая все другие заговорщические структуры в мире.

Промывание мозгов целых народов - это специализация Тавистокского института, использующего методы, разработанные бригадным генералом Джоном Роулингсом Ризом в 1925 году и применяемые по сей день в 2008 году. Именно одному из стажеров Риза удалось заставить американский народ поверить в то, что маленький, малоизвестный политик из Джорджии Джеймс Эрл Картер сможет возглавить самую могущественную страну в мире. Считалось, что Картер станет орудием нефтяных компаний.

Именно решение шаха освободить свою страну от удушения, которое британские и американские империалистические нефтяные компании, возглавляемые видными членами иллюминатов, имели в Иране, привело к его падению - как в случае с доктором Вервурдом в Южной Африке и генералом Сомосой в Никарагуа.

Как подробно описано в этой книге, шах заключил отдельную нефтяную сделку с итальянской компанией ENI через ее председателя Энрико Маттеи. Он сделал это, несмотря на британский приказ иметь дело только с Philbro, гигантским конгломератом, и British Petroleum, которые являются частью того, что Маттеи называл "семью сестрами" нефтяных компаний. Шах также приступил к реализации ядерной энергетической программы стоимостью 90 миллиардов долларов, вопреки приказам британских и американских нефтяных иллюминатов не делать этого. Аверелл Гарриман, декан дипломатического корпуса, отправляется в Тегеран, чтобы передать шаху личное послание из Вашингтона: "Держись линии, или ты будешь следующим". Среди бунтовщиков на улицах Тегерана был мулла по имени Аятолла Хомейни, но на этот раз он восстал против шаха, а не от своего имени. Чтобы убедиться, что шах получил сигнал, Ричард Коттам, профессор Питтсбургского университета, организует забастовку учителей в Тегеране. Таким образом, Соединенные Штаты вмешались в суверенные дела Ирана, грубо нарушив Конституцию США и международное право, и все это во имя власти "лидеров иллюминатов" нефтяного картеля.

В ответ на это предательство со стороны американской имперской власти шах позвонил Кеннеди и был приглашен в Белый дом в 1962 году. Между Кеннеди и шахом было достигнуто соглашение. Иран прекратит независимые переговоры с такими компаниями, как ENI, и будет работать только с BP и Philbro; взамен шаху будет позволено уволить премьер-министра Амини.

Но по возвращении в Тегеран шах не выполнил свою часть соглашения. Он уволил Амини и продолжил работать с ENI, одновременно активно ища нефтяные сделки с несколькими другими странами. Взбешенный тем, что его обманули, Кеннеди привлек генерала Бахтияра, находившегося в то время в изгнании в Женеве. Бахтияр прибыл в Вашингтон в 1962 году и направился прямо в Белый дом.

Вскоре после этого в Тегеране вспыхнули серьезные беспорядки, в ходе которых шах осудил феодалов, которые хотели вернуть Иран в темные века светского государства. В общей сложности в результате беспорядков, разжигаемых

Бахтияром и США, погибло около 5 000 человек. Но в 1970 году удача Бахтияра закончилась: он подошел слишком близко к границе с Ираком и был застрелен снайпером.

Мировая пресса объявила это "несчастным случаем на охоте", прикрытием деятельности Бахтияра против шаха, который в своих мемуарах "В ответ на историю" писал:

"Я не знал этого в то время, возможно, я не хотел этого знать - но теперь мне ясно, что американцы хотели, чтобы я ушел. Что мне было делать с внезапным назначением Болла в Белый дом на должность советника по Ирану? Я знал, что Балла не был другом Ирана. Я понял, что Болл работает над специальным репортажем об Иране. Но никто никогда не информировал меня о том, какие области должен был охватить отчет, не говоря уже о его выводах. Я прочитал их несколько месяцев спустя, когда был в изгнании, и мои худшие опасения подтвердились. Болл был одним из тех американцев, которые хотели бросить меня и, в конечном счете, мою страну. "

Шах слишком поздно понял, что любой, кто дружит с Америкой, обречен на предательство, как показывают примеры Вьетнама, Кореи, Зимбабве (Родезии), Анголы, Филиппин, Никарагуа, Аргентины, Южной Африки, Югославии и Ирака. В этот момент необходимо еще раз упомянуть имя американского генерала Гюйзера. С 4 января по 4 февраля 1972 года генерал Гюйзер находился в Тегеране. Что он там делал? Его роль так и не была объяснена ни самим генералом, ни кем-либо еще в правительстве, но позже выяснилось, что он работал с ЦРУ для проведения операции по "срыву". Иранская армия была лишена своего главнокомандующего, шаха, и, таким образом, осталась без лидера, а Гюйзер заполнил пустоту, сыграв роль Иуды.

Он уговорил шаха уехать из Тегерана на "каникулы", что, по его мнению, поможет охладить пыл толпы. Шах принял, как ему казалось, дружеский совет и уехал в Египет. Именно в это время генерал Гюйзер ежедневно общался с иранскими генералами. Он сказал им, что они не должны нападать на бунтовщиков, иначе США прекратят военные поставки, запчасти и боеприпасы. В свое время Вашингтон отдаст приказ через шаха атаковать бунтовщиков, сказал Гюйзер. Но этот приказ так и не поступил.

350-тысячная армия Ирана была фактически отброшена в сторону, а человеком, совершившим этот удивительный подвиг, был генерал Гюйзер, которого так и не призвали к ответу, даже Сенат США. Когда президент Рейган пришел в Белый дом в последующие годы, он искренне хотел разобраться в иранской истории; он мог бы приказать генералу Гюйзеру предстать перед комитетом Сената, чтобы объяснить свою роль. Но президент Рейган ничего не сделал. За кулисами кукловод Джеймс Бейкер III из компании Baker and Botts дергал за ниточки. Эта старая хьюстонская юридическая фирма занималась "защитой" интересов своих влиятельных клиентов - нефтяных компаний в Иране.

Джеймсу Бейкеру III предстояло сыграть решающую роль в подготовке к войне в Персидском заливе 1991 года. В 1990 году Джеймс Бейкер III сообщил миру, почему США жаждут иракской и иранской нефти:

> Экономическая линия жизни индустриального мира проходит через Персидский залив, и мы не можем позволить такому диктатору, как этот (Саддам Хусейн), сидеть на этой линии. Если свести это к уровню среднего американского гражданина, я бы сказал, что это означает рабочие места. Если подвести итог одним словом, то это - работа.

Конституция США гласит, что США не могут вмешиваться в дела суверенного государства, но компания Baker and Botts в лице Джеймса Бейкера III считает, что она не обязана подчиняться Конституции. Шах вставал на пути крупных нефтяных компаний, и ему нельзя было позволить "сидеть сложа руки" на этом "экономическом спасательном круге".

Не меньшую тревогу вызывает и роль, которую сыграла

администрация Картера в свержении шаха. Президент Картер заранее знал, что посольство США будет взято штурмом, если шах будет допущен в США, но он ничего не сделал, чтобы защитить посольство от нападения. На самом деле, после возвращения Хомейни в Иран, США переправляли оружие и запчасти в Иран по воздуху, используя грузовые самолеты "Геркулес" и 747 из Нью-Йорка с остановками для дозаправки на Азорских островах.

Позднее это признали представитель британского правительства, газеты *Wall Street Journal* и *Financial Times of London*. Они также раскрыли, что Дэвид Аарон из ЦРУ собрал команду из шестидесяти агентов, которые были отправлены в Иран в январе 1979 года, как раз когда генерал Гюйзер прибыл в Тегеран. Прежде всего, доверие шаха предал Аспенский институт, штаб-квартира Комитета 300 в Америке. Это льстило ему как современному лидеру, а если у шаха и была ахиллесова пята, так это его восприимчивость к лести. В результате лести Аспен пожертвовал институту несколько миллионов долларов. Аспен пообещал организовать в Иране симпозиум на тему "Иран, прошлое, настоящее и будущее". Аспен сдержал свое обещание, и симпозиум состоялся в Персеполисе, Иран. Это было торжественное мероприятие, так как шах и его супруга угостили трапезой всех собравшихся участников. Если бы шах был должным образом проинформирован, он бы немедленно выслал их. Но правдоискатели подвергаются наказанию; они не занимают престижные кафедры известных университетов.

Шах получил яркий словесный портрет своего просвещенного правления. Но за кулисами возникла совсем другая картина. Десять ведущих членов Римского клуба, включая его главу Аурелио Печчеи, присутствуют в Персеполисе.

Среди других известных людей были Сол Линовиц из юридической фирмы Coudet Brothers и человек, который позже подарил нам Панамский канал (член Комитета 300),

Харлан Кливленд и Роберт О. Андерсон. Оба они были видными членами Института Аспена.

Среди тех, кто знал о заговоре, были Чарльз Йост, Кэтрин Бейтсон, Ричард Гарднер, Тео Соммер, Джон Оукс и Дэниел Янкелович, человек, формирующий общественное мнение посредством проведения опросов. МИ-6 назвала это событие началом "реформы" Ближнего Востока.

ГЛАВА 21

Реформация и взгляд на историю

В двадцатом веке "реформа" проводится под эгидой американских англофилов - правящей элиты, в центре которой находилась основная группа в лице семейных династий Хэндисайд-Перкинс, Меллон, Делано, Астор, Морган, Стрейт, Рокфеллер, Браун, Гарриман и Морган, наживших несметные состояния на торговле опиумом с Китаем. Многие крупные нефтяные компании возникли именно на этой почве. Семья Бушей, начиная с Прескотта Буша, всегда служила сатрапом для кабалы.

Комитет 300", состоящий из американских империалистов и их прислужников из британской и американской кабалы, незадолго до Первой мировой войны решил, что нефть будет топливом для британского флота и торгового флота. Лорд "Джеки" Фишер был первым, кто признал, что бункерное топливо для Королевского флота должно производиться из сырой нефти, а не из угля, как я объяснил выше.

Когда Уинстон Черчилль стал первым лордом Адмиралтейства, он поручил МИ-6 разработать план захвата обширных нефтяных месторождений Месопотамии под прозрачным предлогом "предотвращения попадания таких огромных запасов нефти в руки Германии". После Первой мировой войны, когда удалось "обеспечить мир демократией", на заре 1919 года нефтяная империя, которая не стеснялась ответственности перед странами или народами, будучи, по сути, группой фашистских частных корпораций, управляющих миром, хотела получить полный и неоспоримый контроль над огромными запасами нефти Ближнего Востока и южной части Советского Союза. С этой целью "300" финансировали националистические движения, которые поднимались в Германии, Италии и Японии в надежде, что они вторгнутся в Россию и будут контролировать ее. Нефтяные руководители планировали нанести поражение правительствам Германии, Италии и Японии и взять под контроль нефтяные запасы Советского Союза. Круг Рокфеллера планировал получить контроль над нефтью Персидского залива от картеля British-Persian Oil и получить контроль над нефтью Юго-Восточной Азии от Royal Dutch Shell. В 1939 и 1940 годах немцы и итальянцы не напали на Россию, как планировала "большая тройка" (ярлык, созданный Тавистоком). Вместо этого гениальный немецкий генерал Ирвин Роммель двинул свою армию пустыни через Северную Африку, чтобы захватить Суэцкий канал и контролировать все поставки нефти через него. Роммель не собирался останавливаться в Суэце, а планировал продолжить путь в Персию и вытеснить британцев с персидско-месопотамских нефтяных месторождений. Тем временем, после неудачного нападения на Россию в 1939 году, японцы пронеслись по Юго-Восточной Азии и захватили все нефтяные активы Royal Dutch Shell. Но после поражения Японии в 1945 году большинство месторождений Royal Dutch перешло под контроль рокфеллеровской Standard Oil.

Гитлеровское верховное командование планировало захватить нефтяные месторождения Румынии и Баку до конца 1939 года, тем самым обеспечив Германии собственные источники нефти. Это было сделано. Затем блестящий генерал Ирвин Роммель, командуя армией в Северной Африке, должен был захватить персидские нефтяные месторождения в 1941 году и российские нефтяные месторождения в 1942 году. Только тогда у Гитлера будет достаточно топлива, чтобы обеспечить будущее Германии. Но менее чем через неделю после нападения на Перл-Харбор японцы убедили Гитлера объявить войну США. Это был стратегический ход, поскольку у Гитлера не было ресурсов и рабочей силы для войны с Соединенными Штатами.

Это также была худшая ошибка, которую он мог совершить, поскольку она дала Рузвельту повод вступить в войну на стороне союзников, как планировали Стимсон, Нокс и Рузвельт. Гитлер согласился только в том случае, если японцы нападут на Россию, поскольку немецкие войска сейчас увязли в России, и Гитлер получит стратегическое преимущество, если русские будут защищаться от Японии на своем восточном фланге. Когда японцы не нападают на Россию, немецкая армия отбрасывается назад с очень большими потерями и не имеет достаточных запасов топлива.

Румынских нефтяных месторождений в Плоешти было недостаточно для ведения Германией войны на два фронта, и немецкие военные усилия начали терпеть крах перед лицом ужасных бомбардировок жилья немецких рабочих, намеренно организованных Черчиллем и "Бомбардировщиком Харрис" RAF. Последней великой немецкой кампанией Второй мировой войны стала блестяще спланированная и проведенная "Битва за выступ", в которой фельдмаршал Герд фон Рундштедт должен был атаковать вторгшихся союзников своей бронетехникой, пересечь порт Антверпен и захватить склады горючего союзников. Это позволило бы остановить американские и британские войска и получить топливо, необходимое Германии для продолжения военных действий. Но генерал Эйзенхауэр приказал сжечь топливные склады союзников, и Германия была разгромлена массированными воздушными бомбардировками, ее истребители (включая новый двухмоторный истребитель) не могли взлететь из-за отсутствия топлива, а также длительным периодом плохой погоды.

Возвращаясь к России, в начале 1950-х годов Арманд Хаммер из Occidental Petroleum, рокфеллеровский сатрап, заключил сделку с российским лидером Иосифом Сталиным на покупку российской нефти, фактически украв ее у российского народа, как это произошло с "ЮКОСом" и планом Чикагской школы Уортона 2000 года по "приватизации" российской национальной собственности. Российская нефть продавалась на мировом рынке по гораздо более высокой цене, чем Сталин мог бы получить, продавая ее самостоятельно, поскольку немногие страны были готовы покупать нефть у Сталина.

Occidental Petroleum и русские построили два больших трубопровода от сибирских нефтяных месторождений в России по обе стороны Каспийского моря до бывшей британско-персидской - теперь Standard Oil - нефтяной фермы в Иране.

В течение следующих 45 лет Россия тайно отправляла свою нефть по этим трубопроводам, а Standard Oil продавала ее на мировом рынке по ценам West Texas Crude, выдавая ее за иранскую нефть. В течение почти пятидесяти лет большинство американцев пользовались газом, очищенным в России на нефтеперерабатывающих заводах компании Standard Oil в крупных морских портах, таких как Сан-Франциско, Хьюстон и Лос-Анджелес, куда поставлялась большая часть нефти из Персидского залива.

Больше трубопроводов было построено через Ирак и Турцию. Российская нефть теперь называлась арабской, иракской и ближневосточной нефтью ОПЕК и стала продаваться в виде квот ОПЕК, по еще более высокой цене "спотового рынка". Огромная афера, начатая Киссинджером с "нефтяного кризиса" 1972 года, теперь была полностью признана и принята.

Таким образом, в период с 1972 по 1979 год десятки миллионов обманутых американцев и европейцев внезапно столкнулись с дефицитом бензина и огромным ростом цен, который они безропотно приняли, не дрогнув. Это была одна из самых успешных крупномасштабных афер в истории, и она остается таковой по сей день. В 1979 году российские нефтяные интересы попытались обеспечить себе еще один короткий и безопасный маршрут трубопровода из России через соседний Афганистан. Но ЦРУ узнало о проекте и с нуля создало организацию, которую назвало "Талибан". Одним из ее лидеров был саудовец по имени Усама бен Ладен, семья которого долгое время поддерживала очень тесные связи с семьей Бушей.

Вооруженные ЦРУ, финансируемые Вашингтоном и обученные американскими спецподразделениями, талибы пошли в наступление на русских, которых американские журналисты называли "оккупантами". Талибы оказались грозными партизанами и помешали строительству трубопровода.

Но у всего этого была обратная сторона: талибы, которые являются очень строгими мусульманами, настаивали на прекращении торговли маком и героином из Великобритании и либеральных семей на восточном побережье США. Таким образом, с самого начала было запланировано устаревание талибов, которые, не будучи обманутыми, ухватились за все поставленное американцами оружие - и за большой запас американских долларов. Некоторые из их лидеров посетили США и были приняты в качестве почетных гостей на ранчо Буша в Техасе.

Когда к власти в Иране пришел новый контролируемый британцами режим Хомейни, американская нефтяная промышленность, проводящая империалистическую внешнюю политику правительства США, немедленно пригрозила конфисковать 7,9 миллиардов долларов иранских активов в американских банках и финансовых учреждениях. 27 января 1988 года газета *Wall Street Journal* сообщила о слиянии Standard Oil с British Petroleum.

На самом деле это была продажа Standard Oil компании British Petroleum, название новой объединенной компании - BP-America. *Wall Street Journal* не посчитал нужным упомянуть о беспокойстве по поводу хищнической глобальной маркетинговой практики компании Standard Oil, названной неверно, и не упомянул об империалистической политике Standard Oil. За последние 13 лет BP-America объединилась со всеми "мини-компаниями" бывшей Standard Oil, существовавшими до первоначального разделения правительством США в 1911 году, и теперь контролирует их.

Миллионы американцев даже не представляют, как их ввели в заблуждение, обманули ложью, попустительством, вероломством и мошенничеством. Они продолжают размахивать американским флагом и заявлять о своем патриотизме как замечательные хорошие, патриотичные, доверчивые граждане, которыми они и являются. Они никогда не узнают, как их обманули и обокрали. Теперь можно понять, как президент Джордж Буш мог снова завести нацию, которая всегда была готова слепо следовать за ним, в тупик в Ираке.

Борьба за выживание малых государств - это не просто борьба за выживание против безжалостного врага, который будет бомбить и уничтожать их гражданскую инфраструктуру, как это продемонстрировали США и их прокси, Израиль и Великобритания, в Ираке, Сербии и Ливане. Сегодня отчаянная борьба малых народов против США и Великобритании ведется за господство на всей земле. Только Россия стоит между империалистическими США и безопасностью всего мира. Это не борьба между отдельными государствами, а борьба против навязанного США Нового мирового порядка - мирового правительства.

Бен Ладен и Саддам Хусейн стали рупорами новых войн против империализма США, фактически новой и гораздо большей войны за нефть Каспийского моря, Ирака и Ирана, "неограниченной войны", обещанной г-ном Бушем без ропота со стороны Конгресса США или протеста против того, что то, что Буш предлагает, противоречит конституции. Под одобрительные кивки 600 законодательных голов Буш получил полномочия, на которые он не имел права по высшему закону страны -

Конституции США.

Возвращаясь к нефтяным махинациям на Дальнем Востоке:

В конце Второй мировой войны генерал Дуглас Макартур был назначен президентом Трумэном военным губернатором Японии. Роль Макартура заключалась в том, что он был помощником Лоуренса Рокфеллера, внука старого "Джона Д.". В течение последних шести месяцев войны велась подготовка к вторжению на Японские острова. Окинава была превращена в большую свалку боеприпасов. Некоторые летописцы, близкие к Макартуру, считают, что Трумэн поручил Лоуренсу Рокфеллеру передать вооружение Хо Ши Мину из Северного Вьетнама за символическую сумму в один доллар США в обмен на "сотрудничество и добрую волю" Хо. Если бы 55 000 солдат, которым предстояло погибнуть во Вьетнаме, могли только узнать об этой сделке, они бы подняли шум. Но, как и все великие заговоры, зловоние было тщательно скрыто под тоннами "дезодоранта" в виде "хороших отношений" с коммунистами на дипломатическом языке. В переводе это означало "получить в руки Рокфеллеров значительные нефтяные месторождения региона".

А как насчет Франции? Разве это не один из "союзников"? Разве Франция не была колониальной державой во Вьетнаме? Разве не забавно, что "наша сторона" - это всегда "союзники", а противостоящий блок - это темный, мерзкий, злой "режим".

На вопрос о том, почему Макартур остался в стороне и позволил Рокфеллеру предать погибших во время Второй мировой войны, существует мало ответов. Одним из тех, кто мог знать ответ на этот вопрос, был Герберт Гувер, который впоследствии стал президентом США. Он провел исследование, которое доказало, что некоторые из крупнейших нефтяных вилайетов находятся у берегов тогдашнего Французского Индокитая, в Южно-Китайском море. Похоже, что компания Standard Oil знала об этом ценном исследовании. Это было еще до того, как зародилось морское бурение, и, повторяя события 1920-х годов, человек по имени Джордж Герберт Уокер Буш станет генеральным директором глобальной компании по морскому бурению под названием Zapata Drilling Company.

По окончании Второй мировой войны в 1945 году Вьетнам все еще был оккупирован французами. Не было никаких признаков восстания со стороны вьетнамцев, которые, казалось, любили французов и даже переняли их язык и многие из их обычаев. Но все должно было измениться. Лоуренс Рокфеллер получил приказ передать Хо Ши Мину, вьетнамскому лидеру, большой запас оружия армии США, хранившийся на Окинаве. Таким образом, массивное, обширное и дорогое американское оружие было передано Хо Ши Мину в надежде, что Вьетнам вытеснит французов из Индокитая, чтобы Standard Oil могла захватить нетронутые морские месторождения.

В 1954 году вьетнамский генерал Гиап разгромил французов при Дьен Бьен Фу с помощью вооружения, поставленного армией США через Лоуренса Рокфеллера. Отчаянные мольбы французов об американской помощи остались без ответа. Знала ли администрация Трумэна об этом плане? Конечно, это так! Знает ли обманутый американский народ? Конечно, нет! К настоящему времени секретные сделки, заключаемые за закрытыми дверями, стали стандартной практикой для американского имперского правительства.

Однако империалистическая кабала у ворот Вашингтона не приняла во внимание непроницаемость Востока. Как раз в тот момент, когда рокфеллеровская клика начала поздравлять себя с хорошо выполненной работой, Хо Ши Мин отказался от соглашения.

Образованный и хорошо информированный, Хо Ши Мин каким-то образом знал о докладе Гувера, который доказывал существование огромного запаса нефти у побережья Вьетнама, и он умело использовал США, чтобы помочь избавиться от французов, прежде чем дать

Рокфеллеру шанс на успех. В 1950-х годах был разработан метод подводной разведки нефти с использованием небольших взрывов на глубине и последующей записью звукового эха, отражающегося от различных слоев горных пород под водой. Затем геодезисты могли определить точное местоположение арочных соляных куполов, под которыми находилась нефть.

Но если бы этот метод был использован у побережья Вьетнама на территории, которой Standard не владеет и на которую не имеет прав, вьетнамцы, китайцы, японцы и, возможно, даже французы поспешили бы в Организацию Объединенных Наций, чтобы пожаловаться, что Америка крадет нефть, и этого было бы достаточно, чтобы остановить операцию.

Не желая отказываться от своих интересов в нефтяном шельфе вдоль побережья Вьетнама, Рокфеллер и его приспешники, включая Генри Киссинджера, приступили к разделу Вьетнама на Северный и Южный, и убедили другие страны последовать их примеру. После искусственного разделения Вьетнама на Север и Юг, "искусственная ситуация", сформулированная Стимсоном и Ноксом и использованная для принуждения США ко Второй мировой войне в Перл-Харборе, снова была приведена в действие. Была подготовлена почва для того, чтобы США вытеснили северовьетнамцев из всего региона. По инициативе президента Джонсона США инсценировали нападение на эсминцы ВМС США в Тонкинском заливе торпедных катеров-"призраков", якобы принадлежащих ВМС Северной Кореи. Президент Джонсон прерывает регулярные телевизионные трансляции, чтобы объявить о нападении, говоря своей ошеломленной американской аудитории, что "даже сейчас, когда я говорю, наши моряки борются за свою жизнь в водах Тонкинского залива".

Это был хороший театр, но не более того. В драматическом заявлении Джонсона не было ни капли правды. Все это было большой ложью. Инцидент в Тонкинском заливе, разумеется, не был воспринят американским народом как ложь, и без лишних слов США ввязались в новую империалистическую нефтяную войну с катастрофическими результатами.

Американские авианосцы стояли на якоре у берегов Вьетнама в водах над нефтяными куполами, и началась борьба нефтяных интересов США за вытеснение северовьетнамцев из богатых нефтью вилайетов, расположенных под песком на морском дне. Конечно, он так не назывался. Наверное, нет необходимости упоминать, что война описывалась в обычных патриотических терминах. Она велась для "защиты свободы", "за демократию", чтобы "остановить распространение коммунизма" и т.д.

Через регулярные промежутки времени реактивные бомбардировщики взлетали с авианосцев и бомбили места в Северном и Южном Вьетнаме. Затем, в соответствии с обычной военной процедурой, по возвращении они сбросили свои незащищенные или неиспользованные бомбы в океан, после чего приземлились обратно на авианосцы. Для этого были выделены безопасные зоны сброса боеприпасов вдали от носителей, непосредственно над соляными куполами, под которыми находится нефть.

Даже внимательные наблюдатели не могли не заметить множество небольших взрывов, которые ежедневно происходили в водах Южно-Китайского моря, и думали, что это часть войны. Авианосцы ВМС США начали операцию Linebacker One, а компания Standard Oil приступила к десятилетнему исследованию морского дна у побережья Вьетнама. И вьетнамцы, и китайцы, и все остальные, включая американцев, ничего об этом не знали. Нефтяное исследование едва ли стоило Standard Oil ни копейки, поскольку его оплатили американские налогоплательщики.

Двадцать лет спустя, ценой 55 000 американских жизней и полумиллиона вьетнамских смертей, Рокфеллер и "Стандарт Ойл" собрали достаточно данных, чтобы показать, где именно находятся нефтяные месторождения, и война во Вьетнаме могла закончиться. Вьетнамские переговорщики не были готовы сдаться без уступок, поэтому Генри Киссинджер, личный помощник Нельсона Рокфеллера, был отправлен в Париж в качестве "американского переговорщика" (читай - агента Рокфеллера) на мирных переговорах в Париже и получил за это Нобелевскую премию мира.

С таким лицемерием, ересью и шарлатанством невозможно сравниться. После того, как меланхоличные отголоски долгой войны стихли, Вьетнам разделил свои морские прибрежные районы на многочисленные нефтяные участки и разрешил иностранным компаниям участвовать в торгах на эти участки при условии, что Вьетнам получит оговоренное роялти. Норвежская компания Statoil, British Petroleum, Royal Dutch Shell, Россия, Германия и Австралия выиграли тендеры и начали бурение в своих районах.

Как ни странно, ни один из "конкурентов" не нашел нефти. Однако оказалось, что участки, на которые претендовала и которые получила Standard Oil, содержат огромные запасы нефти. Их обширные подводные сейсмические исследования, проведенные бомбардировщиками ВМС США, принесли свои плоды.

Можно было подумать, что после всех ужасных обманов, которые американский народ пережил от рук заговорщиков, решивших предать его в рабство единому мировому правительству, к концу 1970-х годов он научился не испытывать ни малейшего доверия к своему правительству и на 100% сомневаться во всем, что делает и говорит Вашингтон, независимо от того, чья партия находится в Белом доме.

Это был уже не конфликт между отдельными нациями, а конфликт с целью установления тотального господства над всем человечеством через Новый мировой порядок в рамках единого мирового правительства.

Здравый смысл диктовал бы полное недоверие к правительству, он даже требовал бы этого. Но нет, отупление и уничтожение должно было продолжаться с еще большей скоростью и свирепостью и в более широких масштабах, чем когда-либо прежде, в течение сорока пяти лет. Вот где сегодня находится американский народ. Полностью потерянный, без всякого выхода, с, казалось бы, потерянными надеждами. К сожалению, аппетиты и жадность нефтяной промышленности не подают признаков ослабления. Американские и британские филиалы Комитета 300 разработали стратегию, которая, по их прогнозам, обеспечит им полный контроль над мировым энергоснабжением и евразийскими континентами. Это началось в 1905 году, когда Ротшильды запустили японцев против России в Порт-Артуре. Приход Мао к власти в Китае был частью их видения. Перспективная" стратегия, которую постулировал империалист Дональд Рамсфельд, основана на диалектическом подходе.

США начинают с продажи оружия "дружественному" правительству, например, в Панаме, Ираке, Югославии/Косово, Афганистане, Пакистане, моджахедам Талибана, Саудовской Аравии, Чили, Аргентине и др. Затем, когда хормейстер поднимает палочку, симфонический оркестр СМИ начинает увертюру: "У "дружественного" правительства есть темный секрет; оно терроризирует свой собственный народ, и мы должны изменить рейтинг его облигаций на "нежелательный".[9]

Барабанная секция играет барабанную дробь, в то время как духовая секция провозглашает правду: это "злой режим", который не является приятным. Это полный поворот, но американцы, с их печально известными короткими периодами внимания, не замечают, что это то же самое правительство, которое мы так радостно поздравляли и которому продавали оружие незадолго до этого. Г-н Чейни

---

[9] Амортизационный термин, означающий "ничего не стоящий".

играет соло на гобое, чтобы дать понять, что этот "режим" теперь представляет собой очень реальную опасность для Соединенных Штатов. Мы должны войти и выкорчевать эту нацию прямо сейчас и даже не потрудиться подчиниться Конституции США; мы не объявляем войну. Как ни странно, мы не подчиняемся нашим законам, но неважно, симфонический оркестр СМИ играет на полную катушку Gotterdammerung! Панама была захвачена по приказу императора Г.В. Буша: Ирак, Афганистан звучат под звуки марша американских морских пехотинцев, которые создали базы в только что побежденной стране с объявленной целью принести "демократию" в оккупированные народы.

Более реалистичная оценка вскоре показывает, что вся эта операция была ничем иным, как империалистической агрессией, и что могущественные завоеватели установили постоянную военную оккупацию, которая не имеет ничего общего с "демократией", но имеет отношение к нефти, которая скрывается под песками этих стран.

Конечно, нам не говорят, что военные базы находятся там для того, чтобы контролировать энергетические ресурсы этой страны и окружающих стран. Современная внешняя политика США определяется доктриной "полного господства"; США должны контролировать военные, экономические и политические события повсюду в рамках своей империалистической роли.

Эта новая эра имперской стратегии началась с вторжения в Панаму, затем возникла так называемая война в Персидском заливе, продолжилась санкционированной ООН войной на Балканах и теперь расширяется новыми войнами с терроризмом: в Афганистане, Ираке и далее в Иране, чьей нефти она давно жаждет. 20 января 2001 года тогдашний министр обороны Дональд Рамсфелд заявил, что он готов направить вооруженные силы США в "15 других стран", если это будет необходимо для "борьбы с терроризмом".

Санкционированная ООН балканская война была спровоцирована нефтью и трубопроводным сервитутом для нефти из Каспийского моря на западноевропейские рынки, через Косово в Средиземное море. Чеченский конфликт связан с тем же вопросом: кто будет контролировать трубопровод? Когда Югославия отказалась капитулировать и подчиниться диктату Международного валютного фонда (МВФ), США и Германия начали систематическую кампанию дестабилизации, используя в этой "войне" даже некоторых ветеранов Афганистана.

Югославия была разделена на податливые мини-государства, как планировалось на конференции в Белладжио в 1972 году, и бывший Советский Союз был сдержан, или так думали США. Шла фактическая американская оккупация Сербии (где Америка построила свою крупнейшую военную базу со времен войны во Вьетнаме).

Теперь мы обратимся к конкретным областям, где нефтяная промышленность империалистической империи стремится к контролю.

Регион Каспийского моря находится под прицелом имперской Америки, поскольку он обладает доказанными запасами нефти в размере от пятнадцати до двадцати восьми миллиардов баррелей, плюс предполагаемые запасы в размере 40-178 миллиардов, что в общей сложности составляет 206 миллиардов баррелей - 16% мировых потенциальных запасов нефти (по сравнению с 261 миллиардом баррелей Саудовской Аравии и 22 миллиардами баррелей США). Это может представлять собой нефть общей стоимостью 3 000 миллиардов долларов.

Пока никого не видно, и, получив новый источник нефти и газа на Кавказе, Standard Oil стремится создать "демократию" в Саудовской Аравии, одновременно развивая новый центр операций в Южной Азии. Огромные запасы нефти и газа в Каспийском море должны транспортироваться либо на запад на европейские рынки, либо на юг на азиатские рынки. Западный маршрут предполагает доставку нефти из Чечни в Средиземное море через Черное море и Босфор, но узкий Босфорский канал уже перегружен танкерами с черноморских месторождений.

Альтернативный маршрут может заключаться в том, что нефтяные танкеры из Черного моря, минуя Босфор, пройдут через Дунай, а затем по очень короткому трубопроводу через Косово попадут в Средиземное море в Тиране, Албания. Однако этот процесс был остановлен Китаем. Как сообщается в разведывательном расследовании.

Другая проблема с западным маршрутом заключается в том, что Западная Европа - сложный рынок, характеризующийся высокими ценами на нефтепродукты, старением населения и растущей конкуренцией со стороны природного газа. Кроме того, регион очень конкурентоспособен, сейчас его обслуживает нефть с Ближнего Востока, Северного моря, Скандинавии и России.

Мы знаем, что Россия собирается приступить к реализации программы, которая позволит убрать трубу через Украину, мировой рекорд по краже российского газа и нефти, которая сделала "леди оранжевой революции" Юлию Тимошенко мультимиллионершей.

Единственный другой способ доставки каспийской нефти и газа на азиатские рынки - через Китай, маршрут которого слишком длинный, или через Иран, который политически и экономически враждебен стандартным нефтяным целям США.

Как только в конце 1970-х годов Советский Союз обнаружил новые обширные месторождения нефти в Каспийском море, он попытался договориться с Афганистаном о строительстве гигантского трубопровода с севера на юг, чтобы транспортировать свою нефть через Афганистан и Пакистан к Индийскому океану. Но затем США с помощью Саудовской Аравии и Пакистана создали "Талибан" - организацию, которой раньше не существовало.

Там зародилась империалистическая нефтяная стратегия США. США играли на мусульманской религии, изображая

Россию злой и противостоящей мусульманам всего мира.

Когда российская армия вошла в Афганистан, ЦРУ вооружило и обучило своих "друзей" и отправило Усаму бен Ладена в Кабул, чтобы он возглавил сопротивление талибов захватчикам. Талибан стал мощной силой, которая рассматривала США как "Великого Сатану". Результатом становится затяжная война между талибами и российскими захватчиками, в которой талибы одерживают победу. ЦРУ в лице своего бывшего шефа Джорджа Буша-старшего считало, что может положиться на бен Ладена из-за его многочисленных деловых связей с семьей Бушей, но когда США безжалостно бросили его после ухода русских, бен Ладен озлобился и выступил против Вашингтона и Эр-Рияда, став их худшим кошмаром.

Это была лишь одна из многих имперских "тайных войн", в которых имперская нефтяная промышленность определяла внешнюю политику США и использовала американские вооруженные силы для ее обеспечения. Другие подобные войны имели место в Мексике, Ираке, Иране, Италии и Венесуэле. Теперь мы знаем, что Standard Oil повлияла на ЦРУ, чтобы привлечь внимание правительства США к опасности российского нефтепровода, проходящего по территории Афганистана с севера на юг, и дать разрешение и финансирование на подготовку вооруженных мусульманских фундаменталистских групп, включая Усаму бен Ладена.

Российский альтернативный план предусматривал контроль над потоками нефти и газа в Западную Европу по своим трубопроводам через южноазиатские республики бывшего Советского Союза, а именно Туркменистан, Казахстан, Узбекистан, Таджикистан и Кыргызстан. Эти республики ранее полностью игнорировались Соединенными Штатами, но внезапно получили значительное внимание со стороны ЦРУ, которое заманивало их большими пачками долларов и обещаниями будущего.

ЦРУ обхаживало эти страны, как пылкий поклонник, и с

помощью этой уловки убедило их лидеров, что Россия не будет относиться к ним как к партнерам. Таким образом, бывшие дальневосточные государства СССР начали консультироваться с американскими нефтяными компаниями и вскоре обнаружили, что это настоящий источник внешней политики США. Имперская нефтяная промышленность теперь обратила все свое внимание на бывшие советские дальневосточные государства, как это было в первые дни с Ираком и Ираном. Возглавляемая компанией Standard Oil, она разрабатывала планы и сценарии продвижения США в эти южноазиатские республики. Американские военные уже создали постоянную оперативную базу в Узбекистане, опять же по просьбе нефтяной промышленности. Тавистокский институт был призван скрыть истинные намерения с помощью "блеф-забора", в котором участвовал бывший главный капо итальянского масонства P2 Киссинджера Майкл Ледин. Считается, что Ледин (который теперь стер свои троцкистские и большевистские следы и превратился в "неоконсерватора") назвал эту уловку "антитеррористической мерой".

Чтобы такая стратегия сработала, Афганистан должен был быть обвинен в 11 сентября, что обеспечило идеальное прикрытие для "выдуманной ситуации". Президент Буш сообщил всему миру, что "Талибан" несет ответственность за нападение на башни-близнецы, добавив, что всемирная штаб-квартира "Талибана" находится в Афганистане.

Конечно, "принести демократию" афганцам, игнорируя отсутствие демократии в соседнем Пакистане с диктатором во главе, было непростой задачей, но "инновационное мышление" справилось с ней. Теперь вооруженные силы США находились именно там, где это было нужно нефтяной промышленности.

ГЛАВА 22

НАТО нарушает свой собственный устав

Прежде чем мы перейдем к вопросу о том, что стоит за бомбардировками НАТО Сербии, добавим, что, какими бы умными Ледин и его коллеги-необольшевики Кристол, Фейт, Перл, Вулфовиц и Чейни ни считали себя в свой лучший день, они не могут сравниться с президентом России Владимиром Путиным, у которого болит голова. Что стало очевидным во время нападения НАТО (читай США) на Сербию в 1999 году, так это то, что зазвучали голоса в сильном подозрении, что США и Великобритания действуют в интересах албанского правительства, которое давно стремилось вырвать контроль над Косово у Сербии. Албания имела козырь в проекте трубопровода, который Великобритания и США планировали провести из Каспийского моря через Албанию.

Газопровод должен был пройти через Болгарию, Македонию и Албанию, от порта Бургас на Черном море до Виоре на Адриатике. При полном объеме производства по трубопроводу будет транспортироваться 750 000 баррелей в день. Проект был одобрен правительством Великобритании от имени и по поручению компании BP (British Petroleum) и ее американских партнеров.

Когда Робин Кук, тогдашний министр иностранных дел Великобритании, был спрошен об этом, он отмахнулся от "идеи" и назвал расследование абсурдным. "В Косово нет нефти", - сказал Кук. Конечно, это было правдой, и, сделав вопрос о нефти в Косово очень упрощенным понятием, от которого легко отмахнуться, следователи были выведены из игры. Проект трансбалканского газопровода не увидел свет ни в одной американской или британской газете.

В мае 2005 года Министерство торговли и развития США опубликовало документ, который, хотя и не подтверждает истинную причину войны против Югославии, делает некоторые существенные замечания.

> Интересно, что ... нефть из Каспийского моря быстро превысит возможности Босфора как судоходного пути ... (проект) обеспечит стабильный источник сырой нефти для нефтеперерабатывающих заводов США и предоставит американским компаниям ключевую роль в развитии жизненно важного коридора "восток-запад", продвинет приватизацию правительства США в регионе и будет способствовать быстрой интеграции Балкан с Западной Европой.

Первый шаг в реализации задуманного плана был сделан в июле 1993 года с отправкой американских войск к северной границе Македонии. Это можно было бы счесть, по меньшей мере, странным, но американский народ, похоже, не заметил, что "миротворческие" силы США не были направлены в районы, где существовал конфликт между Сербией и албанцами. Американский народ не знал, когда все нарушения "прав человека" должны были происходить в Сербии, что проект трансбалканского газопровода должен был пройти через Македонию в Скопье, всего в 15 милях от сербской границы.

Вашингтон заявил, что хотел предотвратить сербскую экспансию в Македонии, которая никогда не планировалась. Но, как и ложь администрации Буша в преддверии войны в Персидском заливе 1991 года, когда Буш предупредил саудовцев, что Саддам Хусейн не остановится на вторжении в Кувейт, а как только это будет сделано, он вторгнется в Саудовскую Аравию, ложь сработала.

Ни слова не было сказано о реальной цели присутствия

американского военного контингента на границе с Македонией, и тем более о том, что оно является частью соглашения о строительстве трансбалканского газопровода, заключенного в мае 1993 года. Хотя трубопровод не проходит по территории Сербии, албанский президент, присутствовавший на встрече, которая положила начало его строительству, обратился к Великобритании и США с посланием, которое было громким и ясным по своим последствиям:

> Я лично считаю, что никакое решение, ограниченное сербскими границами, не принесет прочного мира.

Дипломаты на встрече единодушно пришли к выводу, что он хотел сказать, что если США и Великобритания хотят получить согласие Албании на строительство трансбалканского трубопровода, то Косово должно быть передано под албанскую юрисдикцию. С 600 миллионами долларов в месяц на кону, США и Британия начали свое трусливое нападение на безнефтяную Сербию под прикрытием НАТО, с ложной целью положить конец сербским злоупотреблениям против албанских граждан в Косово. Сегодня слова Робина Кука звучат еще более пустословно, чем когда его спросили, почему Великобритания напала на Сербию:

> "Мы продемонстрировали, что готовы к военным действиям, не для захвата территории, не для расширения, не за минеральные ресурсы. В Косово нет нефти. Социалистическая рабочая партия продолжает говорить, что мы делаем это ради нефти, что вызывает глубокое недоумение, потому что есть только грязный бурый уголь, и чем скорее мы побудим их использовать что-то другое, кроме грязного бурого угля, тем лучше. Эта война ведется не ради защиты территории, а ради защиты ценностей. Поэтому здесь я могу сказать... внешняя политика руководствовалась этими соображениями."

Букарян гордился бы тем, что Робин Кук умеет так убедительно лгать.

Каспийская энергия, которая представляет собой запасы Северного моря (около 3% всей нефти в мире и 1% газа), стратегически важна для Великобритании и США, настолько важна, что они решили начать войну против Югославии, чтобы расположить к себе Албанию. Настоящей причиной избавления от сербского лидера Слободана Милошевича была его решимость изгнать албанцев из края Косово. Это означало бы продолжение беспорядков в течение многих лет и заставило бы кредитные банки неохотно брать на себя обязательства по крупномасштабному финансированию трансбалканского трубопровода.

С начала 1990-х годов британские и американские нефтяные компании, такие как Chevron-Amoco Socar и BP, инвестировали значительные средства в Каспийский бассейн. TRACEA (Транспортный коридор Европа-Кавказ-Азия) был создан в 1993 году. IOGATE (Межгосударственная транспортировка нефти и газа в Европу) была создана в 1995 году. Компания SYNERGY была основана в 1997 году. AMBO (Albanian Macedonian Bulgarian Oil Pipeline Corp) финансировался OPIC (Overseas Private Investment Corporation). Неудивительно, что американские войска были направлены к границе Македонии, чтобы служить в качестве наемников для нефтяной промышленности.

Но в докладе "Eastern Europe Energy Report 20, June 1995 Second Black Sea Oil Pipeline" говорится, что "боевые действия в Югославии являются огромным препятствием на пути всего", что ставит крест на этом многообещающем проекте, на который администрация Клинтона уже выделила 30 миллионов долларов в рамках своей Инициативы по развитию Южных Балкан (SBDI).

За год до начала бомбардировок НАТО Совет Европейского союза (ЕС) собрался для обсуждения "Декларации о Каспийском энергетическом трубопроводе". Он проходил под председательством Робина Кука и был, по сути, декларацией о том, что сербские боевые действия должны быть разрешены. Выводы, которые можно сделать, трудно переоценить.

Пропаганда, предшествовавшая бомбардировкам, была тотальной и глобальной. Весь мир заставили поверить, и он действительно поверил, что война НАТО (читай США) против Югославии должна была остановить этническое насилие, которое якобы происходило в Сербии, и нарушения прав человека албанцев, проживающих в Косово. Вилли Мюнценберг полностью одобрил бы его. В моей книге "Комитет 300" и "Тавистокский институт человеческих отношений" рассказывается о карьере величайшего мастера пропаганды, который когда-либо жил, Вилли Мюнценберга.

Он сопровождал Ленина в изгнании в Швейцарии, а после того, как Ленин был отправлен обратно в Россию на "пломбированном поезде", Мюнценберг стал его директором по народному просвещению. Он отвечал за подготовку многих офицеров и шпионов ГРУ, включая печально известного Леона Теппера, руководителя шпионской группы Rot Kappell ("Красный оркестр"), который в течение трех десятилетий одурачивал все западные спецслужбы, включая МИ-6.

Джон Дж. Мареска. Вице-президент по международным отношениям корпорации Unocal, так отозвался о каспийской нефти:

> "Господин Президент, Каспийский регион содержит огромные неиспользованные запасы углеводородов. Чтобы дать вам представление о масштабах, доказанные запасы природного газа эквивалентны более чем 236 триллионам кубических футов. Запасы нефти в регионе вполне могут достигать более 60 миллиардов баррелей нефти. Некоторые оценки достигают 200 миллиардов...
>
> Остается серьезная проблема: как доставить огромные энергетические ресурсы региона на рынки, где они необходимы. Центральная Азия изолирована... Каждая

из этих стран сталкивается с трудными политическими
проблемами. В некоторых из них есть неразрешенные
войны или тлеющие конфликты... Кроме того,
существующая трубопроводная инфраструктура в
регионе является основным техническим препятствием,
с которым мы сталкиваемся в отрасли при
транспортировке нефти. Поскольку трубопроводы в
регионе были построены в советский период,
ориентированный на Москву, они, как правило, идут на
север и запад России, а соединения с югом и востоком
отсутствуют. С самого начала мы ясно дали понять, что
строительство предлагаемого нами трубопровода в
Афганистане не может начаться до тех пор, пока не
будет создано признанное правительство, пользующееся
доверием правительств, кредиторов и нашей компании.
"

Теперь мы знаем, почему США ведут войну в Афганистане.
Это имеет мало отношения к 11 сентября и талибам, но
имеет отношение к созданию марионеточного
правительства США в этой стране в рамках имперской
нефтяной геополитики. Мы также теперь знаем истинную
причину нападения НАТО на Сербию. Ее вражда с
Албанией расстраивает правительство, участвующее в
проекте строительства трубопровода в Каспийском
бассейне, "кредиторов и наше общество".

Россия, играя на ложном утверждении, что США являются
"единственной сверхдержавой", притворялась, что не
возражает против вторжения США в Афганистан,
поскольку Россия была очень рада видеть Америку увязшей
в Ираке и Афганистане одновременно. Президент Путин -
мастер "маскировки" (обмана), и пока администрация Буша
в Вашингтоне поздравляла себя с поражением России,
Путин вел переговоры с Китаем и бывшими азиатскими
территориями СССР о создании союзного блока для
сдерживания империалистических экспансионистских
планов США. Под руководством Путина Китай и Россия
вступили в Шанхайскую организацию сотрудничества
(ШОС), в которую входят Китай, Россия, Казахстан,

Кыргызстан, Таджикистан и Узбекистан. Китай вступил в ШОС, чтобы встать в один ряд с Россией в экономическом, военном и политическом плане. Новый пакт ШОС пришел на смену пакту семьи Рокфеллер-Ли, который просуществовал почти четыре десятилетия.

Членство России в ШОС - это попытка сохранить свою традиционную гегемонию в Центральной Азии. В основе логики ШОС лежит контроль над огромными запасами нефти и газа ее членов. Опасения России, Китая, Индии и других стран ШОС, что Афганистану и Ираку суждено стать базой для операций по дестабилизации, изоляции и установлению контроля над режимами в Южной Азии и на Ближнем Востоке, оказались вполне обоснованными, но их было легче развеять, поскольку ШОС была создана и функционировала под руководством президента Путина.

Взгляд на карту Ближнего Востока показывает, что Иран находится между Ираком и Афганистаном, именно поэтому Буш включил Иран в "Ось зла". Империалистическая стратегия США основана на том, что Россия должна оставаться в стороне, пока США завершают завоевание этого региона и устанавливают постоянные военные посты без возражений со стороны России или Китая. Следующий этап - начало строительства трубопровода через Туркменистан, Афганистан и Пакистан для доставки нефти на евразийские рынки.

Во главе проекта трубопровода стоит компания Unocal, отвечающая интересам Standard Oil. Компания Unocal уже несколько десятилетий пытается построить нефтепровод с севера на юг через Афганистан и Пакистан к Индийскому океану. Президент Карзай, марионеточный президент Вашингтона в Афганистане, был бывшим топ-менеджером в афганских авантюрах компании Unocal. Карзай фактически был топ-менеджером Unocal, который вел переговоры от имени своей компании. Он также является лидером пуштунского племени дуррани.

Член моджахедов, сражавшихся с Советами в 1980-х годах,

Карзай был ключевым контактом для ЦРУ, поддерживая тесные отношения с директором ЦРУ Уильямом Кейси, вице-президентом Джорджем Бушем и их пакистанской межведомственной разведкой (ISI) в промежутках между ними. После ухода Советского Союза из Афганистана ЦРУ спонсировало переезд Карзая и нескольких его братьев в США.

Согласно отчету в газете *"Нью-Йорк Таймс"* :

> В 1998 году калифорнийская компания Unocal, имевшая 46,5% акций в Central Asia Gas (Cent Gas), консорциуме, который планировал построить очень длинный газопровод через Афганистан, вышла из проекта после нескольких лет безуспешных попыток. Трубопровод должен был пройти 7277 км от месторождений Даулетабад в Туркменистане до Мултана в Пакистане, что составляет 1271 км. Его стоимость оценивалась в 1,9 млрд. долл.

Компания не сразу дала понять, что сильная оппозиция со стороны бен Ладена и Талибана сорвала проект трубопровода. Дополнительные 600 миллионов долларов могли бы довести трубопровод до Индии, жаждущей энергоресурсов.

Именно здесь в дело вступает Haliburton, компания вице-президента Дика Чейни. Российская военная разведка с 1998 года сообщала, что американцы планируют крупное нефтяное предприятие в Азербайджане и что Дик Чейни собирался подписать контракт с национальной нефтяной компанией Азербайджана на строительство морской базы площадью 6000 квадратных метров для поддержки морских буровых платформ, которые будут построены в Каспийском море.

15 мая 2001 года в заявлении офиса Чейни указывалось, что новая база Haliburton будет использоваться для "оказания помощи катамаранному крановому судну компании Haliburton "Курбан Аббасов" в предстоящих работах по укладке морских и подводных трубопроводов". Как уже

упоминалось, предыдущее соглашение Юнокал с Талибаном в 1998 году было расторгнуто, поскольку стало ясно, что Талибан может настроить все остальные афганские племена против компании, тем самым дестабилизируя политическую обстановку для реализации проекта строительства трубопровода с севера на юг.

Хотя я не могу быть абсолютно уверен, есть основания полагать, что именно в этот критический момент Unocal-Halliburton и Standard Oil придумали новую уловку "войны с террором". Дик Чейни предоставил "решение" правительству США. 11 сентября послужило предлогом для отправки американских войск для ведения "войны с террором" в Афганистане.

Пропагандисты перечисляли множество "причин", по которым американские войска должны были спешно войти в Афганистан. Похоже, что талибы под руководством бен Ладена планировали "крупные террористические атаки по всему миру и против объектов США за рубежом". Не было представлено ни малейших реальных доказательств в поддержку этого утверждения, но вечно соучаствующий и заблуждающийся американский народ принял его как "Евангелие".

К 2006 году прозрачные мотивы войны нефтяной промышленности в Афганистане стали очевидны для всех. 2 января 2002 года проект трубопровода сделал еще один шаг вперед, когда посол США в Пакистане Венди Чемберлен, действуя от имени Standard Oil, выполнила давнее обязательство и встретилась с министром нефти Пакистана Усманом Аминуддином. В центре внимания их встречи были планы по продвижению трубопровода Север-Юг и финансирование США строительства пакистанских нефтяных терминалов в Аравийском море для этого трубопровода.

Президент Буш неоднократно заявлял, что американские военные останутся в Афганистане. Почему это должно происходить, когда силы ООН должны взять на себя ответственность, чтобы американские военные могли вернуться домой? Ответ заключается в том, что силы ООН будут служить в качестве военизированной полиции, так что американские солдаты будут освобождены для наблюдения за строительством трубопровода Север-Юг. Есть сообщения, что они также будут следить за полями опийного мака, но я не видел подтверждения этой миссии. Эта задача была возложена на британские силы.

Недавнее назначение президентом Бушем Залмая Халилзада, никому не известного афганца, в его команду национальной безопасности вызвало недоумение. Мы считаем, что можем объяснить это необычное на первый взгляд назначение. Халилзад был бывшим участником проекта CentGas. Недавно Халилзад был назначен специальным посланником президента по Афганистану. Он пуштун, сын бывшего правительственного чиновника при короле Мухаммеде Захир Шахе, и находился там для того, чтобы обеспечить своевременное продвижение проекта трубопровода и напрямую докладывать президенту о любых задержках или заминках в реализации плана.

Его назначение было поддержано Кондолизой Райс, которая была членом совета директоров Chevron, хотя никогда не было ясно, какую именно роль он играл в Chevron. Помимо работы консультантом Rand Corporation, Хализад был специальным связным между Unocol и правительством Талибана, а также работал над различными анализами рисков для проекта.

Теперь, когда афганский сектор "войны с террором" считается "урегулированным", хотя, насколько мы понимаем, это далеко не так, а в Узбекистане и Афганистане находятся постоянные военные базы США, в какой богатой нефтью стране мы можем ожидать проникновения разведчиков Standard Oil в поисках нефти? Правительство США говорит, что должно продолжать искать нефть, и в идеале (с этой точки зрения) большинство таких мест находится в странах, которые были объявлены укрывателями террористов: Ирак, Сирия, Иран и Южная Америка, особенно Венесуэла и Колумбия. Кто-то может сказать: "Как удобно".

Но имперские нефтяные воины также начали искать на заднем дворе России, в Сибири. EXXON, Mobil, Royal Dutch Shell и французская Total SA получили в 1990-х годах от тогдашнего СССР контракты на поиск нефти и природного газа в Арктическом регионе. Необъявленная, неконституционная и, следовательно, преступная война Буша-старшего, война в Персидском заливе 1991 года, привела к тому, что Кувейт украл еще больше огромного нефтяного месторождения Румайла на юге Ирака, чем в первый раз.

Это было сделано путем одностороннего расширения границ Кувейта после войны. Незаконный захват иракской собственности привел к многочисленным нежелательным репрессиям со стороны Ирака. Новый рубеж" позволил Кувейту, контролируемому BP и Standard Oil, удвоить довоенную добычу нефти. Исторический и правдивый рассказ о создании "Кувейта" британской армией в 1921 году заключается в том, чтобы провести произвольную линию через середину нефтяных месторождений Румейла, а затем назвать украденную землю "Кувейтом".

Следующий текст взят из статьи, опубликованной в журнале Oil Analyst:"

> Ирак, который недавно обнаружил нефтяное месторождение в западной пустыне, по общему мнению, может иметь больше нефти, чем Саудовская Аравия, когда его месторождения будут разработаны.

До незаконного вторжения США в Ирак в 2003 году страна производила 3 миллиона баррелей в день, большая часть которых поступала на мировые рынки через программу под надзором ООН, которая тратила небольшую часть выручки на продовольствие и медикаменты для иракского народа в рамках программы "Нефть в обмен на продовольствие". Ирак все еще мог экспортировать часть своей нефти в

Сирию, которую он продавал как сирийскую нефть.

В сентябре 2001 года режим Буша начал угрожать Ираку, но в действительности план вторжения в Ирак был подготовлен несколькими месяцами ранее. Угроза была направлена на Францию и Россию. Обе страны начали развивать значительную торговлю с Ираком, и Дику Чейни, новому имперскому нефтяному принцу, это совсем не понравилось. Реальность такова, что американские компании, особенно принадлежащая Чейни нефтяная компания Haliburton и General Electric (GE), зарабатывают миллиарды на продаже товаров и услуг в Ираке. Вмешательство не допускается. Перед войной 2003 года Ирак стремился заручиться поддержкой членов Совета сотрудничества арабских стран Персидского залива (ССАГПЗ): Бахрейна, Кувейта, Омана, Катара, Саудовской Аравии и Объединенных Арабских Эмиратов (ОАЭ), чтобы заручиться поддержкой в отмене санкций ООН против него.

Встревоженные таким неожиданным развитием событий, представители Standard Oil, отвечающие за внешнюю политику, попросили "большого брата" Америку пригрозить членам ССАГПЗ не допустить присоединения Ирака или столкнуться с последствиями. Россия начала требовать "всеобъемлющего урегулирования" вопроса о санкциях, включая меры, ведущие к отмене военного эмбарго против Ирака. 24 января 2002 года министр иностранных дел России Игорь Иванов решительно выступил против любого военного вмешательства США в Ирак. Российская нефтяная компания "Лукойл" и два российских государственных учреждения подписали 23-летний контракт на эксплуатацию нефтяного месторождения "Западная Курна" в Ираке.

По условиям контракта "Лукойл" должен был получить половину, Ирак - четверть, а российские государственные структуры - четверть от 667 миллионов тонн нефти с нефтяного месторождения, потенциальный рынок сбыта которого составляет 20 миллиардов долларов. Ирак до сих пор должен России не менее 8 миллиардов долларов со времен холодной войны, когда Россия вооружала Ирак как государство-клиент. Но Россия выступала против "американского империализма" по другим причинам. Уязвленные жестокостью 76-дневных и ночных бомбардировок Сербии по инициативе госсекретаря США Мэдлин Олбрайт, российские военные были полны решимости не позволить США повторить нападение на маленькую страну.

Российский спецназ поспешил в Приштину в Сербии, чтобы обеспечить безопасность аэропорта от прибытия американских войск в надежде, что они будут атакованы и смогут вступить в войну с Сербией. Только сдержанность британского командования на местах предотвратила начало Третьей мировой войны. Россия, все еще переживавшая разграбление и изнасилование Сербии, жаждала мести.

Встревоженный Вашингтон курсировал туда-сюда с Москвой, пытаясь умиротворить Россию, и после до сих пор секретных переговоров ситуация была разряжена. В 2001 году Россия выиграла нефтяные контракты на 1,3 миллиарда долларов в рамках программы ООН "Нефть в обмен на продовольствие", которая позволяла Ираку продавать нефть для покупки товаров, необходимых для оказания помощи иракскому гражданскому населению.

В сентябре 2001 года Министерство нефти Ирака объявило, что намерено заключить с российскими компаниями контракты на сумму еще 40 миллиардов долларов, как только будут сняты санкции ООН.

В феврале 2002 года министр иностранных дел России Игорь С. Иванов заявил, что Россия и Ирак согласны по вопросам экстремизма и терроризма и что поддерживаемые США санкции против Ирака контрпродуктивны и должны быть отменены. Далее он подчеркнул, что Россия решительно выступает против "распространения или применения международной контртеррористической операции на любое произвольно выбранное государство, включая Ирак". Риторика накаляется, поскольку Россия стремится использовать свое право вето в Совете Безопасности ООН, чтобы остановить все санкции против Ирака.

Затем, в 2003 году, имперская республиканская партия войны Standard Oil - Буш, поддерживаемый своими необольшевистскими союзниками, грубо нарушил Конституцию США, международное право и четыре Женевские конвенции, поспешно совершив бомбовый налет на Багдад. Незаконная война против Ирака положила конец всем постоянным соглашениям Ирака с Россией, Германией и Францией. Не зная о нефтяном картеле "Семь сестер", всего три года спустя последует серьезное возмездие. Возмущение европейских стран против Буша и необольшевистского нападения на Ирак было незамедлительным.

Детское оправдание, данное миру, заключалось в том, что у Ирака было "оружие массового поражения", которое он готовился использовать против Великобритании. Г-жа Райс, неопытная, глупая и политически неосведомленная, добавила свои зловещие предупреждения о том, что, если не остановить этот процесс, американцы увидят "грибовидные облака" над своими крупными городами. Шесть лет спустя мы все еще ждем появления этих "облаков". Большая ложь, созданная Тавистоком, была принята примерно 75% американского народа. Несмотря на то, что десятки экспертов выступили с опровержением утверждений Буша и Блэра об ОМУ, эти два человека упорствовали в своей лжи, пока она буквально не рассыпалась под их глиняными ногами. Но это не имело значения. Имперская дипломатия Standard Oil одержала верх, американская агрессия обеспечила их иракской нефтью, а война все равно не продлится, так говорили всему миру. Американские войска на скорости пересекали пустыню из Кувейта и вскоре должны были вторгнуться в Багдад.

Изменение лояльности Китая не было учтено

планировщиками Буша. Буш считает, что Китай все еще связан пактом семьи Рокфеллера и Ли от 1964 года. Но планы расширения нефтяного империализма Standard Oil/Bush столкнулись с растущим интересом Китая к поддержке стран Ближнего Востока в их борьбе против США. Во время визита короля Иордании Абдаллы II в Китай в январе 2002 года президент Китая Цзян Цзэминь заявил, что Китай хочет более тесных связей с арабскими странами, чтобы помочь продвижению мира между Израилем и палестинцами. Это заявление шокировало Госдепартамент США. К ужасу президента Буша и госсекретаря Райс, Китай был готов вмешаться, если необольшевики продолжат реализацию своего безумного плана нападения на Иран, несмотря на то, что конституционные полномочия направлять вооруженные силы США в любую страну полностью отсутствовали.

Китай четко обозначил свою позицию, поставив Ирану свою версию крылатой ракеты "Экзосет" с волновым ускорением, которая способна нанести большой ущерб военно-морским силам США. Нефтяные империалисты продолжают расширять свою империю на Ближнем Востоке, в частности, за счет Ирака. Болтон был назначен в ООН, благодаря злоупотреблению властью со стороны Белого дома, на основании исполнительного приказа, хотя его соответствие занимаемой должности было отвергнуто Сенатом США. (Несколько лет спустя он был в срочном порядке снят с должности.) Президент далеко не всегда имеет конституционные полномочия назначать на должности по исполнительному приказу, за исключением случаев, когда это "необходимо и правильно" и в чрезвычайных обстоятельствах. В случае с Болтоном это определенно не было "необходимым" или "уместным", поскольку Сенат уже отказался утвердить Болтона, и поэтому повторное назначение было злоупотреблением конституционными полномочиями и процедурой. Но империалисты Standard Oil/Буш не позволили такой заботе остановить их планы по борьбе с угрозой Китая на Ближнем

Востоке. Они лишь временно приостановили свои усилия, пока Болтон не будет назначен в ООН. Болтон был нужен в ООН, чтобы запугивать и стравливать страны в поддержку действий США в Ираке, а также в Иране. Более того, он является специальным агентом юридической фирмы "Бейкер и Боттс", ответственной за принятие на себя гарантий по всем плохим кредитам, которые передал Джеймс Бейкер III.

Империалистический нефтяной картель США взял под контроль иракскую нефть и теперь положил глаз на Сирию и иранскую нефть. Сейчас мы находимся на втором этапе войны с терроризмом: вторжение в страны, которые, по словам Буша, укрывают террористов, с реальным намерением захватить источники энергии этих стран. Третья фаза наступит, когда США вступят в конфликт с Россией из-за каспийской нефти и усилий по ее доставке на европейский рынок. Возможно, этот знаменательный день не так уж далек.

Теперь русские наращивают темп. 28 августа 2006 года президент Путин посетил Афины, Греция, чтобы продвинуть проект строительства Каспийского трубопровода, который застопорился на несколько лет. В Афинах президент Путин встретился с премьер-министром Греции Костасом Карамантисом и президентом Болгарии Григорием Парвановым. Трехсторонние переговоры были посвящены скорейшему завершению строительства трубопровода от Каспийского моря до болгарского порта Бургас и оттуда до греческого порта Александруполис на побережье Эгейского моря. После завершения строительства трубопровод сможет транспортировать 35 миллионов тонн нефти в год и сэкономит не менее 8 долларов США на стоимости транспортировки каждого барреля. Этот трубопровод позволит России сохранить удушающий контроль над каспийской нефтью для европейского рынка, отодвинув на второй план крупный трубопровод Баку-Тбилиси-Джейхан, поддерживаемый США. Поэтому США решили пока сосредоточиться на строительстве афганского газопровода с севера на юг, который строят и охраняют американские солдаты, сталкивающиеся с жестким сопротивлением со стороны восставших талибов, которые стали сильнее и лучше оснащены, чем до того, как их вытеснил так называемый Северный альянс. Руководство "Талибана" решительно настроено не допустить строительства трубопровода. Возобновление боевых действий, начавшееся в июле 2006 года, достигло апогея в августе, причем в спонсируемых США СМИ бои описывались как усилия США по подавлению доходов от торговли опиумом, которые шли бы талибам. Это не так, но благодаря огромной пропагандистской машине, находящейся в распоряжении администрации Буша, она, вероятно, будет восприниматься так отупевшей американской публикой.

ГЛАВА 23

Россия принимает "Семь сестер

На данный момент Россия под руководством Владимира Путина, самого проницательного геополитического стратега в современном мире, решила выдернуть ковер из-под ног "Семи сестер". Министр иностранных дел России объявил, что его правительство собирается затормозить крупные западные инвестиционные проекты по добыче нефти и газа в Сибири, ставя под сомнение соблюдение соглашений, заключенных с бывшим СССР в 1991 году.

Госдепартамент США немедленно отреагировал, пресс-секретарь Том Кейси заявил, что администрация Буша была

> "очень обеспокоен решением российского правительства отменить экологические разрешения для проектов по сжижению природного газа стоимостью 20 миллионов долларов, разработанных компанией Royal Dutch Shell и двумя японскими группами на острове Сахалин".

Ответом российского правительства стало заявление о том, что оно рассматривает возможность отмены проекта Exxon-Mobil на Сахалине. США заявили о своих правах по соглашению с бывшим СССР в 1991 и 1994 годах. Западная Европа и США обеспокоены тем, что президентская Россия предпринимает согласованные усилия для установления контроля над обширными энергетическими ресурсами страны.

Президент Путин совершил государственный визит во

Францию, чтобы заверить президента Ширака в том, что Total SA не была включена в изменения. Наблюдатели отметили, что во время визита в Париж два лидера сблизились.

Несомненно, Путин говорил США, что Франция была вознаграждена за то, что выступила против войны в Ираке и отказалась присоединиться к бойкоту Ирана со стороны ООН. Президент Ширак вручил Путину медаль - Большой крест ордена Почетного легиона - на очень публичной церемонии в Елисейском дворце. В ходе визита президент Путин выразил серьезную озабоченность России ситуацией в Косово. Было достигнуто соглашение о строительстве французской компанией автомагистрали между Москвой и Санкт-Петербургом, а также соглашение, обязывающее Россию приобрести 22 самолета Airbus A350. 24 сентября 2006 года стало известно, что компания Shell рискует приостановить действие своей лицензии на эксплуатацию нефтегазового проекта "Сахалин-2" стоимостью 20 млрд. долларов, поскольку Министерство природных ресурсов отозвало ее экологические разрешения. Проект "Сахалин-2" завершен примерно на 80%. Тем временем "Газпром", государственный газовый гигант, ведет переговоры о покупке "Сахалина-1". Похоже, что если это предложение не будет принято, то проект "Сахалин-2" может быть остановлен. Газпром" стремится владеть до 25% акций "Сахалина-2", что означает, что главная компания картеля "Семь сестер" станет миноритарным акционером. Запасы "Сахалина-2" составляют 4,5 млрд баррелей. Так что это богатый приз, на который Россия обязательно будет претендовать. Это лишь вопрос времени.

От имени компании Royal Dutch Shell премьер-министр Блэр выразил глубокую озабоченность тем, что Shell будет исключена из богатых бонусов "Сахалина-1" и "Сахалина-2". Госдепартамент США продолжает лоббировать интересы Shell и Exxon, но у России могут быть другие планы. Источники в "Газпроме" сообщили, что "Газпром" ведет тайные переговоры с индийской компанией The Indian

National Oil and Natural Gas Corporation (ONGG) о покупке ее 20% доли в "Сахалине-1". Если сделка состоится, "Газпром" получит огромные доли в самых продуктивных нефтегазовых проектах мира, оставив членов картеля "Семь сестер" в очень слабом положении.

Между тем, лицемерие "войны с террором" Буша очевидно для всех в Колумбии, где предложения Буша включают расходы в размере 98 миллионов долларов на защиту 480-мильного трубопровода компании Occidental Petroleum от второго по величине нефтяного месторождения Колумбии до Карибского побережья.

Эти 98 миллионов долларов являются дополнением к 1,3 миллиардам долларов, которые США уже предоставили колумбийскому правительству якобы для борьбы с "наркотеррористами" из FARC. В 2001 году трубопровод Кано Лимон был остановлен на 266 дней, потому что партизаны из Революционных вооруженных сил Колумбии (FARC) продолжали взрывать его, чтобы увеличить сумму взяток. За последние 15 лет повстанцы FARC регулярно перекрывали трубопровод, чтобы подчеркнуть, что их угрозы не пусты, и заработать все больше денег за свою "защиту". Между тем, 2,5 миллиона баррелей нефти, вылившихся в реки и ручьи Колумбии, намного превышают объем разлива нефти Exxon Valdez на Аляске в 1989 году.

Несмотря на отвлекающие маневры на Балканах, в Каспийском море и Афганистане, нефтяной картель не отказался от своего намерения завладеть иранской нефтью. Согласно источникам в немецкой BDN (секретная служба): администрация Буша разработала планы нанесения ударов по иранским ядерным реакторам, объектам оружия массового поражения и военным объектам путем интенсивных насыщающих бомбардировок с использованием бункерных разрушителей и тактического ядерного оружия. Атака будет координироваться с саботажем критически важной городской и сельской инфраструктуры элементами Моджахедин-и-Хальк (MEK), подразделениями специальных операций Пентагона и другими иранскими диссидентскими группами.

Подробности информации немецкой разведки, выражающей обеспокоенность, получены из секретных брифингов, проведенных сотрудниками ЦРУ. Очевидно, опасение состоит в том, что необольшевики из администрации Буша, напав на Иран, запустят цепь событий, которые приведут к мировой войне.

Агенты ЦРУ также передавали информацию о планах США напасть на Иран своим коллегам во Франции, Великобритании, Канаде и Австралии. В планы империалистической войны США против Ирана также входит быстрый захват провинции Хузестан на юго-западе Ирана, где находится большая часть нефтяных запасов и нефтеперерабатывающих заводов Ирана.

В Хузестане преобладает шиитское арабское население, тесно связанное со своими этническими и религиозными собратьями в Ираке. Планы Буша предусматривают нанесение военного удара США через границу Ирака и со стороны военно-морских сил в Персидском заливе в ответ на призыв о помощи со стороны повстанческих сил Народно-демократического фронта и Организации освобождения Ахваза в Хузестане, которые провозгласят независимое арабское государство Демократическая Республика Ахваз и получат дипломатическое признание со стороны США, Великобритании и Израиля, а также некоторых других близких союзников США.

После Первой мировой войны Хузестан был аннексирован Ираном и стал называться по своему прежнему историческому названию - Персия. Он много раз упоминается в Библии под своим прежним названием. Существуют также планы по разжиганию восстаний среди других меньшинств Ирана, включая азербайджанцев и туркменов в богатом нефтью регионе Каспийского моря.

Некоторые аналитики считают, что война в Персидском

заливе 1991 года была инициирована США в качестве "занавеса" перед большим событием, а именно вторжением США в Иран при поддержке Израиля, Франции и Германии, поэтому США дали Хусейну зеленый свет на войну с Ираном. Цель подталкивания Ирака к нападению на Иран должна быть ясна всем: Ирак и Иран будут вести войну, в результате которой они оба окажутся безнадежно ослабленными. По крайней мере, США дали понять Хусейну, что некоторая агрессия приемлема - что США не будут возражать против вторжения Ирака, чтобы вернуть нефтяное месторождение Аль-Румайла, спорную пограничную полосу и острова Персидского залива, включая территории нефтяных месторождений Бубиян, на которые Ирак претендовал как на всегда принадлежавшие Ираку, а не Кувейту или Ирану. Позже затворница Эйприл Гласпи была загнана в угол британскими журналистами, которые засыпали ее вопросами о ее роли в развязывании войны с Ираком в 1991 году, но, не сказав ни слова, Гласпи села в лимузин, закрыла за собой дверь и уехала.

Два года спустя, во время третьего раунда президентских дебатов в программе NBC News "Решение 92", кандидат в президенты Росс Перо был процитирован:

> ... Мы сказали (Саддаму), что он может взять северо-восточную часть Кувейта; когда он взял всю территорию, мы сошли с ума. И если мы не сказали ему об этом, то почему мы даже не позволили Комитету по международным отношениям Сената и Комитету по разведке Сената увидеть письменные инструкции послу Гласпи?

В этот момент (Перо) прервал тогдашний президент Джордж Буш-старший, который воскликнул:

> Я должен ответить на это. Это вопрос национальной чести. Это абсолютно абсурдно.

Абсурдно это или нет, но факт остается фактом: Эйприл Гласпи покинула Багдад в конце августа 1990 года и вернулась в Вашингтон, где ее держали без связи с внешним миром в течение восьми месяцев, не разрешая общаться со СМИ, и она не появлялась до конца войны в Персидском заливе (11 апреля 1991 года), когда ее вызвали для дачи неофициальных показаний (не под присягой) перед Комитетом по международным отношениям Сената о ее встрече с президентом Хусейном. Гласпи заявила, что стала жертвой "преднамеренного обмана в огромных масштабах", и осудила стенограмму встречи как "фальшивку", искажающую ее позицию, хотя и признала, что в ней содержится "много" точного материала.

Затем Глэспи был направлен в Кейптаун, Южная Африка, в качестве генерального консула США. О ней ничего не было слышно с момента ее ухода с дипломатической службы в 2002 году. Гласпи словно стал не человеком. Почему Сенат не сделал шаг вперед и не выполнил свою работу? Почему Госдепартаменту сошло с рук утаивание и сокрытие информации, на которую американский народ имел и имеет полное право?

После обмана Гласпи президент Джордж Буш начал культивировать атмосферу войны, бомбардируя Ирак в так называемых "бесполетных зонах", которые, помимо нарушения суверенитета Ирака, были незаконными в соответствии с Конституцией США. В ООН Буш обрабатывал арабскую делегацию своими командами "война любой ценой", утверждая, что если вторжение в Кувейт не будет урегулировано, они будут следующими в списке Хусейна, что является полной и ощутимой неправдой, не имеющей под собой никаких оснований.

Бушу удалось добиться введения эмбарго в отношении Ирака. 29 января 1991 года Буш использовал свое обращение "О положении дел в стране" как средство разжигания чувств против Ирака. Удивительно, но он добавил следующие замечания:

> "Поэтому мир может воспользоваться возможностью нынешнего кризиса в Персидском заливе, чтобы реализовать давнее обещание нового мирового

порядка".

Тот факт, что Буш раскрыл истинную причину так называемого "кризиса в Персидском заливе", стал общеизвестным, но шакалы в американских СМИ не сообщили, о чем говорил президент. Концепция Нового мирового порядка не нова, она восходит к королю Георгу III, чьи планы были прерваны Американской революцией. Планы Буша торопить нацию с войной в Ираке были достаточно вопиющими, настолько, что ряд важных людей в Вашингтоне начали испытывать серьезные сомнения и выступать против военных барабанов. Один из них, бывший министр ВМС Джеймс Х. Уэбб, публично высказал свои опасения в теледебатах 12 ноября 1990 года:

> Цель нашего присутствия в Персидском заливе - способствовать Новому мировому порядку администрации Буша, мне это не нравится.

Еще одним вашингтонским деятелем, который резко критиковал поспешную подготовку администрации Буша к войне, был Джеймс Аткинс, бывший посол в Саудовской Аравии и ведущий эксперт по делам Ближнего Востока. В статье, опубликованной 17 сентября 1990 года в газете *Los Angeles Times*, он обвинил министра обороны Ричарда Чейни в том, что тот намеренно ввел в заблуждение короля Фахда, заставив его поверить в неизбежность нападения Ирака на Саудовскую Аравию. Аткинс также рассказал о своем опыте общения с Генри Киссинджером, который ругался с Аткинсом каждый раз, когда тот нападал на планы войны против Ирака.

На международной арене некоторые страны, в частности Франция, обеспокоены систематическими и ежедневными бомбардировками Ирака. Бывший министр сельского хозяйства Шарля де Голля выразил свою озабоченность немецкому журналисту:

> Я бы хотел, чтобы это (бомбардировка) было не так. Я глубоко потрясен тем фактом, что государство является могущественным только потому, что у него есть оружие.

Соединенным Штатам, находящимся в крайне тяжелом экономическом положении, удалось заставить замолчать Японию и Европу, поскольку они слабы в военном отношении. Как долго мир будет мириться с тем, что различные страны должны платить полицейскому за навязывание своего собственного мирового порядка?

Наблюдателей беспокоит молчание России, которая, если бы противостояла запугиваниям США, возможно, смогла бы предотвратить войну против Ирака. По крайней мере, Россия могла бы предоставить иракской армии свою современную систему ПВО "Тамара", которая сбила бы британские и американские самолеты и положила бы конец воздушному террору, который стал повседневным явлением в Ираке. Ни один представитель оппозиции в Сенате и Палате представителей не смог остановить поспешную войну Буша, которая нанесла ущерб, намного превышающий реальное вторжение в Ирак, и чьи шоковые волны все еще ощущаются в 2008 году. В надлежащей перспективе вторжение в Ирак по приказу Комитета 300 было направлено на навязывание нового мирового порядка всему миру и, в частности, Европе.

Хаос, развязанный "300" благодаря готовности Тони Блэра, Джорджа Буша-старшего и его сына Г.В. Буша напасть на Ирак, еще предстоит измерить. В его полном эффекте, который станет ясен только через десять лет, мы увидим огромные изменения, которые можно отнести к имперской нефтяной политике США и Великобритании, начавшейся с того, что президент Вильсон послал американских морских пехотинцев в Тампико и Веракрус, чтобы вырвать сырую нефть Мексики у ее законных владельцев.

Это стремление к имперской нефтяной политике проявилось в том, что многие тысячи американцев считают искусственно созданной ситуацией - в катастрофе 11 сентября. Если 11 сентября действительно было искусственной ситуацией на манер Перл-Харбора, то это, по сути, была следующая фаза того же представления, стратегия США по захвату контроля над мировыми нефтяными месторождениями, особенно на Ближнем Востоке, в Центральной Азии, Южной Америке, Малайзии, Борнео и Афганистане, с одновременным превращением США из конфедеративной республики в диктатуру Нового мирового порядка под прикрытием "борьбы с терроризмом".

Соединенные Штаты достигли "переломного момента" в своем превращении из конфедеративной республики в единую мировую диктатуру с нападением на Всемирный торговый центр в Нью-Йорке, и тот факт, что это произошло практически без сопротивления, только подчеркивает важность роли, которую сыграло это событие. Поскольку, по мнению многих проницательных наблюдателей, все было слишком просто, чтобы быть случайным, это событие укрепляет веру многих в то, что 11 сентября было искусственно спровоцированной ситуацией.

ГЛАВА 24

Вступление Венесуэлы в уравнение

Каковы перспективы, если через пятьдесят лет добыча нефти достигнет пика? Будет ли это еще худший поединок с региональными войнами по всему миру, или же противоборствующие силы поймут, что спасение индустриального мира лежит в абсолютном сотрудничестве в области основных сырьевых материалов, особенно сырой нефти. Если судить по поведению Соединенных Штатов и Великобритании за последние 50 лет, то мы вынуждены сделать вывод, что в условиях, когда на карту поставлен конец мировых запасов нефти, внешняя политика США будет заключаться в милитаризме масштаба Римской империи при подавлении инакомыслия внутри страны. Это то, что мы уже видим. На самом деле, большое количество законов, принятых после начала вторжения в Ирак, свидетельствует о том, что они направлены на снижение противодействия нефтяным войнам и в то же время сводят к минимуму высший закон страны, лишая народ права на протест.

Безусловно, верно, что ограничительные меры, введенные администрацией Буша, оказали охлаждающее воздействие на конституционные права американского народа. К середине 2008 года стало ясно, что репрессивные законы, принятые после начала войн в Персидском заливе, дают желаемый эффект. Возможно, именно это ослабило любые признаки протеста против политики администрации Буша в отношении Венесуэлы и ее бескомпромиссного лидера Уго Чавеса.

Учитывая выраженную враждебность Вашингтона к Венесуэле, не исключено, что эта страна станет следующей мишенью в империалистической борьбе за нефть. Исходя из этого, давайте посмотрим на Венесуэлу в 2008 году. Произошли некоторые изменения. Я не думаю, что они впечатляют. Вероятно, впервые в истории Венесуэлы правительство делает больше, чем просто жестикулирует, чтобы использовать свои огромные ресурсы для помощи беднейшим слоям населения. Эта помощь в основном направлена на здравоохранение, образование, кооперативы и т.д. Трудно сказать, насколько велико это влияние. Но мы, конечно, знаем, как люди реагируют на них, а это, в конце концов, самый важный вопрос. Важно не то, что думаем мы, а то, что думают венесуэльцы. И мы это прекрасно знаем.

В Латинской Америке есть несколько неплохих опросников, главный из них - Latino barometro, который находится в Чили. Они следят за настроениями в Латинской Америке по всем важнейшим вопросам. Самый последний из них, проведенный в Чили, показал, что поддержка демократии и правительства очень резко возросла в Венесуэле с 1998 года. В настоящее время Венесуэла почти сравнялась с Уругваем по количеству стран, поддерживающих правительство и демократию.

Она значительно опережает другие страны Латинской Америки в плане поддержки экономической политики правительства, а также в плане веры в то, что эта политика помогает бедным, подавляющему большинству, а не элите. И есть подобные суждения по другим вопросам, и они довольно сильно возросли. Несмотря на препятствия, был достигнут определенный прогресс, который общественность считает очень значительным, и это лучший показатель. С объявлением о создании Единой социалистической партии Венесуэлы (PSUV) и ускорением их попытки захватить различные службы и предприятия, происходит ли созревание этой революции? Это нелегко сказать. Существуют противоречивые тенденции, и вопрос для Венесуэлы заключается в том, какая из них возобладает.

Наблюдаются тенденции к демократизации, передаче власти, народным собраниям, общинам, которые берут под контроль собственные бюджеты, рабочим кооперативам и т.д. Все это движется в направлении более демократического общества. Все это движется в направлении демократии.

Существуют также авторитарные тенденции: централизация, харизматические фигуры и т.д. Сама по себе эта политика не позволяет судить о том, в каком направлении она будет развиваться. Конечно, совершенно разумно, что страна должна контролировать свои собственные ресурсы. Так что если Венесуэла возьмет под контроль свои собственные ресурсы, это может стать очень позитивным событием. С другой стороны, это может быть и не так. Так, например, когда Саудовская Аравия национализировала свою нефть в 1970-х годах, это не означало, что она контролирует свою собственную нефть вместо иностранных компаний - в основном ARAMCO. С другой стороны, Саудовская Аравия находится в руках жестокой тирании. Главный и самый ценный союзник Вашингтона в регионе - это жестокая тирания и самое экстремальное исламское фундаменталистское государство в мире. Поэтому сюжет зависит от того, как используются ресурсы. МЕРКОСУР, Общий рынок стран Южного конуса, - это группа с крупнейшими экономиками Южной Америки. Она основана на соглашениях о свободном рынке, таких как НАФТА, и, похоже, не движется в сторону альтернативы доминирующей неолиберальной доктрине.

На данный момент МЕРКОСУР - это скорее надежда, чем реальность. МЕРКОСУР является частью этого процесса, встречи в Кочабамбе - еще один шаг, есть и другие шаги. Интеграция - это мощный шаг к сохранению суверенитета и независимости. Когда страны отделены друг от друга, они могут быть вытеснены либо силой, либо экономическим удушением. Если они интегрированы и сотрудничают, они гораздо свободнее от внешнего контроля, то есть от контроля Соединенных Штатов в последние полвека - но это уходит корнями гораздо дальше.

Так что это важный шаг, но есть и препятствия. Одна из них заключается в том, что Латинская Америка также отчаянно нуждается во внутренней интеграции. В каждой из этих стран существует резкое разделение между небольшой, богатой, европеизированной, в основном белой элитой и огромной массой глубоко обнищавшего населения, как правило, индийского, черного и смешанного происхождения. Корреляция между расами не идеальна, но это корреляция. В Латинской Америке наблюдается одно из самых серьезных неравенств в мире, и эти проблемы также начинают преодолеваться. Предстоит пройти еще долгий путь, но шаги в правильном направлении были сделаны в Венесуэле, Боливии, в некоторой степени в Бразилии, Аргентине, а в других странах на данный момент не так много. Но внутренняя интеграция и внешняя интеграция между странами - довольно важные шаги, и это происходит впервые со времен испанской колонизации 500 лет назад, что немаловажно.

Давайте вернемся к некоторым критическим замечаниям по поводу авторитаризма, которые последовали за расширением мандатов и недавним так называемым разрешительным законодательством. Эти законы были приняты парламентом. Так получилось, что в парламенте почти полностью доминирует Чавес, но причина этого в том, что оппозиция отказывается принимать участие, скорее всего, под давлением США. Эти законы могут не нравиться. Их исход зависит от давления народа. Они могут стать шагами к авторитаризму. Они могут стать шагами на пути к реализации конструктивных программ. Это не мы должны говорить, это должен сказать венесуэльский народ, и мы хорошо знаем его мнение.

Нефтяное богатство Венесуэлы дало ей возможность оказывать помощь бедным общинам на Западе, включая Нью-Йорк и Лондон, и позволило ей скупать долги Аргентины, Боливии и Эквадора.

Начнем с его помощи Западу, что несколько парадоксально. Но здесь есть свой контекст. Все началось с программы в Бостоне. Группа сенаторов связалась с восемью крупнейшими энергетическими компаниями и спросила их, могут ли они оказать краткосрочную помощь бедным жителям США, чтобы они смогли пережить трудную зиму, когда они не могли оплатить свои счета за нефть из-за высоких цен на нее. Они получили только один ответ - от венесуэльской компании CITGO, и эта компания действительно временно поставляла недорогую нефть в Бостон, а затем в Бронкс в Нью-Йорке и другие места. Это помощь Запада. Так что теперь только Чавес оказывает помощь бедным в Америке.

Что касается остального, да, Чавес купил четверть или треть долга Аргентины. Это была попытка помочь Аргентине избавиться от МВФ, как сказал аргентинский президент. МВФ, который является своего рода ответвлением Министерства финансов США, оказал разрушительное воздействие на Латинскую Америку. Его программы выполняются в Латинской Америке более строго, чем в любой другой части мира.

Боливия следовала политике МВФ в течение 25 лет, и конечным результатом стал более низкий доход на душу населения, чем когда она начинала. Аргентина стала плакатом для МВФ. Она все делала правильно и призывала всех остальных следовать политике, установленной Всемирным банком и Министерством финансов США. Что ж, то, что произошло, привело к полной экономической катастрофе. Аргентине удалось избежать катастрофы, радикально нарушив правила МВФ, и они решили избавиться от МВФ, как сказала Киршнер, а Венесуэла помогла им. Бразилия сделала то же самое по-своему, а теперь Боливия делает это с помощью Венесуэлы. МВФ действительно в беде, потому что большая часть его финансирования поступает от сбора долгов, и если страны отказываются принимать его кредиты, потому что его политика слишком плоха, неясно, что он будет делать.

Существует также программа Petrocaribe, предусматривающая предоставление нефти на льготных условиях с отсрочкой платежа многим странам Карибского бассейна и другим странам. Другая программа называется "Операция "Чудо". Она использует венесуэльские средства для отправки кубинских врачей - кубинские врачи очень хорошо обучены, и у них очень развитая медицинская система, сравнимая с системами первого мира - в такие места, как Ямайка и другие страны региона. Проект начался с поиска слепых людей, которые полностью потеряли зрение, но которых можно вылечить хирургическим путем, чтобы вернуть им зрение. Эти люди выявляются кубинскими врачами, доставляются на Кубу, проходят лечение в их медицинских учреждениях высокого уровня и возвращаются в свою страну с возможностью видеть. Это оставляет впечатление.

США и Мексика, очевидно, пытались сделать нечто подобное, но так ни к чему и не пришли. На самом деле, влияние программ Чавеса можно очень наглядно увидеть в последней поездке Джорджа Буша. Пресса говорила о его новой переориентации программ на Латинскую Америку, но на самом деле, если присмотреться, Буш подхватил некоторые из риторики Чавеса. Это замечательные новые программы: взять некоторые из риторики Чавеса, но не применять их, или почти не применять.

Любая старая сказка - лишь бы она продвигала повод для войны - в моде. За исключением Уго Чавеса и иранского исламиста Махмуда Ахмадинежада, ни один мировой лидер не смог лучше отточить роль "антагониста Соединенных Штатов", чем тот, кто оставляет яркое впечатление. Наряду с тесной группой друзей, в которую входят некоторые из самых известных антагонистов США, такие как стареющий кубинский диктатор Фидель Кастро и боливийский президент-националист Эво Моралес, Чавес быстро стал одним из ведущих выразителей глобального пронационалистического и антиамериканского движения. За несколько лет пребывания у власти Чавес сделал свое отношение к администрации Буша достоянием общественности.

"Америка - самая извращенная, убийственная, геноцидная и аморальная империя, которую эта планета видела за последние 100 веков", - сказал Чавес, выступая перед аудиторией на Всемирном социальном форуме в Каракасе.

В ответ Вашингтон назвал антиамериканские выпады Чавеса и его неоднократные угрозы распространить "боливарианскую революцию" по всей Латинской Америке бредом отчаявшегося лидера, пытающегося отвлечь внимание общественности от своей неудачной социальной и экономической политики.

Конечно, политика Венесуэлы не провалилась, и вероятность вторжения США в эту страну не представляется вероятной. Но недавние усилия Чавеса по укреплению энергетических, оборонных, ядерных и политических отношений с Ираном могут заставить Вашингтон пересмотреть свои взгляды. Выступая перед своими сторонниками в Каракасе, Чавес сказал:

У меня были тесные связи с Мохаммадом Хатами, президентом Ирана с 1997 по 2005 год, которого я считаю братом, и сейчас у меня тесные связи с его преемником, президентом Махмудом Ахмадинежадом, которого я также считаю братом.

Хотя это заявление не является необычным для энтузиазма и откровенности Чавеса, оно показывает направление, в котором движутся отношения. В конце концов, каждое независимое суверенное государство имеет право выбирать себе друзей и заключать союзы.

На 141-й министерской встрече Организации стран-экспортеров нефти (ОПЕК), состоявшейся в Каракасе в конце мая, высокопоставленные чиновники Ирана и Венесуэлы обсудили ряд двусторонних соглашений, включая участие иранской государственной нефтяной компании Petropars в нефтяных проектах в слаборазвитом поясе Ориноко и газовых проектах в Венесуэльском заливе. Ожидается, что две страны начнут разведку в одном из районов пояса Ориноко с конечной целью позволить компании Petropars экспортировать готовое топливо в Иран. Ожидается, что в ближайшее время в Венесуэлу прибудут иранские эксперты для поддержки финансируемых правительством инженерных проектов. Позвольте мне поспешить добавить, что Иран и Венесуэла, как суверенные и независимые государства, имеют право преследовать свои собственные интересы, даже если это неудобно для других стран. Такова предпосылка международного права. В то время как энергетические отношения Венесуэлы с Ираном процветали, ее энергетические отношения с Западом развивались в противоположном направлении. Недавно Чавес объявил, что налоги на иностранные нефтяные компании, работающие в Венесуэле, вырастут с 16,7% до 33%, что он назвал "налогом на добычу". Чавес обвинил иностранные компании в эксплуатации нефтяных ресурсов его страны без надлежащей компенсации венесуэльскому народу. Это обвинение вполне обосновано.

Несмотря на повышение налогов и позицию Чавеса, Венесуэла остается важным энергетическим партнером для США. Согласно статистике, опубликованной Управлением энергетической информации (EIA), Венесуэла занимает четвертое место по общему объему экспорта сырой нефти (1,2 млн баррелей в день) и третье место по общему объему экспорта нефтепродуктов (1,5 млн баррелей в день) в США (на первом месте Канада, но мы с ней не ссоримся). Учитывая постоянную зависимость Америки от венесуэльской нефти для ежедневного выживания и трудности с получением энергоресурсов из других регионов мира, любое участие Тегерана в энергетическом секторе Венесуэлы должно рассматриваться как угроза национальной безопасности США, или так считает Вашингтон. Прежде всего, то, что делает Венесуэла, не касается администрации Буша. Венесуэла не является 51-м государством в Союзе.

Помимо сотрудничества в области энергетики, между Каракасом и Тегераном активизировались отношения в военной и разведывательной сферах. В мае Госдепартамент США обвинил Венесуэлу в обмене разведывательной информацией с Ираном и Кубой - двумя странами, которые США называют спонсорами терроризма. Это лишь мнение, но не обязательно факт. В своем ежегодном докладе о международном терроризме Государственный департамент США отметил, что Чавес разделяет "идеологическую близость" с двумя левыми партизанскими группировками, действующими в Колумбии - РВСК и Армией национального освобождения - обе из которых Вашингтон считает террористическими организациями. Если это так, то возникает вопрос: Почему Вашингтон часто сотрудничает с этими двумя колумбийскими группировками, которые, несомненно, являются террористическими? В результате все продажи оружия и запчастей Каракасу, которые в 2005 году составили 33,9 млн. долларов США, были прекращены. Почему этот акт войны? Какие доказательства подтверждают утверждение о том, что Венесуэла имеет "идеологическую близость" с террористическими группами? В ответ на это венесуэльский генерал Альберто Мюллер Рохас, старший советник Чавеса, рекомендовал своей стране продать Ирану 21 истребитель F-16. Хотя эти 20-летние истребители устарели по сегодняшним меркам, предложение ухудшило и без того напряженные отношения между двумя странами. Какое дело Америке до того, что другие страны решают, кто будет их клиентами и друзьями? Сообщения о том, что Иран и Венесуэла расширили сотрудничество в области ядерных технологий, вызвали тревогу в Вашингтоне. Мы предлагаем заставить всю администрацию Буша прочитать прощальное обращение Джорджа Вашингтона, и как можно скорее!

Аргентинская газета *Clarin* сообщила, что правительство Чавеса попросило Буэнос-Айрес продать ему ядерный реактор. Как и иранское правительство, официальные лица

Каракаса заявили, что обсуждения имели место, но добавили, что они касались только изучения "мирного научного использования атома". А почему бы и нет? Почему Индия, Пакистан, Северная Корея, Израиль, а не Венесуэла?

В конце 2005 года сообщалось, что венесуэльские урановые месторождения предназначались для Тегерана в рамках сделки на сумму 200 миллионов долларов, заключенной между двумя странами. Люди, предположительно миссионеры, передали домой информацию о том, что рядом с местом залегания урана был построен небольшой военный объект и взлетно-посадочная полоса. Кто бы они ни были, они не похожи на миссионеров.

Иран и Венесуэла разделяют острую неприязнь к Америке, что вполне естественно, учитывая огромное вмешательство в их внутренние дела на протяжении десятилетий. Неудивительно, что они ищут способы нанести ответный удар, поддерживая антиамериканские альянсы на Ближнем Востоке и в Латинской Америке.

Во время восьмидневного турне по странам Латинской Америки президент Маджииса Ирана Голам-Али Хаддад Адель заявил, что стратегическое единство, сложившееся между двумя странами, основано на ответе на "угрозы со стороны пугающих держав, таких как США". Иран и Венесуэла пришли к выводу, что лучшим способом достижения их общей цели - глобальной дестабилизации США - является объединение усилий, что сделает любой целенаправленный ответ Вашингтона гораздо более сложным и дорогостоящим.

Усилия администрации Буша лучше было бы потратить на восстановление Нового Орлеана и сокращение разрыва между бедными и чрезвычайно богатыми в Америке - государстве, возникшем в результате НАФТА, ГАТТ и Всемирной торговой организации.

Имея в партнерах восторженный Иран, Чавес, бывший революционер-десантник, пробудил призрак Симона

Боливара с его антиамериканскими позициями. Администрации Буша придется смириться с этим или рисковать возобновлением 330-летней войны в Латинской Америке. Возможно, в этом и заключается идея.

В 2007 году начала поступать первая партия из 100 000 автоматов Калашникова, которые президент Венесуэлы Уго Чавес заказал в Москве.

Армия Венесуэлы претерпевает глубокие изменения, в ней проводится масштабная призывная кампания и применяются новые технологии. Это решение, вероятно, обеспокоит США, которые рассматривают Чавеса как дестабилизирующее влияние в регионе.

Большинство экспертов в области обороны согласны с тем, что президенту Чавесу необходимо обновить устаревшую военную технику. Однако Соединенные Штаты и соседняя с Венесуэлой Колумбия рассматривают прибытие 33 000 автоматов Калашникова как еще одно доказательство того, что Чавес пытается превысить свой вес в регионе. Автоматы АК103 российского производства комплектуются более чем полумиллионом патронов, современными очками ночного видения и штыками. Но больше всего Вашингтон беспокоят планы Венесуэлы построить здесь завод по сборке и экспорту автоматов Калашникова и патронов к ним.

Администрация Чавеса в настоящее время ведет переговоры с российским производителем, обладающим лицензией на производство этого оружия. США, которые недавно приказали ввести полный запрет на продажу оружия Венесуэле, обвинили президента Чавеса в попытке дестабилизировать ситуацию в Латинской Америке. Однако Венесуэла настаивает на том, что она имеет право покупать оружие для оборонительных целей. Президент Чавес неоднократно предупреждал, что администрация Буша планирует вторжение в Венесуэлу, чтобы завладеть нефтяными ресурсами страны.

Сэр Морис Хэнки, первый секретарь британского военного

кабинета, сказал в 1918 году:

> "Нефть в следующей войне займет место угля в нынешней войне, или, по крайней мере, место, параллельное углю. Единственные значительные потенциальные поставки, которые мы можем получить под британским контролем, осуществляются из Персии (ныне Иран) и Месопотамии (ныне Ирак)... Контроль над этими запасами нефти становится главной целью Великобритании в военное время."

Алан Гринспен, председатель Федеральной резервной системы США, 1987-2006 гг:

> "Какими бы ни были их публичные страдания по поводу оружия массового уничтожения Саддама Хусейна, власти США и Великобритании также были обеспокоены насилием в регионе, где находится ресурс, жизненно важный для функционирования мировой экономики."

Мы не можем уйти из Ирака, потому что экстремисты могут использовать нефть как инструмент для шантажа Запада... и они это сделают, если мы не оставим Израиль.

Джордж Буш-младший, 1 ноября 2006 года:

> Когда произойдет смена режима в Ираке, вы можете добавить от 3 до 5 миллионов баррелей к мировому предложению.

Лоуренс Линдси, бывший главный экономический советник Джорджа Буша-младшего, 2002 год:

> Безопасность энергоснабжения имеет важнейшее значение для нашего процветания и безопасности. Сосредоточение 65% известных мировых запасов нефти в Персидском заливе означает, что мы должны продолжать обеспечивать надежный доступ к нефти по конкурентоспособным ценам и быстро и адекватно реагировать на любые серьезные перебои в поставках нефти.

ГЛАВА 25

Америка не может бесконечно продолжать вести нефтяные войны

Когда администрация Буша-Чейни вступила в должность в январе 2001 года, мировая цена на нефть составляла около 22 долларов за баррель. Сейчас, почти восемь лет спустя, цена на нефть колеблется в районе 150 долларов за баррель, то есть выросла более чем на пятьсот процентов. Итак, что касается нефти, то в Ираке все пошло не так, как планировали и ожидали необольшевики из администрации Буша-Чейни. Во-первых, они думали, что бурлящая иракская нефть окупит вторжение и оккупацию страны. Вместо этого ожидается, что расходы на эту авантюру достигнут триллиона долларов, а общая стоимость для экономики США превысит три триллиона долларов.

Во-вторых, цены на нефть находятся на рекордных уровнях, пик которых не предвидится, что грозит ввергнуть экономику США и всего мира в затяжную экономическую рецессию. Отчасти это связано с тем, что добыча нефти в Ираке не увеличилась, как ожидалось, и находится на более низком уровне, чем в 2003 году, когда США вторглись в Ирак и оккупировали его. С макроэкономической точки зрения, эта незаконная и ошибочная война стала катастрофой.

Тем не менее, несмотря на спорадические благочестивые заявления об уходе из Ирака, когда их спрашивают, администрация Буша-Чейни планирует 50-летнюю военную оккупацию Ирака США. Они не хотят назначать дату окончания оккупации Ирака, поскольку считают ее бессрочной военной оккупацией. Этого следовало ожидать, так как истинными причинами вторжения в Ирак было преследование долгосрочной цели контроля над нефтью Ближнего Востока и защита государства Израиль от его мусульманских соседей. Действительно, всем известно, что военное вторжение американских войск в Ирак не имело ничего общего с "демократией" или желанием народа. Это было связано с обеспечением безопасности нефтяных запасов Ирака и устранением одного из врагов Израиля в лице Саддама Хусейна.

31 мая 2007 года министр обороны Роберт Гейтс подтвердил эти долгосрочные планы, заявив, что Соединенные Штаты хотят "длительного и устойчивого присутствия" в Ираке. Именно поэтому США построили в Багдаде самое большое в мире посольство, состоящее из 21 здания на территории в 100 акров на берегу реки Тигр, где смогут разместиться около 1000 сотрудников. Именно поэтому она также консолидирует более 100 военных баз в этой мусульманской стране в 14 постоянных супервоенных баз - все они предназначены для военного контроля над этой частью мира в течение очень долгого времени.

Это также является причиной того, что администрация Буша-Чейни настойчиво добивается принятия иракским парламентом закона о приватизации иракской нефтяной промышленности. Если нынешний марионеточный режим в Ираке откажется принять такой закон, так называемый "закон об углеводородах", он потеряет более 1 миллиарда долларов в виде средств на восстановление, которые будут заблокированы администрацией Буша-Чейни. Этот открытый военный захват нефтяных ресурсов ближневосточной страны - верный рецепт для разжигания постоянного терроризма в мире и постоянной войны на Ближнем Востоке на долгое время вперед.

И если американцы изберут президента-республиканца на

третий срок в ноябре 2008 года, проголосовав за предполагаемого кандидата в президенты от республиканцев, сенатора Джона Маккейна, именно это и произойдет, поскольку эта политика уже вовлечена в 100-летнюю войну в этой части мира. Согласно опросам, подавляющее большинство иракцев выступают против приватизации нефтяной промышленности. Тем не менее, приватизация иракской нефти является одним из основных "критериев", которые администрация Буша-Чейни навязывает иракскому правительству.

Они установили в оккупированном Ираке марионеточное правительство, которое выполняет поставленные задачи, даже если для этого потребовалось некоторое давление. Например, 3 июля 2007 года контролируемый США кабинет Аль-Малики, в отсутствие министров-суннитов, одобрил поддержанный США законопроект о нефти, который распределит нефтяные богатства Ирака между тремя основными группами населения, но, что более важно, позволит американским и иностранным нефтяным компаниям войти в нефтяной сектор Ирака и осуществить приватизацию в рамках так называемых соглашений о разделе продукции. Это ключевая цель политики и даже "ориентир", установленный Белым домом Буша-Чейни, но до сих пор иракский парламент неохотно утверждает необходимое противоречивое законодательство из-за широко распространенных протестов, поскольку многие иракцы очень неохотно принимают политику разделения добычи нефти и доходов с иностранными нефтяными компаниями, особенно когда они были отобраны у них "под дулом пистолета".

Нефтяная промышленность Ирака была национализирована с 1975 года, около тридцати трех лет назад. Действительно, до американского военного вторжения и оккупации Ирака иракские нефтяные месторождения контролировались иракским правительством через государственную компанию. Это послужило основой для относительно высокого уровня жизни в Ираке, который имел одну из лучших систем здравоохранения в регионе и выпускал больше докторов наук на душу населения, чем США. В условиях военной оккупации Ирака и предлагаемых нефтяных сделок большая часть добычи и доходов Ирака перейдет под контроль иностранных нефтяных компаний, в основном американских и британских EXXON/Mobil, Chevron/Texaco, BP/AMOCO и Royal Dutch/Shell.

Одной из двух основных причин начала незаконного вторжения в Ирак было продолжение поставок нефти под бдительным присмотром американских войск, а другой - уничтожение одного из стратегических врагов Израиля. Многие осведомленные наблюдатели, такие как министр обороны Австралии Брендан Нельсон, заявили, что поддержание "ресурсной безопасности" на Ближнем Востоке было приоритетом для вторжения и оккупации Ирака. Именно поэтому, когда американские войска прибыли в Багдад в начале апреля 2003 года, им было приказано охранять только один тип правительственных зданий - здания министерства нефти Ирака. Все остальное было неважно.

Наконец, следует напомнить, что 11 октября 2002 года Сенат США проголосовал 77-23 за предоставление Джорджу Бушу и Дику Чейни полномочий для начала агрессивной войны против Ирака. За эту резолюцию проголосовали нынешний кандидат в президенты Джон Маккейн и бывший кандидат в президенты Хиллари Клинтон. Следует также напомнить, что десятью днями ранее Центральное разведывательное управление (ЦРУ) опубликовало конфиденциальную 90-страничную версию Национальной разведывательной оценки, в которой содержался длинный список тяжелых последствий в случае вторжения США в Ирак. Отчет был предоставлен 100 сенаторам, но только шестеро потрудились его прочитать. Благодаря этим знаниям люди теперь имеют представление о том, как принимались решения в Вашингтоне до начала этой войны. Даже в вопросах жизни и смерти импровизация преобладала в массовом масштабе. И теперь посеяны семена для постоянной военной оккупации, постоянных войн и постоянного терроризма на Ближнем Востоке и во всем мире. По правде говоря, мы воюем за нефть.

Цена такой ошибочной политики будет высокой и сохранится на долгие годы. Действительно, многие американцы начинают видеть связь между военными расходами и дефицитом в Ираке и нынешней рецессией и ускорением инфляции. Эти растраты и военные расходы сокращают объем финансовых ресурсов, доступных для финансирования других важнейших национальных государственных программ, от образования до инфраструктуры. Они увеличивают дефицит платежного баланса и вынуждают США брать кредиты за рубежом. А когда Федеральная резервная система снижает процентные ставки, чтобы смягчить банковский кризис, доллар рушится, еще больше разжигая инфляцию, когда растут цены на нефть и все другие цены, связанные с транспортировкой и глобально торгуемыми товарами. Нынешняя стагфляция является прямым следствием чрезмерных военных расходов США за рубежом. Чем скорее большинство американцев поймут это, тем лучше.

Но в 2008 году, когда цены на бензин достигли рекордного уровня, есть выход из этой неразберихи, и он заключается в стабилизации цен на бензин и стабилизации экономики США. Пусть правительство откроет все стратегические запасы нефти и создаст собственный нефтеперерабатывающий завод для производства бензина по цене чуть выше себестоимости, используя некоммерческую организацию, учрежденную актом Конгресса. Отменить налог на бурение диких скважин, что позволит все большему количеству мелких буровых компаний вернуться в бизнес по разведке нефти в США. Это уменьшит жадность нефтяных компаний и поможет остановить их ненасытный аппетит к все большим прибылям.

Соединенные Штаты не могут бесконечно продолжать

вести войны за нефть, даже под видом "борьбы с терроризмом". Как бы ни была сильна Америка, она не может продолжать бесконечно истощать свои ресурсы в бесконечных войнах, поэтому и была написана Конституция, чтобы предотвратить подобное. Но, попирая Конституцию и игнорируя высший закон страны, администрация Буша-Чейни направила Америку по такому катастрофическому курсу. Конец предсказуем.

Между тем, война в Ираке продолжается, несмотря на то, что 87% американцев выступают против нее, а демократы в Палате представителей и Сенате, похоже, бессильны немедленно остановить ее в соответствии с мандатом, данным им на выборах в ноябре 2007 года.

Что же ждет Ирак в будущем? Будет ли война продолжаться в нарушение Конституции, или новая администрация, которая должна вступить в должность в 2009 году, сможет положить конец этой тотальной катастрофе? Это еще предстоит выяснить.

Уже опубликовано

OMNIA VERITAS
OMNIA VERITAS LTD ПРЕДСТАВЛЯЕТ:
ДИКТАТУРА СОЦИАЛИСТИЧЕСКОГО МИРОВОГО ПОРЯДКА
Все эти годы, пока наше внимание было сосредоточено на зле коммунизма в Москве, социалисты в Вашингтоне были заняты тем, что воровали у Америки...
ДЖОН КОЛМАН
"Врага в Вашингтоне нужно бояться больше, чем врага в Москве"

OMNIA VERITAS
OMNIA VERITAS LTD ПРЕДСТАВЛЯЕТ:
ДЖОН КОУЛМАН
ДИПЛОМАТИЯ ПУТЕМ ЛЖИ
ДЖОН КОЛМАН
ДИПЛОМАТИЯ ПУТЕМ ЛЖИ
РАССКАЗ О ПРЕДАТЕЛЬСКОМ ПОВЕДЕНИИ ПРАВИТЕЛЬСТВ ВЕЛИКОБРИТАНИИ И США
История создания Организации Объединенных Наций - это классический случай дипломатии обмана

OMNIA VERITAS
OMNIA VERITAS LTD ПРЕДСТАВЛЯЕТ:
ДЖОН КОУЛМАН
МАСОНСТВО ОТ А ДО Я
МАСОНСТВО
от А до Я
ДЖОН КОЛМАН
В 21 веке масонство стало не столько тайным обществом, сколько "обществом тайн".
В этой книге объясняется, что такое масонство

OMNIA VERITAS
OMNIA VERITAS LTD представляет:
Уолл-Стрит И
Большевицкая
$Революция
Уолл-Стрит И
Большевицкая
Революция
"Я не собираюсь
заставлять кого-либо
полагать, что я обнаружил
новинку - политики
лгут..."
ANTONY SUTTON
Антоний Саттон придерживается конкретной, поддающейся проверке и подтвержденной документации

OMNIA VERITAS
OMNIA VERITAS LTD ПРЕДСТАВЛЯЕТ
СИМФОНИЯ
В
КРАСНОМ МАЖОРЕ
Ротшильды были не казначеями, а лидерами этого первого тайного
коммунизма. Ведь хорошо известно, что Маркс и высшие
руководители Первого Интернационала находились под
руководством барона Лионеля де Ротшильда...
Важный исторический труд

OMNIA VERITAS
Omnia Veritas Ltd настоящее время:
Моя Борьба
Майн Кампф
Моя Борьба
Майн Кампф
Именно в это время были
открыты два опасности
для существования
немецкого народа глаза
мои: марксизм и иудаизм.
Документ исторического интереса